Werner Ruttloff

Walter Karlo Klingenfuß

ANGEKOMMEN

Möckmühl - Kap Finisterre – In 70 Tagen 3000 km

Der Weg führt zum Ziel –
wenn man ihn geht!

Pilger Karlo

Juli 2010

Walter Karlo Klingenfuß

ANGEKOMMEN

Möckmühl - Kap Finisterre – In 70 Tagen 3000 km

Die Deutsche Nationalbibliothek verzeichnet diese Publikation
in der Deutschen Nationalbibliografie; detaillierte
bibliografische Daten sind im Internet über
http: / / dnb.ddb.de abrufbar.

Walter Karlo Klingenfuß – ANGEKOMMEN
ISBN 978-3-86215-029-8

Das von uns verwendete
Papier ist FSC-zertifiziert
und garantiert einen
besonders nachhaltigen
Umgang mit Resscourcen.

Printed in Germany 2010

Deutsche Literaturgesellschaft
Europa-Center – D-10789 Berlin

www.Deutsche-Literaturgesellschaft.de

In den Pyrenän – schaurigschöner Sonnenuntergang über dem Col d'Osquich (s. S. 227)

Inhaltsverzeichnis

1. Tag, 21. Mai 2009

Möckmühl – Ruchsen, 8.00 Uhr
Schwaigern – Stetten, 19.30 Uhr
51 km

Abschied nehmen

Die letzten Tage waren geprägt von ganz konkreten Reisevorbereitungen. Unser Wintergarten war belegt mit allen Reiseutensilien, die ich für notwendig erachtete. Dazu kamen die Sonderwünsche meiner Frau und die eine oder andere Empfehlung aus diversen Wanderführern. Mein 35-Liter-Rucksack war das Maß aller Dinge. Was nicht hineinpasste, musste außen dran montiert werden.
Gestern war noch ein langer Pressetermin mit Reportern und einem Fotografen der Heilbronner Stimme, unserer regionalen Zeitung. Und jetzt ist Himmelfahrt, der von mir ausgewählte Tag. Üblicherweise wird heute auch Vatertag gefeiert und viele Menschen sind unterwegs.
Am Morgen dann der Abschied von meiner Frau. Sie hat schon tagelang gelitten und ich glaube insgeheim sogar gehofft, dass ich die Reise vielleicht doch nicht antrete. Dies hat meine Gelassenheit manchmal beeinflusst und daher sehnte ich den Donnerstag herbei, damit ich endlich losmarschieren kann.
Seit Monaten sind die Route und der Zeitablauf in meinem Kopf so eingebrannt, dass ich mental startklar war.
Kurz vor acht am Morgen schwang ich meinen Rucksack auf den Rücken und stellte mich der Kontrolle wegen noch auf unsere Personenwaage im Badezimmer. Exakt 100 Kilogramm Gesamtgewicht, davon 82 Kilogramm mein persönliches Startgewicht.
Nach dem letzten Erinnerungsfoto vor dem Haus ging's los, zu Fuß auf den Marktplatz vor dem Rathaus Möckmühl. Dort wurde ich vom Bürgermeister und den Vertretern einiger Vereine zum Sektfrühstück empfangen.
Nach einer ausgiebigen Fotorunde und ein paar Gläschen Hofbergsekt machte ich mich auf, um auch noch einer Bewohnerin des Alten- und Pflegeheims Adieu zu sagen. Vor drei Wochen wurde der

Jagsttalradweg ›bemuschelt‹ und bildet nun eine Querverbindung zwischen den traditionsreichen Pilgerstädten Rothenburg ob der Tauber und Speyer.

Camino Karlo

Als ich mich vor nahezu zwei Jahren entschloss, bis ans Ende der Welt zu gehen, gab es diese Ernennung zum Jakobsweg noch nicht. Unabhängig davon hatte ich bereits meine Route festgelegt und mir vorgenommen einige wichtige Stationen aus meinem Leben in meinen eigenen Camino mit einzubauen. Dabei habe ich mich am bestehenden Netz der bekannten Pilgerwege orientiert und mich nahezu deckungsgleich daran gehalten. Das wesentliche Entscheidungskriterium war, einen möglichst direkten Weg nach Santiago und zum Kap Finisterre zu finden, unter Einbeziehung meines Geburtsortes und Freiburg, der Stadt, in der ich noch ein spätes Studium absolvierte und Breisach, dem Ort, wo ich als angehender Zöllner vor mehr als 40 Jahren einen Teil meiner Ausbildung genoss. Beim Altenheim war dann auch der allerletzte Abschiedsgruß und -kuss von und mit meiner Frau fällig und ich ging selbstbewusst und zügig der Bahn entlang Richtung Züttlingen.

Erste Dusche

Kaum hatte ich so richtig Fahrt aufgenommen, fing es bereits an zu tröpfeln und ohne größere Vorwarnung kam der erste Wolkenbruch. Ich rettete mich unter das große Vordach eines Lagerhauses. Dort konnte ich in Ruhe meine Kleidung wechseln und mich für das Regenwetter fit machen. Nach einigen Minuten ließ der Regen nach und ich konnte flott weitermarschieren. An der Gemarkungsgrenze Richtung Neudenau gab es erneut eine riesige Überraschung.
Mit einem Plakat ›Gute Reise Pilger Karlo‹ und einer weiteren Flasche Sekt verabschiedete sich nun auch der Ortsvorsteher von Züttlingen, gemeinsam mit Bürgermeister Stammer, mit dem Wunsch auf eine gesunde Wiederkehr. Ohne Halt marschierte ich nun durch

bis Bad Friedrichshall und setzte meinen Rucksack erstmals in Jagstfeld ab, um den Weg nach Bad Wimpfen zu studieren. Dabei überquerte ich die Straße ohne Rucksack und kam mir vor wie ein Springbock, so leicht bewegte ich mich zu den Wegzeigern, die ich zur Orientierung ablesen musste.
Steil führte eine Treppe vom Bahnhof hinauf zur Altstadt Bad Wimpfen. Hier spürte ich, dass beim Treppensteigen, ein 18 Kilogramm schwerer Rucksack ganz schön in die Knochen geht.
Die rustikale Gasse mit ein paar Plastikstühlen, die so schön rot in der Sonne leuchteten, animierten mich um halb zwei einen Stopp einzulegen und für Energiezufuhr zu sorgen, schließlich hatte ich erst gut die Hälfte meiner Tagesetappe zurückgelegt. Zu einer großen Pizza Quattro Stagione bestellte ich eine Apfelschorle, um die strapazierten Zellen mit schneller Energie zu füllen. Zur Pizza schmeckte dann ein Viertel Schwaigerner Riesling trocken hervorragend. Nach einer Dreiviertelstunde ging's weiter Richtung Bad Rappenau. Die Stadt selbst ließ ich rechts liegen und folgte in südlicher Richtung einer Landstraße. Bald konnte ich jedoch wieder auf Feld- und Waldwege abbiegen. Zum Glück habe ich bei den nächsten Regenstiebern den Schutz des Waldes nutzen können.

Der heftige Starkregen von Westen her wird durch die Bäume zunächst etwas aufgehalten, bei starkem Wind kommen jedoch die angesammelten Wassertropfen umso heftiger von den Bäumen. Am Ortsrand von Kirchhausen, während einer regenfreien Phase traf ich zwei Mädchen, die sich auf einer Koppel mit ihren Pferden beschäftigten. Ich bat darum, meine Wasserflasche mit Leitungswasser aufzufüllen, was eine der beiden flugs erledigte. Die andere wollte wissen, wo ich denn herkomme. »Aus Wimpfen«, war meine Antwort. »Whow, und alles zu Fuß?« fragte sie. »Ja und heute Früh bin ich in Möckmühl gestartet.«
»Wo ist denn das?« So entwickelte sich ein kleines Gespräch und selbst die Pferde staunten nicht schlecht ob meiner Erscheinung. Pilger sind wohl hier noch eher eine Seltenheit.
Über Wald und Feld erreichte ich eine kleine Lichtung. Schon seit einigen Minuten hörte ich Musik und wusste nun, dass sich hier ein Verein zur Vatertagsfete eingerichtet hat. So gern ich mir eine Knackwurst mit einem Bier oder Glas Wein gegönnt hätte, hat doch

mein Zielerreichungswille gesiegt und ich ging fröhlich grüßend an den dünn besetzten Bierbänken vorbei. Einer der gerade ankam, fragte mich: »Wo soll´s denn hingehen?«
»Santiago« war meine knappe Antwort. »In Portugal! Du spinnsch!« war sein abschließender Kommentar in breitem Randschwabendialekt. »In Spanien!«, und weg war ich. In Schwaigern angekommen, passierte ich das Haus meiner Schwester mit Familie, um erneut meinen Wasservorrat aufzufüllen. Niemand da. In Nachbars Garten entdeckte ich einen Wasserhahn. Der war für mich; stieg über den kleinen Zaun und drehte auf.
Zunächst kam warmer Vorlauf, den wollte ich nicht, lies ihn über die Gartenplatten versiegen und füllte meine Flasche mit frischem Leitungswasser. Dabei wurde der erwachsene Sohn der Nachbarin meiner Schwester auf mich aufmerksam und staunte mich etwas fragend an. Ein Pilger im Garten, komisch. Kurz erklärte ich ihm meine verwandtschaftlichen Verhältnisse zu Renate, meiner Schwester und schon kam auch seine Mutter ums Haus, der ich von verschiedenen gemeinsamen Festen gut bekannt war. Freundschaftlich hat sie nach meinen Bedürfnissen gefragt und mitgeteilt, dass die ganze Nachbarsfamilie auf einem Grundstück in Stetten den Vatertag feiert. Passt genau zu meinem Tagesziel, verabschiedete mich und zog von dannen. Nach über 45 Kilometer benötigte ich jetzt ein extra Calciumpräparat. Die letzten fünf Kilometer waren nochmals eine harte Herausforderung. Zwischenzeitlich wurde es auch meinen Füßen in den Schuhen zu eng. Um kurz vor 19.00 Uhr bin ich bei schönem Wetter und guten Muts in Stetten angekommen und begab mich gleich zu dem mir bekannten Stückle. Dort gab´s bestimmt noch was Gutes zu Essen und Trinken. Unterwegs traf ich noch ein alt bekanntes Ehepaar, das gerade fröhlich vom Kelterfest heimkehrte. »Do musch no, do isch was lous.« war die gut gemeinte Einladung. Ich zog es jedoch vor, bei der Verwandtschaft einzukehren und die Freude und Überraschung war groß. Schwager Siegfried wusste über meinen geplanten Abstecher Bescheid und hat auch schon in meinem ehemaligen Elternhaus nachgeprüft, ob mein Vorhaben, dort zu nächtigen möglich wäre. Leider war die Nachbesitzerin ebenfalls zu einer Veranstaltung aushäusig und aus dem Vorhaben wurde nichts.

Eine Nacht im Wasserbett

Nach einem wunderschönen Abend auf der Steinhälde, dem ortsnahen Grundstück, nahm ich die Einladung meiner Schwester an, mit nach Schwaigern zu kommen, ein Wasserbett sei noch frei. Inzwischen merkte ich auch heftige Muskelverspannungen in den Waden und Oberschenkeln. Zur Feier des Tages genossen wir noch ein Fläschchen Riesling vom Stettener Sonnenberg. Jetzt waren die müden Glieder froh, in ein wohl vorgewärmtes Wasserbett einsinken zu können.

01. Tag – Silhuette von Bad Wimpfen mit dem blauen Turm

2. Tag, 22. Mai 2009

Stetten – Maulbronn, 9.30-19.30 Uhr
45 km

Alte Heimat

Nach einem ausgiebigen, fürstlichen Frühstück habe ich meinen Rucksack unter die Lupe genommen. Am Abend habe ich alles ausgepackt, da ein Teil meiner Utensilien getrocknet werden mussten. Unter dem Eindruck der 18 Kilogramm des Leidens und schmerzender Schulterknochen konnte ich wenigstens zwei Kilogramm Gewicht reduzieren. Auf der Strecke blieben vor allem Drucksachen verschiedener Art, die ich nicht notwendigerweise benötigte. Sie wurden wieder nach Hause besorgt. Als Erstes nahm ich mir mit meinem Foto das Rathaus vor, das sich mir immer noch so darstellt, wie ich es aus meiner Kindheit in Erinnerung habe. Ein Teil seines Berufslebens war mein Vater als Amtsbote diesem Rathaus sehr verbunden. Als schwer kriegsgeschädigter Landwirt und Weingärtner wurde die Arbeit auf den Feldern und im Wengert einfach zu viel für ihn und meine Mutter. Alle drei Kinder kehrten dem Hof den Rücken, weil weder ich noch meine Geschwister Interesse an der Fortführung der Landwirtschaft hatten. Wir durften alle drei Berufe erlernen und waren so, nach Schulende, auch kaum mehr zu Hause, um in der Landwirtschaft mitzuhelfen.
Gut in Erinnerung habe ich auch noch, dass sowohl mein Vater, als auch sein damaliger Dienstherr, der Bürgermeister, jeweils mit einem Glasauge leben mussten. Infolge von Kriegsverletzungen haben beide ein Auge verloren.
Eine Informationstafel am Rathaus erklärt, dass die Gemeinde Stetten a. H. inzwischen Ortsteil der Stadt Schwaigern wurde.
Im Zuge der Gemeindereform hat Stetten seine Selbstständigkeit verloren.

Tante Helma

Jetzt galt meine Aufmerksamkeit der letzten, noch lebenden, Schwester meines Vaters. Fast täglich ist sie auf dem Anwesen der Privatkellerei zu sehen, die sie und ihr längst verstorbener Mann, schon bald nach dem Zweiten Weltkrieg gegründet haben. Heute wird das Unternehmen von der Folgegeneration und deren Kinder mit großem Erfolg weitergeführt. Ein Anlass auch für mich schon mal nach den derzeit besten Stettener Lagen zu fragen. Daniel, der Sohn meines Vetters und Küfermeister kredenzte mir einen selbst erzeugten Chardonnay Spätlese und danach ein besonderes Tröpfchen: Chardonnay Spätlese aus dem Eichenfass. Beides Superior-Tröpfchen, die sich sehenlassen können. Vor allem war die Eiche sehr gekonnt dosiert. Als Riesling-Liebhaber könnte ich mich auch langsam daran gewöhnen.
Tante Helma war zuerst ›ganz aweg‹ als sie mich in Pilgermontur erkannte und nun wirklich miterlebt, dass ich meinen großen Traum in Angriff genommen habe, den Jakobsweg bis an Ende der Welt zu gehen. Beim Abschied spendete sie mir ausdrücklich ihren Segen, den sie tags zuvor beim Himmelfahrtsgottesdienst in der Kirche empfangen hatte.
Ein rührender Moment.

Nächste Station: Mein Elternhaus

Es hat sich in seiner Grundstruktur kaum verändert. Die Fassade ziert heute ein Schriftzug – Reiterhof A. Schütz – und man kann erkennen, dass wie früher, richtig viel Leben in dem Anwesen vorhanden ist. Angelika Schütz hat schon vor über 25 Jahren den Hof von unserer Erbengemeinschaft erworben, und seither als Reiterhof betrieben. Es weht mir immer noch etwas Heimat um die Nase, wenn ich mich nach so vielen Jahren im Hof befinde und mich mit der Besitzerin unterhalte. Beim Blick auf die Nachbarhäuser und Grundstücke kommen doch eine ganze Menge Erinnerungen zurück, die irgendwo im Langzeitgedächtnis schlummern.

Schließlich gilt es auch hier nun wieder Abschied zu nehmen und weiter zu ziehen. Maulbronn, mein Etappenziel, will erst noch erreicht werden. Über Niederhofen und Kleingartach erreiche ich den Naturpark Stromberg-Heuchelberg. Spielende Kinder am letzten Haus in Kleingartach habe ich angesprochen und nach dem Weg nach Ochsenburg gefragt. Ein kleines Mädchen, lustig und vorlaut, spontan: »Ja, da vorne links geht´s nach Pfaffenhofen.« Gleich merkte sie jedoch, mit der Antwort konnte ich nicht zufrieden sein, stürmte ins Haus und rief: »Papa, a ganz komischer Mann draußa will nach Oxaburg.« Nun kam aus dem dunklen Flur ein typischer Viele-Kinder-Papa, dürr wie eine Kirchenmaus, heraus auf die Treppe, nahm mich locker zur Kenntnis und erklärte mir den Weg nach Ochsenburg, so gut er konnte, aufmerksam von allen fünf oder sechs Kindern beobachtet. Ich bedankte mich höflich und machte mich, in lebhafter Hüpfrunde, inmitten der Kinder, auf den Weg hinaus aus dem Dorf. Sie blieben nacheinander zurück und ich konnte schon bald wieder die Landstraße verlassen und bog bei den Tennisplätzen rechts ab, direkt in den wunderschönen Naturpark. Ruhe kehrte ein, Vogelgezwitscher und immer wieder der selten gewordene Kuckuck begleiteten mich auf meiner Reise. Ich genoss den Schatten des Mischwaldes und konnte mich zunächst an den Wegmarkierungen und Schildern ganz gut orientieren. Dann stieß ich überraschend auf eine Abzweigung an der mein Weg stumpf endete und nur zwei Ziele angegeben waren: Links Michelbach – rechts Mühlbach, und genau irgendwo in der Mitte nach vorn muss Ochsenburg liegen.
Ich entschied mich für rechts, immer darauf hoffend, dass es bald wieder eine Abzweigung nach links geben würde. Diese kam ohne weitere Hinweise nach zirka einem Kilometer. Ich folgte diesem Asphalt-Weg, ohne zu wissen, wie richtig ich bin. Meine Karte gab nicht genügend Details her, sodass auch der Kompass keine wirkliche Hilfe war. Zwei Gemeinde- oder Waldarbeiter kamen, vermutlich um Mittagspause zu machen, mit ihrem Fahrzeug von hinten auf mich zu. Stopp, habe ich gedeutet; sie hielten an und erklärten mir die Richtung und wie ich am besten weiterkomme. »Dort driwa kommt en Besa, om den gehsch rom on weiter Richtung Sternenfels.« Der Beifahrer zeigte mit der Hand gen Westen und riet

mir einen der nächsten Querwege zu nutzen, um dann bei einem Aussiedlerhof anzukommen. Dieser hat seine Besenwirtschaft geöffnet. Nach etwas 15 Minuten war ich da und stellte fest, dass dort ganz guter Betrieb war. Wie üblich vermarktet dieser Landwirt und Wengerter seine Erzeugnisse zum Teil selbst und hat dafür auf seinem Anwesen eine Schänke eingerichtet, die ganz gut besucht war. Guter Wein aus dem Eigenanbau und ein geschlachtetes Rind oder Schwein schaffen die beste Grundlage, um aus Küche und Keller meist preiswert, typisch Regionales anzubieten. Neben einer interessanten Tischrunde, die schon beim Nachtrunk war, verspeiste ich ein Paar feine Bratwürste zu einem ausgesuchten, guten Wein. Ein Ehepaar aus Zaberfeld, das andere aus Ochsenburg mit einer beachtenswerten Abstammung der Frau: sie ist eine geborene Uhland und ihr Großvorfahr hieß Ludwig, interessierten sich lebhaft für meine Reise, hielten es jedoch nicht für möglich, diese im Rahmen meiner Planung durchzuführen. Mit vielen guten Wünschen versehen; musste ich jedoch diese Runde verlassen um über Sternenfels durch weitläufige Wälder, Felder und Weinberge Maulbronn zu erreichen. Unterwegs hat mich ein ätzender Bärlauchgestank begleitet. An feuchten Stellen im Wald und an Bachauen stand dieses überreife Gewächs massenweise und verströmte seinen Duft so penetrant, dass ich meinen Vorschub erhöhte. Undenkbar, so etwas als Suppe zu genießen!

Gegen Abend erreichte ich Maulbronn und kam durch eine Seitenstraße zu den ersten Häusern: »Ja wia, gats nemme schneller?« schallte es mir aus einem Hausgarten entgegen. Eine fleißige Witwe, sie sagte mir gleich, dass ihr Mann schon lang verstorben sei, bewirtschaftet einen recht großen Hausgarten und versorgt sich damit weitestgehend. Nachdem ich ihr meine letzten beiden Etappen erklärt hatte, verstand sie, dass ich wirklich an der Schmerzgrenze angekommen bin. Das Kloster in Maulbronn war schon zu meiner Jugendzeit oftmals das Ziel von Fahrradausfahrten mit der Jungschar. Hier wollte ich noch einmal als Pilger einlaufen und siehe da, der Klosterhof war sehr belebt und ich konnte nur staunende Augen und fragende Gesichter sehen. Um 20.00 Uhr beginnt eine Veranstaltung in der Klosterkirche. Kurze Gespräche mit einigen Besuchern drehten sich im Wesentlichen um meine Pilgerfahrt und Erfahrungen, die manche der Anwesenden schon als Pilger gemacht haben. Schließlich erreichte ich das Klosterhotel und bezog sofort mein Zimmer, damit ich endlich den Rucksack ablegen konnte. T-Shirt und Socken waschen war erste Aufgabe damit ich morgen wieder frisch und munter starten kann. Das Hotel war mir ein wenig zu vornehm und ich zog es vor, beim Italiener ›Zur Kloster-Katz‹ einzukehren. Das Essen, Nudelvariationen, war gut und reichlich. Zur Abrundung bestellte ich einen Diefenbacher König, der zwar reich an Aroma und schön rund war, jedoch noch etwas zu viel Restzucker schmecken ließ. Zum Abschluss genehmigte ich mir dann noch ein Glas derselben Lage, jedoch mit dem Vermerk ›trocken‹ und der war als Schlaftrunk genau der richtige. Meine Pilgerbeine konnten sich leicht entspannen, doch als ich aufstehen wollte, merkte ich sehr wohl, dass ich mir heute etwas zu viel zugemutet habe. Ich war froh, gleich um die Ecke mein Hotel zu erreichen und quälte mich, durch den Hintereingang kommend, zwei Etagen zu Fuß nach oben (ein Pilger benutzt keinen Aufzug) um dann todmüde ins Bett zu fallen und sofort in einen seligen Tiefschlaf zu sinken. So schön und ruhig dieser zweite Tag verlief, musste ich doch erfahren, dass Schmerzgrenzen ganz schön wehtun können.

02. Tag – Mein Weg führt vorbei am Elternhaus in Stetten – Adieu

3. Tag, 23. Mai 2009

Maulbronn – Neuenbürg, 9.30-19.30 Uhr
38 km

Frühstück mit der Hochzeitsgesellschaft

Gestern war es spät und meine Beine und Füße haben etwas mehr Ruhe verdient. Zudem war es Samstag und die Hotelumgebung mitsamt dem Kloster von friedlicher Stille umgeben. Um 8 Uhr 30 begab ich mich ins Restaurant um eine gute Grundlage für den heutigen Tag zu schaffen. In der Zwischenzeit konnte meine Wäsche vollends trocknen. Durch mein Fenster schien eine sehr warme Morgensonne. Unvermittelt befand ich mich beim Frühstück inmitten einer Hochzeitsgesellschaft, die am Vortag die Trauung feierte. Das Angebot war reichhaltig und ich füllte meinen Vorratsspeicher so gut es ging, denn ich hatte als Vorgabe Pforzheim Plus in der Planung. So schön und unterhaltsam es auch war, ich musste mich von der fröhlichen Schar trennen, meinen Rucksack packen und weiterziehen. Schon beim Auspacken ist mir aufgefallen, dass ich noch ein paar unnötige Sachen mit mir herumtrug. Da direkt gegenüber dem Hotel die Post war, nutzte ich die Gelegenheit, meiner Frau noch einige Dinge zurückzusenden, die ich wohl nicht benötigen würde. Ein gutes Kilo kam zusammen und ich war an jedem Gramm froh, mit dem ich meine geschundenen Beine entlasten konnte. Heute war auch der Tag, an dem ich wirklich etwas für meine Beine und Füße tun musste. Mein rechtes Bein habe ich mit einem Waden-Tape versehen und die mitgebrachten, schicken, weißen Kompressionsstrümpfe angezogen. So hatte ich einen festen Halt und konnte meine Reise beginnen. Die mitgebrachten Arnika-Streukügelchen lies ich im Stundentakt unter meiner Zunge zergehen und hatte damit eine große Hilfe gegen die zeitweise aufflammenden Muskel- und Bänderschmerzen.
Die Post war schnell erledigt und weiter geht es heute zuerst Richtung Pforzheim. Gut ausgebaute Rad und Wanderwege mit einer zuverlässigen Beschilderung erleichterten mir die Tour und ich kam zügig voran. Längst hatte ich Maulbronn verlassen und

marschierte durch ein Tal außerhalb der Stadt und kam an einigen Mehrfamilienhäusern vorbei. Dort begegnete mir eine Diva mit erträglich roten Haaren und einer Sonnenbrille, wie sie üblicherweise Sofia Loren trug. Sie wurde begleitet von einem großen, gepflegten, jedoch stark übergewichtigen weisen Zottelhund. »Sie waret doch grad no im Industriegebiet?«, fragte sie erstaunt nach einem freundlichen »Morgen!«
»Ja«
»Ond jetzt scho hier. Ja, wo wollet se denn hin?«
»Nach Spanien.«
»On des z`Fueß?«
»Ja, das habe ich vor.«
»Mei, oh mei, des ko doch gar et sei.« Mit ein paar freundlichen Worten verabschiedete ich mich und sie staunte mir mitsamt ihrem Hund noch eine ganze Weile hinterher. Offensichtlich war diese gut proportionierte Diva über meine Schrittgeschwindigkeit und mein Vorhaben doch mächtig überrascht.

Waldenser-Weg

Aufmerksam verfolgte ich in dieser Region die Geschichte der Waldenser. Sie kamen zum größten Teil aus dem Süden Frankreichs und ließen sich hier in der Region, vornehmlich in eigenen Siedlungen nieder, die zum Teil heute noch als Waldenserorte erhalten und bekannt sind.
In der Ortsmitte von Ölbronn stieß ich auf einen Marktstand, wo mich gleich eine schöne Karotte so anmachte, dass ich sie unbedingt haben musste. Ich griff zu und bat, mir diese zu waschen. »Wasser haben wir nicht am Stand, hier nimm das Messerle.«, entgegnete Frau Arnold, die Betreiberin des Standes. Ihre Schwester und Tochter betrachteten mich aufmerksam. Meine noch sauberen weißen Kniestrümpfe haben für etwas Aufmerksamkeit gesorgt. Natürlich wollten sie wissen, woher ich komme, wohin ich gehe und was es mit der Muschel an meinem Wanderstab auf sich hatte. Eine kurze Aufklärung über die Jakobswege und deren zentrales Ziel weckten doch erhebliche Aufmerksamkeit.

Dann diskutierten wir noch über verwandtschaftliche Bindungen, die zwischen meinem Geburtsort Stetten und Ölbronn bestehen. Ich notierte noch Namen und Straße der netten Gesprächspartner, sagte tschüss und folgte weiter meiner ausgewählten Route, beachtete jedoch auch die neuen Radwegeverbindungen, die mir soeben genannt wurden. Beim Zücken meines Geldbeutels, um die gelbe Rübe zu bezahlen, gab man mir mit großzügiger Geste zu verstehen, dass die Pilgergabe nichts koste. Mit »Vielen Dank und viel Erfolg.« verließ ich die nette Marktrunde. Gleich darauf hält noch auf der Dorfstraße ein PKW, dessen Insassen mich als Jakobspilger ausmachten. Auf die üblichen Fragen: Woher? – Wohin?, erzählt mir das Pensionistenehepaar, dass sie auch schon Teiletappen auf Jakobswegen gegangen sind und dies bald wieder machen wollen. »Buon Camino!« Und weiter geht es.

Pforzheim

Bei herrlichem Wetter steuerte ich auf Pforzheim zu und merkte schließlich, dass mein Trinkwasservorrat zur Neige ging. Bald darauf kam ich an einer Kleingartenanlage vorbei, wo der übliche Samstagsbetrieb war. Bei einem typischen Kleingartenranger, mit wenig Zähnen und rustikalem Bart fragte ich nach Trinkwasser. Freundlich füllte er meine Sprudelflasche, beschrieb mir den nächsten Weg in die Stadt, ein freundliches »Auf Wiedersehen!«, und wir verabschiedeten uns mit Handschlag. Wenige hundert Meter später traf ich über eine kleinere Nebenstraße auf das erste Ortsschild ›Pforzheim‹. Das muss ich dokumentieren, damit ich auch nachweisen kann, dass ich zumindest bis hierher im Zeitplan war. Fußgänger waren keine unterwegs, ein ›Selbstbildnis‹ war wegen fehlender Auflage für meine Kamera nicht möglich, also Auto anhalten. Beim dritten Versuch klappte es. Von den beiden Frauen stieg die Fahrerin aus, das Auto mitten auf der Fahrbahn stehend, knipste mich und hurtig ging es weiter. Beim Marsch durch die Stadt schallten aus allen Kneipen die bekannten Geräusche, die während einer spannenden Fußballübertragung zu hören sind. Heute wollten noch drei Mannschaften Meister werden: Wolfsburg,

München und Stuttgart. Die Nachbarstadt von Pforzheim, Karlsruhe, wollte in der ersten Liga überleben. Seltsamerweise hat mich der Verlauf dieser Spiele, die ich sonst gerne verfolgt habe nicht mehr sonderlich interessiert. War dies wohl schon der erste Pilgereffekt? Es war heiß in der Stadt, kaum Leben in der City und ich entschloss mich, jetzt eine Versorgungspause einzulegen.
Im Supermarkt ging ich einkaufen und gönnte mir eine Tüte gefüllt mit: Einem halben Liter Zitronenwasser, einer großen dunklen Wecke, hundert Gramm Schinkenwurst und einem viertel Liter Riesling-Sekt aus dem Rheingau, andere Weine waren nur in 0,7-Liter-Flaschen zu haben. Vorbei an der IHK besuchte ich noch flüchtig das Schmuckmuseum, wo ich von Frau Honig sehr freundlich empfangen wurde, konnte noch die Serviceeinrichtungen nutzen und suchte dann im angrenzenden Park ein schattiges Plätzchen, wo ich mich sofort meiner Schuhe entledigte und meinen Füßen Freiheit und Luft gönnte. Hier habe ich festgestellt, dass die Kompressionsstrümpfe wohl einen sehr guten Dienst getan haben, aber die Zehen doch in hohem Masse eingezwängt und daher blasengefährdet waren. Während meiner Mahlzeit habe ich auch die Karte studiert und entschieden, entweder in Neuenbürg oder in Straubenhardt zu übernachten.

Enza und Manuela

Um 17.00 Uhr nahm ich die für heute letzten 10 Kilometer in Angriff und erreichte nach einem sanften Einstieg in den Westweg um 19.30 Neuenbürg. Am Ortseingang traf ich Enza und Manuela, die mit Pflegehunden unterwegs waren. Sie erklärten mir, wo ich eine Schlafmöglichkeit in Neuenbürg finden würde. Ganz so leicht wie sich das die beiden Damen vorgestellt hatten war es dann doch nicht. Schließlich landete ich an der Theke des Gasthauses Zum Ochsen. Auf meinen Übernachtungswunsch entgegnete mir eine junge, freundliche Bedienung: »Zimmer haben wir keine.« Nun habe ich mir zuerst ein Bier gegönnt. Zwischenzeitlich versuchte der Wirt, mir ein Privatquartier zu besorgen; Fehlanzeige. Dann tauchten plötzlich die Hundemamas wieder auf und kümmerten

sich erneut um mich. Sie zeigten mir das beschriebene Haus, an dem tatsächlich ein kleiner Zettel ›Zimmer zu vermieten‹ am Fenster hing.
Das Haus war jedoch zumindest äußerlich in einem so erbärmlichen Zustand, dass ich niemals vermutete, dort könnte ich unterkommen. Die angegebene Telefonnummer gehörte der Wirtin des ›Faller‹ Bahnhofes. Wie aus der Mini-Eisenbahnanlage bekannt steht der Bahnhof in gutem Zustand etwas abseits des Dorfes am Waldrand. Wir wurden uns am Telefon einig, ich sollte jedoch zur Bahnhofsgaststätte kommen, wo mir die Wirtin noch ein Abend-Essen zubereitet. Meinen Rucksack konnte ich schon abstellen und schritt dann leichten Fußes, immer noch in Begleitung der Hundemama Manuela, zum Neuenbürger Bahnhof. Er präsentierte sich wie aus dem Bilderbuch, inzwischen zu einem feinen Restaurant umgebaut. Als Spezialität bot mir die Wirtin einen Krug mit Granders-Wasser an, welches von den Zellen besonders gut aufgenommen würde. Und tatsächlich, es schmeckte sehr fein und war recht bekömmlich. Nach reichlich und guter Speis und Trank, inclusive zwei viertel Heilbronner Riesling, brachte mich die Wirtin mit dem Auto zum Quartier, übergab mir die Schlüssel und ich konnte ohne Umstände mein Zimmer beziehen. Nach einer warmen und ausgiebigen Dusche bekamen die Füße noch eine Sonderbehandlung mit feiner Hautcreme als Dank für den fleißigen Einsatz. Danach fiel ich müde ins Bett. Die erste Etappe auf dem Westweg war faszinierend.

03. Tag – Bei Familie Arnold gibt es eine Karotte zum Pilger(null) tarif

4. Tag, 24. Mai 2009

Neuenbürg – Forbach, 9.00-20.00 Uhr
36 km

Weiter auf dem Westweg

Um 8.00 Uhr stand ich gut ausgeschlafen auf, sortierte meine sieben Sachen und packte meinen Rucksack. Frühstück war nicht zu erwarten, von wem auch. Von den Mitbewohnern in den übrigen Zimmern habe ich kaum etwas mitbekommen. Bei schönem Wetter folgte ich der roten Raute, die sehr zuverlässig den Verlauf des Westwegs anzeigte. Dauernd hielt ich Ausschau nach etwas Nahrhaftem. Kurz darauf führte mich der Weg durch eine hübsche Wohnsiedlung und ich musste mich damit abfinden, die nächsten Kilometer mit leerem Magen zu überwinden – es war Sonntagmorgen. Aus einem Bungalow heraus beobachtete mich eine gerade aufgestandene, feine Dame im schicken weißen, luftigen, langen Schlafgewand durch die bodentiefen Scheiben und die Balkonstäbe hindurch, wie ich mich gerade nach dem Wegzeichen umschaute und etwas unsicher wirkte. Als ich merkte, dass Sie mich ›verfolgte‹ und sie merkte, dass ich sie entdeckt habe, öffnete sie die Schiebetür und bestätigte mir, dass ich auf dem richtigen Weg sei und der Siedlungsstraße weiter folgen könne. Ohne Frühstück aber für zwischendurch habe ich immer eine sonnenfeste Bonbonmischung mit mir herumgetragen. Wasser habe ich am Morgen genügend in meinen Rucksackbeutel eingefüllt. Im Gegensatz zu den Flaschen im Bauchgurt bleibt das Wasser im Rucksack etwas länger frisch, da keine direkte Sonneneinstrahlung möglich ist. Nach etwa einer Stunde erreichte ich die Schwanner Warte auf knapp 500 Meter Höhe. Nur noch wenige Schritte bis zum sehr belebten Kiosk vom Bratwurst-Glöckle. Nach Bratwurst stand mir nicht der Sinn, also bestellte ich mir einen Becher Kaffee.
Die anwesenden Frühschöppler vergnügten sich schon sehr lebhaft bei Bier und Wein und diskutierten in der Hauptsache Örtliches. Zum Kaffee aß ich ein belegtes Brot und weckte damit in mir einen größeren Hunger. Als Nachschlag genehmigte ich mir dann tatsäch-

lich diese fein duftende Bratwurst und dazu ein Viertel Riesling aus dem Bottwartal. Wer weiß, wann ich wieder an eine Futterkrippe komme. Frisch gestärkt folgte ich weiter dem Westweg Richtung Dobel und genoss eine herrliche Aussicht auf typische Landschaften des Nordschwarzwaldes. Grüne Auen begleiteten den Wald, der sich mit ganz frischen, jungen Trieben an den Tannen von seiner schönsten Seite zeigte. Ganz nebenbei bezwang ich so nach und nach weitere 300 bis 400 Höhenmeter.

Blasen und Bandagen

Meine hohen Wanderschuhe haben bis jetzt sehr guten Dienst geleistet. Den Füßen wurden Sie nun aber doch zu eng und ich spürte die ersten Scheuerstellen, die ich sofort behandelte. Der Einstieg in den Westweg gestern, und die Steigungen von heute, führten zu einer heftigen Überanstrengung im rechten Fuß. Zum Glück hatte ich genügend Tapes dabei und konnte so einen Spezialverband anlegen, der mich anfangs etwas zwickte, sich im Verlauf des Tages aber bestens bewährte. Dazu immer wieder Arnika unter die Zunge und es ging fröhlich weiter.

Fünf mal bis knapp an die 1000-Meter-Marke

Der Weg führte über den Dobel. Diesen erreichte ich um die Mittagszeit und genoss die warme Sonne bei einem leichten Mittagessen. Es standen noch einige Höhenmeter bevor und ich musste für diesen Abschnitt gut gerüstet sein. Auch meinen Füßen tat die Rast sehr gut und nach einer knappen Stunde zog ich, gut gestärkt, fröhlich weiter. Die ersten hundert Schritte waren nach der Pause immer etwas anstrengend, zumal gleich ein kurzer Aufstieg bevorstand. Weiter geht es über den Lerchenkopf (856 m) zum Schweizer Kopf (905 m). Das Forstamt Bad Herrenalb hat an einer baumfreien Stelle die Schweizerkopfhütte errichtet und diese mit einer ausführlichen Panoramakarte versehen. Bei herrlichem Pilgerwetter führte mich der Westweg über den Kleiserstein zum Hohloh (964 m)

bei Kaltenbronn. Jetzt hatte ich meine Tageshöhe erreicht und beschloss, noch bis Forbach zu gehen, weil ich sicher war, dort ein Hotel zu finden, um erneut meine Beine zu pflegen und ein gutes Abendessen zu finden.
Auf den Höhen des Schwarzwaldes habe ich dann mit Verwunderung festgestellt, dass es immer noch große verwüstete Flächen gibt, die der Orkan Lothar im Dezember 1999 verursacht hat. Die Verantwortlichen haben damals entschieden, nicht alle zerstörten Flächen aufzuräumen sondern die Erneuerung des Waldes der Natur selbst zu überlassen. An anderen Stellen findet man dagegen neu angelegte Waldflächen. Beide Varianten haben ihren Reiz, geordnete Wälder im Wechsel mit urwaldähnlichen Chaosflächen, wo zum Teil geisterhaft einzelne Bäume stehen und drum herum alles am Boden zerstört liegt, wie es der Orkan hinterlassen hat. Tellergroße Pilze schmarotzen an Baumstämmen, junges Grün sucht sich seinen Weg durch Reisig hindurch ans Licht. Der Westweg ist gleichzeitig Teil des Europäischen Fernwanderweges Nr. 1 von der Nordsee zum Bodensee über den Gotthard an das Mittelmeer.

Forbach

Nach einem anstrengenden Abstieg über einen Kreuzweg hinunter in das Murgtal erreichte ich um 20.30 Uhr Forbach. Gleich bei der ersten Tankstelle erkundigte ich mich nach einer Unterkunft. Ich erhielt eine gute Empfehlung und erreichte auf der anderen Seite des Tales bald eine kleine Pension. Leider war das Abendessen schon vorbei und ich musste nochmals außer Haus gehen. Dafür fand ich eine ausgesprochen komfortable Einrichtung vor, die sogar zum Urlaubmachen einlud. Mehrere Familien aus Holland waren hier zu Gast. Also stieg ich nochmals hinunter in die Stadt und genehmigte mir das verdiente Abendessen, wohl wissend, dass der Westweg gleich morgen Früh wieder steil aus dem Tal hinaufführt. Zurück in der Pension war es Zeit zum Schlafen gehen. Die übrigen Gäste saßen vergnügt auf der Terrasse, was mich aber nicht weiter störte, weil ich sehr müde war und gleich einschlief.

04. Tag – Einstieg in den Westweg. Die rote Raute markiert den Pfad.

5. Tag, 25. Mai 2009

Forbach – Schliffkopf, 9.00-22.00 Uhr
39km

Steil hinauf

Nach einem ausgiebigen Frühstück, als gute Grundlage für einen anstrengenden Tag, steige ich zügig die ersten 700 Höhenmeter hinauf auf die Badener Höhe auf 1002 m. Vorbei ging es dabei am Schwarzenbach Stausee, der über die Hälfte leer war und dem Seebachhof. Eine wunderschöne frühsommerliche Fauna und Flora begleiteten mich auf der ganzen Strecke. Es wurde sehr warm und so mancher Liter Trinkwasser war nötig, die Hitze unbeschadet zu überstehen. Zum Glück hatte ich am Morgen meinen Wasserbeutel im Rucksack mit zweieinhalb Litern frischem Trinkwasser gefüllt. Gut gepflegte Waldwege wechselten sich mit steinigen Passagen und ruhigen Asphaltsträßchen ab. Auf diesem Streckenabschnitt traf ich mehrere Wanderer. Alle hatten sich den Westweg oder Teilstücke davon vorgenommen. Der Orkan Lothar hat auch in dieser Region schwer gewütet und ganze Flächen abrasiert. Abgestorbene Bäume, von denen zum Teil nur noch der Stamm mit wenigen kleinen Ästen zu sehen war, ragten wie ein Zeigefinger in den meist blauen Himmel. Unterwegs entdeckte ich auch krakenartige Wurzelgebilde, die geisterhaft in der Landschaft standen und sich seltsam in Ihre Umgebung fügten. Nahezu zehn Jahre nach dem verheerenden Sturm hat die Natur auf ihre Art und Weise für eine neue Harmonie in dieser Region gesorgt und es ist bereits jetzt zu erkennen, dass aus dem Chaos neues grünes Leben entsteht und sich eine erstaunlich lebhafte Vogelwelt angesiedelt hat. Zwischendurch entdecke ich immer wieder Hochmoore mit ihrer eigenen Pflanzenwelt.

Jörg und seine Freunde

Auf einsamer Strecke erreichte ich eine Gruppe Wandersleute. Drei Pensionisten ›vom Daimler‹ und ein junger Mann haben sich den Westweg vorgenommen und waren mit Rucksack und Stock unterwegs. Sehr freundschaftlich haben wir uns ausgetauscht, bis ich dann wieder etwas an Tempo zulegen musste. Jörg, der Jüngere aus Gutach, hat mich noch eingeladen bei ihm vorbeizuschauen wenn ich auf dem Weg nach Freiburg bin. Die Wanderung der Gruppe endete am Mummelsee, um von dort wieder nach Hause zu fahren. Der Einladung zu folgen habe ich mir fest vorgenommen, zumal Jörg angeboten hat, mir auch ein Gläschen frischen Badischen Weißwein zu kredenzen. Kurz darauf trafen wir uns jedoch wieder zum Essen bei der Breitenbrunnhütte.

Besuch beim SWR

Am Nachmittag erreichte ich die Hornisgrinde. Hier stehen die Sendeanlagen des Südwestrundfunks auf 1.164 Meter. Schon von weit her habe ich den riesigen Sendemast gesehen, musste jedoch erst noch eine Senke überqueren, ehe ich die höchste Tagesposition erreichte. Unterhalb der Sendemasten steht ein großes Gebäude mit der ganzen neuen Sendetechnik. Vielleicht, dachte ich, wird mir ein Einblick in die Anlage gewährt. Tatsächlich wurde ich auch eingelassen, jedoch war gerade eine Führung zu Gange, der ich mich jedoch nicht mehr anschließen konnte und eine weitere Führung für den heutigen Tag nicht mehr möglich war; schade! Bedankte mich für ein angebotenes Getränk und zog weiter meine Strecke. Zu diesem Zeitpunkt war ich auf den Mummelsee fixiert mit der Option, dass danach einige Übernachtungsmöglichkeiten vorhanden sein müssten. Nach einem langen Abstieg erreichte ich nun das Gebiet um den Mummelsee. Das alte Hotel war vor einigen Jahren abgebrannt, was mir bekannt war, sodass ich nach Alternativen Ausschau halten musste.

Die lange, dunkle Nacht

Um den Mummelsee herum war ein recht reger Betrieb, weil direkt davor die Schwarzwaldhochstraße vorbeiführt. An einer Informationstafel las ich dann auch schon, dass der Gasthof Seibelseckle heute, Montag, geschlossen hat. Ich tankte meinen Wasservorrat auf, um auf alle Fälle vorbereitet zu sein. Bei einem Erfrischungsgetränk entspannte ich mich bei hochgelegten Beinen auf einer Parkbank bei der Mummelseekapelle, um nochmals Kraft zu schöpfen. Die Wegweiser zeigten zum Ruhestein acht Kilometer und zum Schliffkopf zwölf Kilometer. Ich hatte jedoch die Hoffnung, in der Darmstädter Hütte unterzukommen. Wie ich so dalag und in den Himmel sinnierte, gesellte sich eine Frau mit Ihrem Sohn zu mir. Beide waren pilgermäßig unterwegs, jedoch für meine Begriffe zu schwer beladen. Nach einem kurzen Austausch über ›woher?‹ und ›wohin?‹ gingen wir gemeinsam los und ich war überrascht, welches Tempo die beiden mitgehalten haben. Nach einer halben Stunde wurde es dann aber doch zu viel und wir machten eine kurze Pause. Zwischenzeitlich erklärten mir die beiden, dass sie die Hütte am Wildsee aufsuchen werden. Ich könne ja mitkommen, Essen hätten sie genug, auch für mich. Das wollte ich auf alle Fälle vermeiden und war froh, als wir die Darmstädter Hütte erreichten. Ich verabschiedete mich und klinkte mich aus, hin zur Hütte. Dort las ich sofort, dass die Hütte morgen, Dienstag, Ruhetag hat und heute, es war gerade kurz nach 19.00 Uhr bereits geschlossen war. Kein Mensch weit und breit, dazu jeder Schuppen verschlossen oder vernagelt. Ich hielt mich noch etwas im Anwesen auf, um meinen beiden ›Hüttenmenschen‹ genügend Vorsprung zu geben, um diese nicht mehr einzuholen, ehe sie zum See abbogen.

Dann aber galt es wieder Tempo aufzunehmen, um zum Ruhestein zu gelangen. Inzwischen hat es ein wenig abgekühlt und bei angenehmen Temperaturen konnte ich an den freien Stellen die Abendsonne richtig genießen. Noch bei gutem Tageslicht, kurz nach 20.00 Uhr erreichte ich den Ruhestein. Über den Anfängerhügel erreichte ich, mit langen Schritten, die wenigen Häuser an der Schwarzwaldhochstraße. Nur in ›Heins Hütte‹ war Betrieb. Ich gesellte mich zu den drei Personen und musste erfahren, dass Hein keine Übernachtungsmöglichkeit anzubieten hat und er im Übrigen nur privat mit zwei Gästen aus Aachen zufällig da sei. Was nun? Zuerst bat ich darum, mir auch ein Viertel Wein einzuschenken und meine Wasserflasche nochmals zu füllen (bis dahin hatte ich fünf Liter verbraucht). Bei einem guten Glas Weißwein erzählte ich über mein Vorhaben und hatte dabei aufmerksame Zuhörer und plötzlich war es 21.00 Uhr. Jetzt aber los. Ich zückte meinen Geldbeutel, um zu bezahlen. Mit großzügiger Geste haben die Drei jedoch abgewinkt und ich durfte diesen Zwischenstopp als Pilgergeste verbuchen. Hein versicherte mir, dass ich auf dem Schliffkopf auf alle Fälle eine Unterkunft finden werde. Um den Weg abzukürzen, könne ich auch die Sprungschanze hochsteigen. Dies tat ich gerne und sparte einen Umweg von fast einem Kilometer. Auf den nächsten vier Kilometern erlebte ich nun, was Dunkelheit im Schwarzwald bedeutet: Zwischen den Bäumen nur noch ein schmaler gelbroter Streifen am Horizont. Und jetzt sah der sturmgeschädigte Wald erst recht gruselig aus. Ich musste mich jedoch ganz auf meinen Pfad konzentrieren und geriet jetzt wieder in dicht bewachsene Gebiete. Diese Stimmung war einzigartig. Totale Ruhe um mich, kein Vogel, kein Wind, nur ein leises Rascheln auf dem weichen Tannennadelboden und das liebliche Ding Ding meiner Klingelmuschel, wenn diese an dem Pilgerstock anklimperte. Sobald sich die Augen an die schwarze Umgebung gewöhnt hatten, war es sogar möglich, den Wegverlauf gut auszumachen.

Um 22.00 Uhr betrat ich eine Lichtung, umringt von hohen Bäumen. Auf der Lichtung standen fast nur mannshohe Sträucher. In der Mitte stand ein Steintisch, daneben mehrere Pfähle, an denen Wegzeiger angebracht waren. Von einer Hütte oder einem Hotel keine Spur – und Menschen erst recht nicht. Jetzt benötigte ich meine Stirnlampe. Diese war schnell zur Hand und ich konnte in meinem Tourenführer Westweg auch gleich die Telefonnummer von einem Schliffkopfhotel finden. Mein Anruf kam bei der diensthabenden Mitarbeiterin Nicola an der Rezeption an. Sie erklärte mir präzise, dass ich nur in Richtung Süden weitergehen müsse, um nach wenigen Minuten zum Hotel zu kommen. So war es und ich stand nach fünf Minuten vor einem taghell erleuchteten Wellnesstempel. Was für ein Unterschied! Beim ersten Anblick ist meine

Pilgerwelt zerbrochen, denn ich war ganz plötzlich wieder in eine schon fast fremde Realität eingetaucht. Die Vernunft steuerte mich jedoch schnurstracks auf den Eingang zu, um mich kurz darauf bei der Rezeption anzumelden. Der Empfang war sehr herzlich und mir wurde in dieser späten Stunde noch ein Vesperteller auf mein Zimmer serviert. Schnell habe ich mich frischgemacht, ein paar Happen gegessen, um an der Hotelbar noch etwas Flüssiges zu mir zu nehmen. Hier saß ich mit meinen Sandalen und Kniebundhosen nun an der Hotelbar, in der Hand meinen Pilgerstab mit den beiden Muscheln, die mir auch heute wieder geholfen haben, eine schwierige Etappe zu bestehen. Im Laufe des Abends gesellte sich noch für kurze Zeit der Marketingchef des Hotels zu mir und machte mich darauf aufmerksam, dass auch die Chefin des Hauses noch zugange ist. Später kam auch sie noch auf mich zu, um ein gemeinsames Foto vor dem neuen Hotelerweiterungsprojekt zu machen. So habe ich nun ein Überraschungshotel erwischt, das völlig außerhalb meiner Absichten war und das Hotel konnte den Besuch eines echten Pilgers verzeichnen. Mitternacht war um, als ich auf meinem Zimmer die letzten Wursträdchen vertilgte und mich dann schon ganz schön entspannt ins Bett sinken lassen konnte.
Morgen muss ich nichts überstürzen.

05. Tag – Wanderer auf dem Westweg (Pforzheim – Basel)

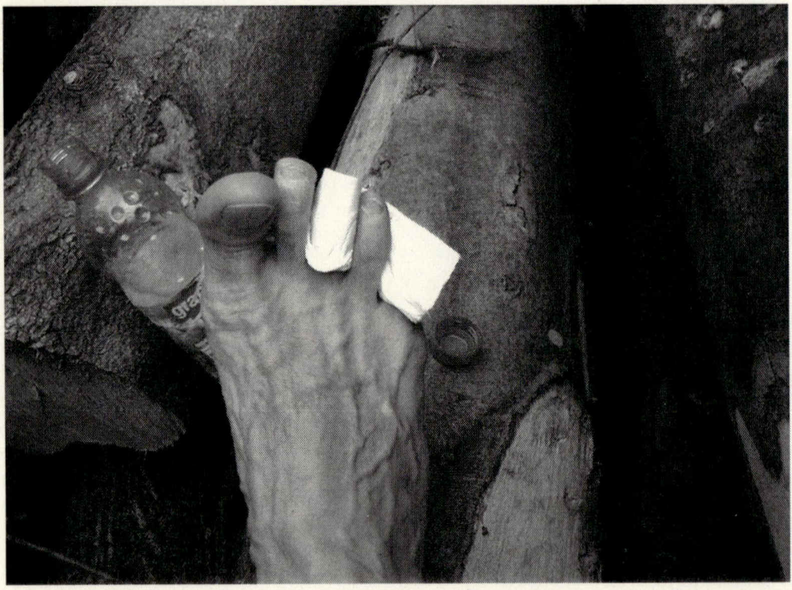

05. Tag – Blasenpflege

6. Tag, 26. Mai 2009

Schliffkopf – Harkhof, 13.00-19.00 Uhr
27 km

Früh, um kurz nach 6.00 Uhr, bin ich aufgewacht. Mein Zimmer hatte ein Fenster gen Osten und ich konnte einen wunderschönen Sonnenaufgang beobachten. Aber aufstehen wollte ich noch nicht. Kaum hatte ich zwei Fotos aufgenommen und mich wieder hingelegt, begann es wie aus Kübeln zu schütten. Für heute habe ich mir vorgenommen, die Wellnesseinrichtungen des Hotels zu nutzen und etwas später die Pilgerreise fortzusetzen. Bei der Rezeption erkundigte ich mich, ob meine Badehose kurzfristig getrocknet werden kann, wenn ich das schöne Schwimmbad benutze. Alle Mitarbeiter waren eifrig bemüht, mir das Pilgerleben in diesem Hotel so angenehm wie möglich zu machen. Also ging ich schwimmen, nicht ohne zuvor auch meine übrigen, zum Teil doch stark verschwitzten Kleidungsstücke zu waschen. Nach dem erfrischenden und belebenden Schwimmen übergab ich meine Wäsche der Rezeption und suchte das Frühstücksrestaurant auf. Hier konnte ich nach Herzenslust dinieren und musste auf meine Linie überhaupt keine Rücksicht nehmen. Der Bund meiner Badehose hat gezeigt, dass ich schon erkennbar abgenommen habe und daher am Buffet mächtig zuschlagen konnte.

Pilgermassage

Der unverhoffte Vier-Sterne-Premium-Aufenthalt bot auch die Möglichkeit, meine stark strapazierten Pilgerfüße in eine Sonderbehandlung zu geben. Die Servicemitarbeiterin an der Rezeption hat mit dem Masseur eine passende Zeiteinteilung gefunden und ich konnte um 11.30 Uhr zur Fußmassage antreten. Oh, das tat gut! Herr Müller hat gleich festgestellt, dass manche Zehen ganz schön malträtiert waren, und hat mit viel Massageöl nachgeholfen, den Heilungsprozess zu beschleunigen. Nach gut einer halben Stunde hat er mir zulasten seiner Mittagspause auch noch angeboten meinen Rücken ›unter die Kur‹ zu nehmen. Dem stimmte ich unumwunden zu und legte mich schnell auf den Bauch. Vor allem die vom Rucksack geschundenen Knochen im Schulterbereich haben davon profitiert und fühlten sich nach der Massage fast jungfräulich an. Wie neu geboren nahm ich meine getrocknete Wäsche an der Rezeption in Empfang, packte meinen Rucksack ein, verabschiedete mich bei all den Mitarbeitern des Teams, die mir so hilfreich zur Seite standen. Nachdem ich die überraschend gering ausgefallene Rechnung beglichen hatte, machte ich mich auf den Weg, um bei strahlendem Sonnenschein möglichst bis zum späten Abend Hausach zu erreichen, eine Halbtagesetappe mit 42 Kilometern; schon eine Herausforderung an Körper und Geist und natürlich muss auch das Wetter mitspielen.

Pilgerwäsche

Voll Optimismus und gut geölt, noch ein kurzes Fotoshooting vor dem Hoteleingang mit der Marketingassistentin, startete ich auf die nächste Westwegetappe. Gleich die nächsten Schilder zeigten die genannte Entfernung an. Ich stellte mich also auf einen langen Tag ein, da ich bestimmt acht bis neun Stunden Gehzeit rechnete. In meinem Reiseführer war auch nur eine Westweghütte eingezeichnet mit der Bezeichnung Hark. Darunter konnte ich mir so gut wie nichts vorstellen. Meine Rechnung: 13.00 Uhr plus neun Stunden, inclusive kleiner Pause, gibt eine Zielzeit von 22.00 Uhr. Bei gutem Wetter zu machen. Bis kurz nach 14.00 Uhr ging auch alles sehr gut. Die Sonne schien kräftig und kochte den Vormittagsregen regelrecht aus der Erde heraus. Stellenweise dampften die Wiesen regelrecht. Ich kam ins Schwitzen und fühlte mich pudelwohl. So ging es zwischen Tannenwald, mit dem richtig schönen, schattigen Schwarzwaldeffekt im Wechsel mit abrasierten Lothar-Sturmflächen vorwärts. Als ich den Hochwald einmal mehr verlassen hatte und wieder Sonne erwartete, bemerkte ich plötzlich ein sehr diffuses Licht hinter mir auf der Westseite. Kaum drehte ich mich um hörte ich auch schon ein entferntes Donnergrollen. Ich dachte an Sodom und Gomorrah. Nur nicht umdrehen und tapfer weiter. Die

Westwinde, die sich in diesem Augenblick verstärkten, müssten diese Gewitterwolken hinter mir vorbei treiben und vor mir sah es noch deutlich besser aus. Meine Marschrichtung war eindeutig südwärts gerichtet. Ohne weitere Vorwarnung fielen plötzlich sehr schwere, große Wassertropfen vom Himmel. Nein, an den kahlen Flächen wurden diese regelrecht von der Seite herangepeitscht. Schnell zog ich den wasserdichten Anorak über und fühlte mich soweit damit geschützt, dass ich flugs weitermarschieren konnte. Sicherheitshalber habe ich die Regenhülle über den Rucksack gezogen.

Der Regen ließ kurze Zeit nach, um darauf umso heftiger wieder einzusetzen. Bald klebten meine Dreiviertel-Hosen jeweils an der rechten Seite an meinen Oberschenkeln fest. Wenige Minuten später war ich vom Anoraksaum abwärts klitschnass. Dazu kamen große Pfützen auf dem Weg, denen man gar nicht immer ausweichen konnte. Der Weg glich stellenweise einem Bach und ich musste von Stein zu Stein hüpfen und treten, um nicht auch noch komplett im Wasser zu stehen. Sobald dann der Hochwald zu Ende war, peitschte ein heftiger Westwind den Regen an mich, wie gegen eine Wand. Bisher trug ich meinen breitkrempigen Hut, merkte jedoch, dass das Wasser durch die Krempe an Stirn und Hals herunter lief. Hut runter, Anorakkapuze auf und den Hut wieder drüber, damit das Gesicht etwas geschützt war. In den Schuhen drückten mich einige kleine Steinchen, die ich dringend hätte entfernen sollen, aber bei diesem Wetter denkbar unmöglich. Ich hoffte, bald eine Hütte zu erreichen, damit ich mich umziehen kann. Über mir haben sich zwei Gewitterfronten zusammengezogen und es blitzte und donnerte gleichzeitig. Dicke Wolken zogen zwischen den Bäumen an mir vorbei und langsam habe ich die Hoffnung auf Besserung aufgegeben. Eine neue sportliche Disziplin habe ich zur Abwechslung ausprobiert. Ich zog die Gurte meines Rucksacks richtig fest, klickte meine Walkingstöcke fest ein und startete so mit Rucksackhüpfen, um den großen Wasserlachen, Suten und Bächen auszuweichen. Letztlich war es jedoch gleichgültig, ob ich dem Wasser ausweiche oder nicht.

Über meine Waden lief zwischenzeitlich soviel Wasser von oben in die Schuhe, dass meine Socken schon ganz durchtränkt waren.

Durst hatte ich keinen, Pinkeln war zu kompliziert, sodass ich mich darauf beschränkte, bei möglichst sportlichem Tempo unter meiner Hutkrempe hervor immer wieder die Wegzeichen auszumachen, um nicht auch noch eine falsche Richtung einzuschlagen. Um halb fünf ging nichts mehr, wohl auch deshalb, weil ich zwischen Bäumen und Unterholz eine Hütte ausmachte, die auch noch ganz geschickt wetterabwendig erstellt war. Es handelte sich um die Lettstadter Hütte auf 966 m. Um nicht zu sehr auszukühlen, habe ich frische Wäsche aus dem Rucksack genommen und alles fein säuberlich auf einer Bank gestapelt, damit ich mich schnell umziehen konnte. Zwischenzeitlich ist es durch die Gewitterfronten recht kühl geworden. So zog ich zuerst die Schuhe und Socken aus. Diese konnte ich auswinden und meine Schuhe und Einlagen damit austrocknen. Als Ersatz hatte ich nur Walkingschuhe und Sandalen dabei, also musste ich wieder in die durchgeweichten Schuhe rein. Auf einem trockenen Brett balancierend zog ich mich nun bis auf die Haut aus und trocknete die feuchten Stellen mit der Wäsche ab. Nun aber schnell in die frische Wäsche rein, aber nein, auch im Rucksack hat sich der Regen schon Schlupflöcher gesucht und die Wäsche stellenweise benetzt. Egal, es war auf jeden Fall besser, als zuvor.

Mit den langen Regenhosen an und dem Anorak wieder drüber gezogen, fühlte ich mich wieder wohlig warm. Die nasse Wäsche packte ich als Knäuel ein, in der Hoffnung, am Abend eine Möglichkeit zu finden, wo ich große Wäsche machen kann. Jetzt habe ich schon gelernt, den Rucksack und dessen Inhalt noch besser vor Regen zu schützen. Bauchgurt mit Flaschenhalter umgeschnallt, noch einen Schluck Wasser und Rucksack auf – los ging es hinaus in den Regen. Auf den abschüssigen Waldwegen hat das Regenwasser Nadeln und Laub zu kleinen langen Maden zusammengeschwemmt und das Wasser schoss dazwischen durch. Seit über zwei Stunden hat es nun ununterbrochen gegossen. Nach einer halben Stunde erreichte ich die nächste Hütte. Nein, hier wollte ich einfach weiter, doch am Pfosten war ein Schild angebracht mit dem Hinweis, Hark in sieben Kilometern. Jetzt habe ich meinen Entschluss revidiert nach Hausach zu gehen, wenn ich in Hark wenigstens einen trockenen Unterschlupf finden würde. Unterwegs traf ich ein Ehepaar mit Knirpsen in der Hand. Der Wind hatte zwischenzeitlich nachgelassen und man konnte tatsächlich mit dem Schirm gehen. Die Übrigen waren mit großen weiten blauen Folienumhängen geschützt. So trotteten die beiden gemütlich schwatzend durch Wald und Regen. Ich habe kurz gegrüßt, ein paar Worte von Pilger zu Westwegler und dabei erfahren, dass in Hark ein ganz vortrefflicher Hof mit einem Gasthof steht. Ich nahm wieder Tempo auf und langsam lies der Regen etwas nach. Die Vögel begannen wieder zu zwitschern und ich versuchte, wie schon öfter, deren Melodie nachzupfeifen. Dabei entstand sogar manchmal ein Duett. Plötzlich kam mir die Idee, was wohl wäre, wenn mir jetzt meine Frau im Auto begegnen würde. Ich würde zufrieden lächeln. Unterwegs machte ich eine ganz neue Erfahrung mit einem Wegebelag. Ein Gemisch aus Sand und feinem Schotter war durch den heftigen Regen so aufgeweicht, dass der voll Wasser gesogene Sand die feinen Schottersteine mit angehoben hat und diese Masse bei jedem Schritt so weich nachgab, dass ich das Gefühl hatte, auf einem Teppich zu gehen. Nach weiteren knapp zwei Stunden habe ich den Hark (-Hof) erreicht. In der Tat ein Gasthof mit Übernachtungsmöglichkeiten. Zuerst begab ich mich in den Gastraum, wo ich sehr freundlich von einer großen Wanderschar und dem Servicepersonal begrüßt wurde. Meine erlebte Regentour hat man mir angesehen und sofort für Abhilfe gesorgt.

Mir wurde ein Mehrbettzimmer angeboten mit sechs Stockbetten, wo ich mich schön ausbreiten konnte und die nasse Wäsche konnte ich zum Trocknen in den Heizraum geben. Da außer den Beiden, die ich getroffen habe, wohl niemand mehr nachkommen wird, konnte ich davon ausgehen, dass ich das Zimmer alleine nutzen kann, was mir sehr entgegen kam. Die beiden Wanderer haben ein Doppelzimmer vorgebucht. Fein geduscht und hergerichtet begab ich mich ins Gastzimmer und konnte von einer reichhaltigen Speisekarte bestellen, was das Herz begehrt. Von einer lustigen Tischrunde nebenan wird gerade ein Witz zum Besten gegeben: Eine junge Frau ist von zuhause aus auf dem Weg in die Stadt und trägt unter dem Arm ganz unbeholfen eine Matratze mit sich. Fragt der übernächste Nachbar: »Ja wohin soll's den gehen mit dieser Last?« »Ich muss heute zum Arbeitsamt und wurde aufgefordert, alle Unterlagen mitzubringen.« Als runden Abschluss eines nassen Tages bestellte ich eine Flädlesuppe (2,40), ein Paar Bauernwürste mit Brot (3,70), ein Peterstaler Classic (2,-) und zwei viertel Klingelberger Riesling, trocken (je 3,-). Dazu benötigte ich drei Telefoneinheiten, um mich pünktlich um 21.00 Uhr zuhause zu melden. Das Mobiltelefon hatte keine Funkverbindung gefunden. Mit ein paar Westweglern habe ich mich noch eine halbe Stunde unterhalten, um dann gut erholt aber doch müde in mein Stockbett zu steigen. Auch der Regen hat seine guten Seiten!

06. Tag – Regen – und der Weg wird zum Bach

7. Tag, 27. Mai 2009

Harkhof – Elzach über Hausach, Gutach/Gutach, 9.00Uhr-18.30 Uhr
41 km

Gut ausgeschlafen, bei offenem Fenster und frischer Schwarzwaldluft, hatte ich auch die besten Voraussetzungen, begab ich mich um 8.00 Uhr in den Gastraum, wo bereits ein herzhaftes Frühstück auf mich wartete. Zum guten Schwarzwälder Bauernbrot gab es ein Ei, Wurst, Käse, Gsäls und Honig. »Echt gut!«, murmelte ich bei der zweiten Tasse Kaffee in mich hinein und freute mich, gut gerüstet den Westweg nach Hausach anzutreten. Meine Nasswäsche von gestern bekam ich fein säuberlich zusammengelegt trocken zurück. Mit zusätzlichen Tüten geschützt habe ich meine Utensilien im Rucksack verstaut. Die feuchten Schuhe hingen außen und konnten so schneller trocknen. Bei leicht bedecktem Himmel und zirka 18 Grad gefühlter Temperatur steuerte ich schnellen Schrittes Hausach an. Nach immerhin 15 Kilometern mit 800 Höhenmetern erreichte ich das nette Städtchen um 12.30 Uhr. Eine halbe Stunde zuvor hatte ich mein Mobiltelefon eingeschaltet, um in Hausach mit meiner Frau zu telefonieren, weil ich gestern Abend keine Verbindung bekam, und hatte überraschenderweise eine Mobilboxnachricht. Meine Nichte aus Heilbronn war geschäftlich von Waldshut kommend Richtung Freudenstadt unterwegs und hat deshalb Kontakt zu mir gesucht, um mich vor dem Grenzübertritt nach Frankreich nochmals zu treffen. Das ist doch lieb von ihr. Ich erklärte ihr meinen Tourenverlauf und erwartete sie dann in Hausach vor der Kirche. Carmen kam an, wir begrüßten uns herzlich mit Bussi – Bussi und sie kommentierte frech: »Jetzt bisch grad oi Woch weg ond siescht aus wie ausgwildert.« Sie hatte natürlich recht, nach einer Woche ohne Rasur, verschwitzter Mähne und Pilgeroutfit, unter dem Hut ein gelbes Schweißband, so ist man den Handels- und Vertriebswirt nicht gewohnt. Trotzdem hat sich Carmen mit mir zur Erinnerung von Passanten fotografieren lassen. Wir gönnten uns ein gutes Essen, tauschten aktuelle Gedanken in netter Atmosphäre aus und verabschiedeten uns, sie zur Arbeit, ich Richtung Gutach.

Zerzaust von Regen und kleinen Hagelkörnern gestern, habe ich den heutigen Tag besonders genossen. Die Natur, alles frisch gewaschen, zeigte sich von ihrer schönsten Seite. Die frische, würzige Luft ein Gemisch aus feuchter Erde, grünen, blühenden Wiesen, dazu das Gezwitscher der Vögel und das Rauschen und Plätschern der Gutach, verzauberten mich. Über die Burg und das Freilichtmuseum erreichte ich bald Gutach an der Gutach im Ortenaukreis. Dort wollte ich meinen Wanderfreund zu einem kleinen Umtrunk treffen. Ich begab mich zur Kirche, stellte mich wie angewiesen auf die Treppe und schaute geradeaus. Runter und rein in die gegenüberliegende Schinkenräucherei ging es flotten Schrittes. Doch hier war niemand, obwohl die Türen wagenweit offen standen. In der ganzen Nachbarschaft habe ich nach Jörg gefragt und keiner kannte ihn. Also Haken dran und weiter, dafür habe ich den Umweg jedoch nicht in Kauf genommen. Um auf dem schnellsten Weg wieder auf meinen Pilgerweg zu kommen, musste ich den mächtigen Höhenrücken zwischen Gutachtal und Elztal überwinden. Über sechs Kilometer ging es einer Serpentinenstraße nach mit 18 Prozent Steigung nach oben. Gut, auf der anderen Seite durfte ich wieder hinab ins Tal. Dieser Abschnitt war jedoch weniger steil und ich konnte so zügig voranschreiten. Die Straße war bis auf einige Motorräder wenig befahren und führte meist durch einen schönen Mischwald. Bergabwärts kam ich vorbei an wunderschön blühenden Wiesen und an manch einem Einfamilienhaus mit prächtig geschmücktem Garten. Viele Blumen, frisch begossen, standen heute in voller Blüte und erfreuten so Herz und Seele. Auch die ersten reifen Erdbeeren habe ich entdeckt und ich konnte es mir nicht verkneifen, meinen wässrigen Schlund mit dieser schönen Frucht zu verwöhnen.

Nach einem ausgefüllten Tag, mit dem falschen Zwischenziel Gutach an der Gutach, erreichte ich um 19.30 Uhr die Stadt Elzach und nach zwei Passantenauskünften fand ich das, etwas versteckt, hinter einem Park gelegene, Aktivhotel.

60 qm. – Wohnung

An der Theke verwies man mich an ein kleines Büro in der Eingangshalle. Dort traf ich die Hausleiterin dieser großen Seniorenanlage, wo es neben betreuten Wohnungen auch freie Apartments für Hotelgäste gab. »Guten Tag, ich bin Pilger Karlo auf dem Weg nach Spanien und suche eine bezahlbare Übernachtungsmöglichkeit.«, war meine präzise Vorstellung. »Wo ist denn Ihre Schmerzgrenze?«, fragte die Chefin orientierungshalber. »O.K., machen Sie mir einen guten Preis, den bezahle ich.«
»25,- Euro mit Frühstück, ist das in Ordnung?«
»Ja, danke!« Ich wurde zu meiner Zwei-Zimmer-Wohnung gebracht und war höchst erstaunt über die angetroffene Ausstattung. Viel Platz gab es für meine im Rucksack eingequetschten Utensilien und ich konnte alles schön ausbreiten und merkte, dass zwischen meinen Papieren immer noch Feuchtigkeit steckte, die ich jetzt bestens austrocknen konnte. Danach begab ich mich zum Restaurant und konnte aus einer übersichtlichen Karte so viel Gutes auswählen, dass ich satt wurde und bei einem Glas Wein den wunderschönen Tag ausklingen lassen konnte.

Auf Regen folgt wieder Sonnenschein

08. Tag – Eine Bikergruppe auf dem Weg nach Frankreich

8. Tag, 28. Mai 2009

Elzach – Freiburg, 8.30-17.30 Uhr
36 km

Von fröhlichem Vogelgezwitscher wurde ich heute Morgen wach. In der Morgensonne vibrierten die Blätter der Parkbäume in einem leichten Hauch von Wind. Die Terrasse lud mich geradezu ein, mich dort in einen einfachen Kunststoffstapelstuhl zu setzen und in meiner leichten Schlafbekleidung mein Tagebuch zu aktualisieren. Doch schnell war es 8:30 Uhr und es war Zeit das Frühstück einzunehmen. Dieselbe Servicekraft von gestern Abend hatte heute auch Frühschicht und sie begrüßte mich sehr freundlich. Frischer, duftender Kaffee wurde serviert und von einem reichhaltigen Buffet konnte man wählen, was das Herz begehrt. Sogar ein Glas Sekt war mit im Angebot. So konnte ich meinen ersten Energiebedarf auf angenehme Art stillen. Leider war es nicht möglich, Kraft für den ganzen Tag zu tanken, dazu ist mein Körper noch nicht in der Lage. Vielleicht bringt es meine Pilgerreise mit sich, dass man die Verpflegungsgewohnheiten mit der Zeit den Anforderungen etwas anpassen kann. Ich bin gespannt. Nach dem Frühstück fühlte ich mich stark und hatte einen unbändigen Drang, möglichst schnell Freiburg zu erreichen. Nachdem die Wohnung geräumt und der Rucksack gepackt war, verabschiedete ich mich beim Team des Hauses und gab meinen Wohnungsschlüssel ab. Gleich nach der Stadt folgte mein Weg dem Flüsschen Elz. Dort war es beschaulich und ruhig. Hin und wieder kam ein Radler vorbei. Zwei Spaziergänger mit Hund waren auch unterwegs. Doch dann führte der Weg über weite Strecken entlang der Bundesstraße, die zum Teil vierspurig ausgebaut war und dort ein regelrechter Autobahnverkehr meine Ruhe und auch etwas meine Stimmung störte. Ich fühlte mich plötzlich wie mitten drin im realen Leben. Wo war ich doch in dieser einen Woche schon angekommen! Und was bedeutet das für die weitere Reise?

Weil die Strecke ganz flach im Elztal verlief, konnte ich richtig Gas geben. Die zwei, am Morgen wegen Blasenresten verpflasterten, Zehen spielten gutmütig mit. Etwas Abwechslung hatte ich beim

Studium der, im Ortsteil Winden, angebrachten Transparente. Diese befassten sich in der Hauptsache mit dem Bau einer Umgehungsstraße und der Gefahr, denen die Kinder bei einem hohen Verkehrsaufkommen ausgesetzt sind. Ganz vorne an einer Wegegabelung entdeckte ich einen Obst-, Früchte- oder Beerenstand. Beim Näherkommen sah ich ein riesiges Angebot an Erdbeeren und erinnerte mich an die Worte meiner Frau, diese unterwegs so häufig wie möglich zu essen, wegen Vitaminen und so. Ich gehorchte und kaufte bei Anitas Häusle eine große Schale frischer Erdbeeren um 1,80 Euro und bat um Waschwasser. »Das geht normalerweise nicht,« sagte sie in schönstem Baddisch, »aber weil Sie es sind ...«
»Danke, danke!«, erwiderte ich in Hochschwäbisch. Etwas stoisch verfolgte diese Unterhaltung ein Ehepaar an der Seite des Verkaufsstandes. Und gleich gesellte sich noch eine Radlerin zu uns, die mich auf dem Weg bereits beobachtete und mir sogleich bescheinigte, dass ich einen ganz schönen Zahn drauf gehabt hätte. So ergab das eine Wort das andere und wir hatten ein lustiges Viertelstündchen mit viel Humor und Gelächter. Selbst das Paar nebenan taute auf und lachte mit. Dabei aß ich die ganze Schale Erdbeeren auf und hatte nun Sprit für den ganzen Tag. Während dieses Smalltalks hat auch die Sonne mitgespielt und mir ganz schön den Rücken gewärmt, der ein wenig feucht war. Schade, aber ich musste nach einem Erinnerungsfoto weiter. Kurz darauf, als mein Weg wieder direkt an der Straße verlief, stoße ich auf eine Gruppe Motorradfahrer, die gerade eine Pause einlegten und nach dem rechten Weg suchten. Sie waren aus dem Großraum Stuttgart kommend unterwegs nach Südfrankreich, genau wie ich. Ich muss sagen, hinter den Krachledernen Anzügen versteckten sich ganz vernünftige Kerle, mit denen man sich sehr angeregt unterhalten konnte. Auch sie waren ein bisschen neidisch auf mein Vorhaben und staunten über die bereits zurückgelegte Strecke.
Zufällig entdeckte ich beim nächsten Dorf, wo ich wieder abseits der Straße durch Hausgärten marschierte, einen seltsamen Stein, der eher achtlos am Wegesrand lag. Meine Fantasie sah in der Oberfläche sogleich eine in Stein gehauene Muschel. Bei näherem Hinsehen könnte man auch einen Tierkopf erkennen. Offensichtlich hat der mögliche Bildhauer viel Freiraum für die Fantasie des Beschauers gelassen.

Student in Freiburg

Über verschiedene Dörfer entlang der Elz erreichte ich dann Gutach im Breisgau. Hierher wurde ich von meinem Wanderfreund Jörg eingeladen. Dies habe ich jedoch zu diesem Zeitpunkt nicht realisiert, sondern bin erst am nächsten Tag beim Kartenstudium auf diesen Doppelnamen gestoßen. In der Stadtmitte wollte ich eine kurze Verschnaufpause machen und mir einen amtlichen Pilgerstempel vom Rathaus holen, doch dies war noch für eineinhalb Stunden geschlossen und so viel Zeit für einen Stempel konnte ich beim besten Willen nicht opfern. Dafür war mir Freiburg zu wichtig. Über Waldkirch und Gundelfingen erreichte ich dann am Abend Freiburg. Am Stadtrand hat dann auch die Sonne wieder ein bisschen mehr zwischen den Wolken durchgeblinzelt und ich hatte einen schönen Einmarsch in meine Studienstadt. Hierzu muss man wissen, dass ich mich mit 48 Jahren bei der VWA zu einem Studium eingeschrieben habe und dann auch die vier Semester mit Blockunterricht in den Räumen der Universität Freiburg mit stolzem Engagement mitgemacht habe. Als Ältester von 38 Studenten war ich dann auch schnell zum Sprecher gewählt. Im 14-Tage-Rhythmus war ich in Freiburg und absolvierte dabei jeweils 100 Stunden Vorlesung. Klar war für mich, die tägliche Mittagspause auf dem Münsterplatz in einem Café mit guten, leichten Gerichten und jeweils zum Abschluss einem Gläschen Gutedel und einem Espresso Dopio. So gerüstet habe ich dann auch die schwierige Stunde von 14.00Uhr bis 15.00 Uhr in der Regel ohne Nickgefahr überstanden und dem Unterricht folgen können. Um es vorwegzunehmen, ich habe nach zwei Jahren an mehreren Tagen meine Klausuren geschrieben und konnte mit 50 mein Diplom zum Handels- und Vertriebswirt mit einer glatten drei mit nach Hause nehmen. Diese Studienzeit war einer der Beweggründe, den Camino Karlo so zu legen, dass ich Freiburg mitnehmen kann.

Kurz vor 18.00 Uhr bin ich in der Innenstadt angekommen und konnte beim Postamt eine Lagersendung von zuhause in Empfang nehmen. Im übernächsten Haus befand sich die VWA, bei der ich eingeschrieben war und ich traf tatsächlich noch die Sekretärin an, um meine Bitte anzubringen. In Volkswirtschaft wählte ich das Eu-

ropathema ›Einführung des EURO und sich daraus ergebende Folgen‹. Diese Klausurarbeit dauerte fünf Stunden und wurde in der IHK unter höchster Aufsicht geschrieben. Mit dem Thema lag ich mit unserem Studienleiter von der Uni auf etwa einer Linie und war mir sicher, dass ich hier punkten kann. So war es und ich konnte mir eine 1,6 einheimsen. Für zusätzliches positives Aufsehen habe ich gesorgt, weil ich seit vielen Jahren wieder der Erste war, der die Klausur mit Tinte und auch noch schön, lesbar und weitestgehend fehlerfrei geschrieben hatte. Dies hat mir der Leiter der VWA später bestätigt und eine gewisse Hochachtung zum Ausdruck gebracht. Und diese Arbeit wollte ich nun haben, um zu prüfen, wie ich vor der Einführung des Euro mit meinen Einschätzungen lag und wie im Vergleich die tatsächliche Entwicklung verlief. Frau Zähringer hat diesen Wunsch wohlwollend aufgenommen und mich gebeten, am nächsten Tag nochmals vorbeizukommen, dann wird wohl auch der Institutsleiter Herr Graf anwesend sein.
Für 45,- Euro fand ich ein einfaches Hotel in der Nähe des Münsters und quartierte mich sofort ein. Es wurde kühl und ich wollte die letzten Sonnenstrahlen auf dem geliebten Münsterplatz genießen. Also los! Zweimal um die Ecke und ich war da. Die Straßen und Gässchen waren mir irgendwie sympathisch und ich fühlte etwas Heimeliges. Ich hatte keinerlei Probleme, einen anständigen Abendschmaus in meinem Versorgungssystem unterzubringen und ließ es mir, mit meiner warmen Jacke gut angezogen, einfach gut gehen. Am Nachbartisch saßen zwei Deutschamerikaner. Er, ursprünglich aus Freiburg, ein schlanker, dynamischer Typ und sie gut vollschlank mit Zusatzreserve, eine richtig gemütliche Mam, aus Dresden stammend. Beide haben sich für eine gemeinsame Deutschlandtour zusammengetan und bezahlten Ihre Zeche getrennt. Mit ihnen habe ich noch eine ganze Weile geplauscht, bis uns die Nacht mit ihrer Kühle umhüllte. Abschied und zurück ins Hotel. Gute Nacht.

09. Tag – Bei Breisach über den Rhein – nach Frankreich

9.Tag, 29. Mai 2009

Freiburg – Fessenheim/Blodelsheim, 10.00-22.00 Uhr
46 km

›Freiburg, ich muss dich lassen‹

So sehr ich den Aufenthalt in Freiburg genossen habe, so sehr zog es mich hinüber nach Breisach um eben dann auch die Grenze, nämlich den Rhein zu überqueren und in Frankreich anzukommen, wo die weitaus größte Wegstrecke meiner Reise liegt. Über den Obstmarkt mit einer kleinen Vorratsbeschaffung besuchte ich noch einmal die VWA und traf tatsächlich Herrn Graf an, der mich vor über zwölf Jahren für meine gute Klausur lobte. Zu meiner großen Enttäuschung teilte er mir mit: »Alles was zehn Jahre alt ist muss entsorgt werden, sonst ersticken wir hier im Papier.«
»Schade«, antwortete ich und er bedauerte, dass ich etwas zu spät gekommen sei, sonst hätte er mir die Arbeit selbstverständlich ausgehändigt. Ich vermute, dass ich mit meiner Einschätzung über die Entwicklung des Euro nach seiner Einführung gar nicht so schlecht lag, da ich selbst ein großer Befürworter der neuen europäischen Währung war. Schon im Vorfeld der Einführung und bevor die Festlegung auf den Begriff Euro verabschiedet wurde, habe ich alle zwischenzeitlich erschienenen Sondermünzen des Ecu gesammelt, und bis heute behalten. Unverrichteter Dinge zog ich weiter, holte bei der Hauptpost noch ein zwischenzeitlich eingegangenes Postlagerpäckchen von meiner Frau ab und machte mich voll Tatendrang und bestens gerüstet auf den Weg Richtung Frankreich.

Rheinebene, Kaiserstuhl und Tuniberg

Entlang der Dreisam durch die Vororte Lehen und Umkirch überquerte ich die A5 und peilte zügig Wasenweiler an, ein Weindorf am Fuße des Kaiserstuhls. Mit den Dörfern rund um den Kaiserstuhl verbinden mich sehr schöne alte Erinnerungen und Erlebnisse. Während meiner Ausbildung zum Zollinspektor wohnte ich bei Familie Priebe in Ihringen, meiner nächsten Station. Irgendwie war mir der Ortskern noch in Erinnerung und ich fühlte mich ein bisschen heimisch. Bei der Zweigstelle einer Bank musste ich allerdings erfahren, dass die beiden Zollobersekretäre, die mir aus meiner damaligen Zeit einfielen, bereits verstorben sind. Sehr gut erinnere ich mich noch an meine Nebentätigkeiten, mit denen ich mich während meiner Ausbildung im Spätsommer und Herbst des Jahres 1966 in Breisach, in verschiedenen Weinorten des Kaiserstuhls jeweils am Wochenende, beschäftigen konnte. Neben meiner Ausbildungsvergütung von 370,- DM im Monat – 70,- DM davon zahlte ich für mein Zimmer mit fließend Wasser – musste ich für etwas mehr Geld sorgen, damit ich aus gegebenem Anlass für meinen alten VW-Käfer (Bj. 56) neue Reifen kaufen konnte. Eines Tages machte mich ein Kollege vom Zollamt darauf aufmerksam, dass an meinen Reifen etwas nicht stimmen würde. Gemeinsam inspizierten wir dann auf dem Zollhof die Räder und stellten fest, dass der Gummi so weit abgefahren war, dass sich bereits Teile der Leinwand herausgelöst hatten und aus dem Gummi herausflatterten. Also höchste Eisenbahn für neue Reifen. Als Zöllner wusste man natürlich, wie man günstig, an die damals sehr beliebten Michelinreifen kommen konnte, die bei uns auf offiziellem Wege fast unbezahlbar waren. Das naheliegende Michelin-Reifenwerk in Colmar bot jedoch für Selbstabholer gute Preise und so konnte ich für 200,- DM vier neue Reifen erstehen. Nur woher die 200 Mark nehmen. Unsere damalige Sekretärin und Mutter der Zöllner-Kompanie sorgte schleunigst dafür, dass ich ab dem kommenden Wochenende auf dem Musikfest in Breisach als Kellner, das notwendige Kleingeld verdienen konnte. Mit meinen letzten 20,- Mark erstand ich im einzigen Bekleidungsgeschäft in Breisach einen weißen Kellnerkittel und dazu eine einfache schwarze Fliege.

Das war ein Erfolg. Von Freitagabend bis zum Montagabend wurde ich vom Chef für das abschließende Kinderfest freigestellt. Weil er Vorsitzender des Musikvereins war und ich eine sehr gute Kellnerarbeit mit Spitzenumsatz abgeliefert habe, ich kassierte über 350,- DM an Trinkgeldern. Dabei habe ich, als kluges Kerlchen, nur einen einfachen Trick angewendet, der mir eine Menge

Trinkgelder in die Kasse spülte, während sich meine Kolleginnen und Kollegen wunderten, wie das geht. Ich merkte sehr schnell, dass die meisten Festgäste hauptsächlich Wein tranken. Bier und andere Getränke waren die Ausnahme. Also besorgte ich von meiner Vermieterin am Samstag einen Tragekorb für sechs Flaschen. Diesen füllte ich zu Beginn mit den gängigen Weinen und bestückte mein Tablett mit Gläsern. Bei der Ankunft der Gäste habe ich ruckzuck sechs bis acht Gläser bereitgestellt und sofort befüllt, sodass der erste Durst schon gestillt war. Bis die anderen Servierkräfte jeweils die Bestellung aufgenommen und glasweise serviert hatten, habe ich bereits die zweite Runde eingeschenkt und manchmal oder gar häufig auch über meine Tischreihen hinaus an den Nachbartischen ›ausgeholfen‹. Dieser Job wurde zum Selbstläufer und ich wurde von den Festwirten von Woche zu Woche in die unterschiedlichsten Dörfer und Städtchen in und um den Kaiserstuhl und Tuniberg weiterempfohlen und gebucht. Oft kamen dieselben Gäste und man kannte sich schon. Natürlich setzte man sich an die schnellen Tische vom ›Zöllner‹ und so konnte ich mich in Achkarren, Bickensohl, Oberrottweil und manch anderer Gemeinde bekannt machen. Aber auch die Festzeit verging und ich musste wieder fleißig lernen. Und mein Käfer mit neuer Michelinbereifung lief und lief. Alle zwei Wochen begleitete ich die Hundeführer auf den Zollhunde-Übungsplatz. Dort verpasste man mir eine übergroße Elefantenhaut als Schutzanzug und ich durfte mich als laufendes Medium ›vor die Hunde werfen‹.

Das ging so: Gut gerüstet, mit Gesicht und Armschutz stand ich hinter einer Holzwand auf dem Übungsplatz. Vom Startplatz her hörte ich die Trillerpfeife des Hundeführers und musste nun so schnell wie möglich über den Platz rennen. Der Schäferhund raste mit höchster Geschwindigkeit auf mich zu und sprang mich teils von fünf Meter Entfernung an, um mich zu Boden zu werfen. Mitsamt dem Hund schlitterte ich auf dem Rasen sechs bis acht Meter durch die Anlage. Am Anfang habe ich mir einige Blessuren geholt, wurde jedoch von Einsatz zu Einsatz besser und verdiente so ganz nebenbei ein gutes Sprunggeld und wurde beim anschließenden gemeinsamen Schmaus freigehalten.

Breisach – letztes Badener Vesper

Mit all den vielen Erlebnissen im Kopf erreichte ich Breisach. Gleich am Ortseingang war neben einem Supermarkt noch ein Getränkemarkt und ich konnte mich für die weitere Reise nochmals gut eindecken. Ich hatte bis dahin keine Ahnung, was mich auf der anderen Rheinseite erwartet. Drei Liter frisches, stilles Wasser im Rucksackbeutel und eine Flasche extra sollten für heute reichen. Auf dem Marktplatz habe ich mir noch eine kleine Pause gegönnt, bei der ich mir die Fleischkäsewecken aus der Metzgerei mit einem Viertele Bahlinger Müller-Thurgau schmecken ließ. Für die Breisacher, die an diesem Freitagnachmittag die Sonne genossen, war ich wohl doch eine kleine Sensation. Manche starrten mich doch so sehr an, dass ich zu der Überzeugung kam, dass wohl in diesem Städtchen noch keine Pilger Halt gemacht haben. Mit zwei pausierenden Radlern, die auf ihrer Tour auch schon das eine oder andere Muschelzeichen gesehen haben, konnte ich mich zur Ablenkung noch ganz nett unterhalten. Sie waren sehr begeistert, als ich meine Tourenplanung auf meinem mitgeführten Sitz vorgestellt habe (Bild). Weiter ging es hinauf zur Rheinbrücke, meiner früheren Arbeits- bzw. Ausbildungsstelle. Von dem ehemaligen Zollamt, Zollhof und dem Zollkommissariat war nichts mehr zu sehen. Da war ich schon ein wenig enttäuscht. Die Verkäuferin in einem Souvenirladen sagte dann auch ganz lapidar auf meine Frage, ob sie sich noch an das Zollamt erinnern könne, ich sei vor 43 Jahren hier als Zöllner gewesen. »Da hab ich noch gar nicht gelebt.« Auf der Brücke betrachtete ich interessiert die alte Staustufe am Kanal, schoss ein paar Bilder und schon war ich in Frankreich.

Der Tag ohne Ende

Das Elsass ist zwischen Colmar und Mulhouse sehr dünn besiedelt. Da ich Colmar sehr gut kenne und dort nicht übernachten wollte, biege ich gleich in Neuf Brisach über Volgelsheim Richtung Süden ab. Über Algolsheim erreiche ich kurz vor 19.00 Uhr Obersaasheim und begann dort mit der Zimmersuche. Nicht dass ich keine Über-

nachtungsmöglichkeit gefunden habe, nein, das Dorf war nahezu wie ausgestorben. Als nächste größere Stadt fand ich in meiner Straßenkarte Fessenheim und bis dahin waren es mindestens noch acht Kilometer, also gute eineinhalb Stunden. Eine kleine schmale, verlassene Landstraße führte mich auf dem direkten Weg nach Süden. Links und rechts begleiteten mich endlose Getreide – und Maisfelder. Erstmals sah ich riesige Ungetüme von mobilen Bewässerungsanlagen, die über einen Radius von mehr als 50 Metern mit elektrischem Antrieb im Kreis um eine zentrale Pumpstation fuhren und am Ende nochmals mit einer Sprinkleranlage ausgerüstet waren, sodass gut und gerne über 120 Meter im Durchmesser bei einer Rundumfahrt bewässert wurden. Mitten auf den ebenen Feldern standen riesige Zaunanlagen mit mindestens fünf Meter hohen Stangen, an denen Drähte und Seile befestigt waren. Bei starkem Wind gaben diese Zäune einen eigenartigen Pfeifgesang ab, der irgendwie unheimlich wirkte. Ihre Bedeutung konnte ich mangels Menschen nicht in Erfahrung bringen und Pilger habe ich auf diesem Jakobszubringer auch noch keinen gesehen.
Am Ortseingang von Fessenheim traf ich auf eine große Werbetafel, auf der vier Hotels ihre Werbung platziert hatten. Kurz darauf erreichte ich das erste Hotel, doch, wie konnte es anders sein: ›Freitags geschlossen‹. In der Nachbarschaft, auf einer Bank am Gehweg, saßen einige türkische Landsleute vor einem kleinen ›Döner-Kebab‹. Mit Ihnen versuchte ich zu kommunizieren und siehe da, früher waren Sie in Deutschland aktiv und sprachen ganz gut Deutsch. Im nächsten Teilort sind bestimmt zwei Hotels, bei denen ich unterkommen kann. Es war kurz vor neun Uhr am Abend und nun hatte ich nochmals knapp vier Kilometer zu gehen und langsam ließen meine Kräfte nach, schließlich hatte ich bisher von Freiburg bereits 42 Kilometer hinter mich gebracht. So langsam wurde es ein wenig duster und die wenigen Straßenlampen von Blodelsheim leuchteten mir bald entgegen. In der Ortsmitte bei der Kirche lümmelte die Dorfjugend herum. Die einen auf dem stehenden Moped sitzend, die anderen auf der Kirchentreppe, wurden die allgemeinen Tagesfragen diskutiert und mein Besuch als willkommene Abwechslung sehr aufmerksam verfolgt. Ich ging hinüber über die Straße und fragte in Deutsch nach einem Hotel. Eine junge, dunkel-

haarige Schöne bemühte sich mit gutem Schuldeutsch um eine gute Aussage: »Gehen Sie diese Straße gerade aus, dann finden Sie das Hotel auf der rechten Seite.« Noch ein paar unverbindliche Worte des Dankes und ich konnte meine Reise fortsetzen. Nach wenigen Minuten erreichte ich dann das Hotel – Restaurant Chez Pierre, wo mich der Chef persönlich in schönstem Altelsässisch begrüßte. Er bot mir ein sehr schönes Zimmer für 50 EURO an und machte mich auf sein Spargelmenü aufmerksam. Ich bezog um 22.00 Uhr mein Zimmer, habe mein Polo schnell gewaschen und zum Trocknen aufgehängt, ging noch schnell unter die Dusche und gönnte mir ein fürstliches Mal. Als ich gesehen habe, welche Mengen Spargel die übrigen Gäste auf ihren Platten hatten, entschied ich mich für eine halbe Portion, denn nach einer so langen Reise kann man nicht gleich so mächtig zuschlagen. Mit zwei verschiedenen Soßen und rohem und gekochtem Schinken war das Menü groß genug, um richtig satt zu werden. Dazu gab es ein Fläschchen Mineralwasser und zwei Viertel Elsässer Riesling 2006 aus Hunawiehr. Die beiden Nachwuchskellner/-in Stefanie und Thomas haben sich redlich um mich bemüht und ihre Deutschkenntnisse geübt. Ein wahrlich langer Tag, und ich fiel um 23.30 glücklich und zufrieden in mein gutes Bett.

10. Tag, 30. Mai 2009

Fessenheim/Blodelsheim – Cernay, 9.00-17.00 Uhr
42 km

Mais – Mais – Mais

Um 8.00 Uhr gab es ein reichhaltiges Frühstück und ich fühlte mich wieder richtig wohl und angriffslustig. Im Laufe des Tages müsste ich auf den parallel verlaufenden Jakobsweg, aus Straßburg kommend und über Thann nach Le Puy führend, stoßen. Chez (gespr. Schack) hat mir 79.90 für alles abkassiert, womit ich gut bedient war und ich machte mich auf, das Elsass zu durchqueren. Ob ich Thann erreichen kann, weiß ich noch nicht, Cernay, in 42 Kilometer Entfernung, sollte es auf alle Fälle sein. Auf kleinen, kaum befahrenen Landstraßen, gut gepflegten Feld- und Waldwegen durchquerte ich die etwas monotone Landschaft, wo fast nur Mais angebaut wurde. Immer wieder ragten die riesigen Bewässerungsmonster in den Himmel. Eine willkommene Abwechslung empfand ich, als ich von der gleißenden Sonne weg in einen schattigen Wald abtauchen konnte. Dies waren die Ausläufer des großen Waldgebietes der Hardt. Am Waldrand fand ich einen Heiligenschrein in Form eines kleinen Elsässer Landhäuschens, das von Alfons Conrad (1931 – 1996) im Jahre 1989 errichtet wurde. Es enthielt Heiligenfiguren und Schriftstücke, die ich jedoch nicht näher definieren konnte. Hier traf ich auch auf eine eigene Pflanzenwelt. Bunte, in kräftigem lila leuchtende Blumen säumten stellenweise den Weg, im Wechsel mit großblättrigen Grünpflanzen, die ich in meiner Heimat in der Größe und in solchen Ausmaßen noch nicht vorgefunden habe. Auffallend war für mich die Vielfalt der Singvögel, die ich hier singen und zwitschern hörte und dazwischen wie zuvor nur einmal im Stromberg und im Nordschwarzwald ein Kuckuck zu hören war.
In dem großflächigen Waldgebiet, wo manche Wege sich kaum merkbar in langen Biegungen in der Richtung veränderten, ist es wichtig, immer den Sonnenstand oder den eigenen Schatten zu beobachten. Anhand der Uhrzeit lässt sich immer ermitteln, in wel-

cher Himmelsrichtung man gerade geht. Dabei ist immer darauf zu achten, dass man die Hauptrichtung Südwest nicht aus den Augen lässt, denn dort liegt Santiago de Compostela. Die südlichen Ausläufer der Vogesen rückten immer näher und ich erreichte gegen halb zwei Ensisheim. In der Stadtmitte stand eine mächtige Kirche, in deren Schatten ich eine türkische Döner-Stube vorfand. Im Kreis einiger Monteure, internationaler Herkunft gab es ein gutes Mittagessen, dazu ein Fläschchen Rosé. Wir konnten uns ganz gut verständigen, weil immer einer der Anwesenden Italiener, Türken oder zum Schluss ein Pole die notwendige Drittsprache beherrschte. Keiner der Arbeiter wollte es glauben, dass ich wirklich das Ziel habe, bis Ende Juli das Ende der Welt in Fenistere zu erreichen.

Chemins de Saint-Jacques

Auf der Südseite der Kirche an einem dicken alten Baum entdeckte ich die ersten Zeichen mit Hinweisen auf Compostelle (2.193 km) und Thann (6 H). Während man in Spanien üblicherweise von Santiago spricht, nutzen die Franzosen mehrheitlich den Namen Compostelle. Bis hierher hatte ich 380 Kilometer zurückgelegt. Dies ergab für die Gesamtstrecke über den Camino France 2.573 Kilometer, die ich ursprünglich meiner Planung zugrunde gelegt hatte. Während der Mittagspause erhielt ich von meiner Frau die Nachricht, dass sich mein Freund aus Stuttgart in den Kopf gesetzt hat, mich unbedingt nochmals zu besuchen, bevor ich in den Tiefen Frankreichs verschwinde. Nun gut dachte ich, ohne darüber wirklich begeistert zu sein, weil ich wusste, welche Umstände dieser Besuch mit sich bringen könnte.
Nach der Mittagspause besuchte ich noch die Kirche von Ensisheim, wo mir der Altar in hellem Marmor besonders gut gefiel und eine große Orgel auf der gegenüberliegenden Seite unter dem netzförmigen Gewölbe des Hauptschiffes die Westseite bestimmte. Jetzt galt es, wieder Tempo zu machen und über Staffelfelden am Abend Cernay oder gar Thann zu erreichen. Damit sich mein Freund melden konnte, musste ich auf Empfang bleiben und schließlich trafen wir uns dann in Cernay um 17.30. Doch weit und breit war kein Ho-

tel zu finden, wo wir beide unterkommen konnten. Alleine hätte ich den Weg einfach fortgesetzt und die nächste Übernachtungsmöglichkeit genutzt. So schlug mein Freund vor, dass wir mit dem Auto suchen und auf alle Fälle in Mulhouse fündig werden. Widerwillig stieg ich ein, weil ich mich plötzlich wieder in den fast vergessenen Alltagsstress zurückversetzt fühlte. Und dann der Autobahnverkehr und die weitere Suche nach einem Hotelzimmer. Schrecklich. Um 20.30 hatten wir es schließlich geschafft, eine passende Unterkunft in Mulhouse zu finden. Wir checkten ein, ich ersparte mir die Wäsche und hübschte mich nur etwas auf, damit wir uns pünktlich um 21.00 Uhr zum Essen treffen konnten. Bei einer netten, freundschaftlichen Unterhaltung klang dann der Abend doch noch recht gemütlich aus und die zwei Krügle Elsässer Weiswein taten ihr Übriges. Zum Schluss verabredeten wir uns zum Frühstück und ich schlief bald fest und tief.

10. Tag – Ensisheimer Altar

11. Tag, 31. Mai 2009

Cernay – Belfort, 9.40-20.30 Uhr
44 km

Frühstück mit Karlheinz

Nach einem ausgiebigen Frühstück in Mulhouse wurde ich an meine Ausgangsposition in Cernay gebracht. Bereits gestern habe ich mir den weiteren Verlauf des Weges angesehen und festgestellt, dass ich in Thann, auf den bisher zu meiner Route nahezu parallel verlaufenden Jakobsweg, aus Straßburg kommend, stoßen werde. Somit kann ich künftig auch auf eine Beschreibung im Wanderführer zurückgreifen, die es mir vielleicht etwas erleichtert, Unterkünfte zu finden und Etappen zu planen. So bin ich in Vieux-Thann nach etwa einer Stunde auf die Hauptroute gestoßen. Von Straßburg aus war dies die zehnte Tagesetappe mit insgesamt 181 Kilometern.

Der Reiseführer hat die Route nach Le Puy in insgesamt 41 Etappen eingeteilt. Ich habe mir vorgenommen, mindestens zwei solcher Etappen pro Tag zu schaffen. Bisher liegen 400 Kilometer hinter mir, die ich in den ersten zehn Tagen geschafft habe. Bis zur nächsten Pilgerhochburg Le Puy sind es gute 700 Kilometer. Bin gespannt, wie ich diesen Abschnitt meistern kann und wie viele Pilger ich dabei treffe. Bisher war von Pilgern weit und breit nichts zu sehen. Weggenossen und Begegnungen gab es nur auf der Teilstrecke des Westweges, der von Pforzheim nach Basel führt.

Andrea und Beatrix

Von Thann aus an Leimbach vorbei kam ich über Roderen nach Guewenheim. Eine leicht wellige Landschaft, mit guten Feld- und Waldwegen, war eine perfekte Voraussetzung schnell voranzukommen. Die Landschaft zeigte sich im Sonnenlicht von ihrer schönsten Seite. Bei wunderbarem Wanderwetter konnte man auch eine herrliche Fernsicht genießen. Im Westen begleiteten mich die Ausläufer der Vogesen. Die Dörfer, zum Teil mit kleinen Gewerbebetrieben, waren meist in sanften Talauen friedlich eingebettet. Hektik und Stress scheint man hier nicht zu kennen. Schafe und Ziegen beleben stellenweise die Umgebung und sorgen mit ihrem Gemecker für eine lustige Abwechslung.

Reife Kirschbäume in den meist sehr gepflegten Gärten bei den Häusern machen Lust auf Obst. Laubbedeckte, ebene Waldwege sind die reinste Freude eines jeden Pilgers. Kaum hatte ich Guewenheim hinter mir gelassen und eine Bahntrasse überquert, entdeckte ich vor mir am Waldrand zwei rastende Personen, die es sich im Halbschatten, an einem hölzernen Tisch, gemütlich gemacht hatten. Vermutlich war hier Mittagspause. Ich näherte mich den beiden und stellte fest, dass es sich wohl um Pilgerinnen handeln müsste. Meine erste echte Begegnung eröffnete ich mit der persönlichen Vorstellung:

»Hallo und guten Tag, ich bin Pilger Karlo aus Möckmühl.«

»Ich bin die Andrea,«

»und ich die Beatrix.«

Beide Frauen, freundlich, hübsch und aufgeschlossen kamen aus Miltenberg und sind vor vier Tagen in Breisach gestartet. Dort steht das Auto. Sie haben sich vorgenommen den Pilgerweg bis Le Puy zu gehen, mit dem Zug nach Breisach zurückzufahren und von dort mit dem Auto die Heimreise anzutreten. Als ich meine Reiseabsichten erzählte, waren Sie so begeistert, dass sie sich am liebsten gleich angeschlossen hätten, aber die Arbeit und der begrenzte Urlaub lassen das nicht zu. Ich nutzte die kurze Pause, etwas Obst zu essen und wartete, bis die beiden ihre Rucksäcke reisefertig hatten, sodass wir gemeinsam losziehen konnten. Ich war überrascht, mit welchem Tempo beide mithalten konnten. Offensichtlich handelt es sich um Frauen mit einer sehr sportlichen Grundausbildung. Sie bestätigten, dass Laufen und Wandern auch zuhause gepflegt werden. Nach gut einem Kilometer erreichten wir die hübsche Kapelle Notre Dame des Bouleaux. Hier saßen auf Stämmen in einer kleinen Lichtung weitere Pilger. Andrea und Beatrix verabschiedeten sich von mir und kehrten rechts ab zu den Anderen.

Mein geplantes Tagesziel, Belfort, lies es nicht zu, eine weitere Pause einzulegen und ich zog alleine weiter. Weiter südwärts ging es durch Wald und Feld in einer sehr fruchtbaren Landschaft. Der Mais war hier eher selten, dafür standen große, sich im Wind wiegende Getreidefelder am Rand des Weges. Auch die ersten abgeernteten Felder lagen hellgelb in der Sonne mit großen, aufrecht stehenden Strohrollen, die von den Pressen ausgespuckt werden. Doch je größer die einzelnen Parzellen waren, umso kleiner wirkten die Strohskulpturen, die auf den Abtransport warteten. Kurz vor Erreichen von Bellemagny traf ich auf drei Pilger aus Polen. Sie waren in Thann gestartet und schritten gequält ihrem Tagesziel entgegen. Die ersten 20 Kilometer können schon sehr qualvoll sein, wenn Schuhe nicht passen oder Rucksäcke falsch bepackt sind. So hatte eine junge Frau wegen Kreuzschmerzen ihren Rucksack bereits vor die Brust geschnallt, um eine Entlastung der Wirbelsäule zu erreichen. Nach meiner Einschätzung war ihr Rucksack zu sehr kopflastig gepackt. Sie waren sich sicher, die Herberge zu erreichen und ich konnte meine Reise im gewohnten Takt fortsetzen. Ich hatte schließlich noch 22 Kilometer vor mir.

Technische Panne

In direkt westlicher Richtung erreichte ich über Angeot den Unfallort Lagrange. Bis hierher waren sowohl die Beschreibung des Weges und die Kennzeichnung mit der blau-gelben Muschel, meist mit einem zusätzlichen Pfeil, eindeutig und unmissverständlich. In der Dorfmitte von Lagrange bediente ich mich beim Bäcker mit frischem Wasser (eau potable) und kaufte noch ein Gebäck für zwischendurch. Auf der gegenüberliegenden Kirchentreppe legte ich eine kurze Rast ein und stärkte mich mit dem mitgebrachten Obst, das ich noch in Reserve hatte. Am Sonntag ist in der ländlichen Gegend außer dem Bäcker alles geschlossen. Auf der Hauptstraße marschierte ich frisch gestärkt weiter und merkte beim Verlassen des Dorfes, dass ich in südöstlicher Richtung unterwegs bin. Das ist falsch. Ich zog meine Karte aus der Gürteltasche und verglich mit dem Wanderführer, stets am Rande der Straße weiterzugehen. Die Walking-Stöcke hatte ich mit der Karte in der linken Hand, während ich im Buch las, das ich rechts hielt. Bei strammem Schritt trat ich mit dem rechten Fuß neben die Asphaltkante, verlor dadurch das Gleichgewicht und flog stolpernd im Karacho nach vorne. Das Büromaterial (Karte und Buch) flog im hohen Bogen in die angrenzende Wiese und ich mitsamt dem Rucksack zu Boden. Links hielt ich glücklicherweise die Stöcke fest, die so auf dem Untergrund aufschlugen, dass meine Hand nicht zu schaden kam. Die rechte Hand und das linke Knie waren jedoch ungeschützt und scheuerten über zwei bis drei Meter rutschend über den Splitt am Rande des Asphalts. Der Handballen war hin, das Knie aufgeschlagen. Ich konnte aus meinem Wasserbeutel so viel Wasser entnehmen, dass die Schürfwunden ausgewaschen werden konnten. Lehre daraus: Lesen und Wandern gehen nicht gleichzeitig! Danke Chef! Ich akzeptierte diesen Ordnungsruf und konzentrierte mich auf Karten und Buch im Stehen, während die Wunden sich ein wenig sauber bluteten. Der Jakobsweg war in diesem Bereich nicht so klar gekennzeichnet. Ich sollte einem roten Zeichen folgen, welches ich jedoch nicht mehr fand. Improvisieren war gefragt. Links die Autobahn 36 und rechts die N 83. Dazwischen liegt Menoncourt, da muss ich hin. Bethonvilliers konnte ich getrost rechts liegen lassen und sieh an, mitten in Menoncourt entdeckte ich wieder die Zeichen für meinen Weg. Schöne Flurwege in einer flachen Landschaft mit unzähligen, kleinen Flüssen, machten die restlichen 15 Kilometer eher angenehm, als dass es mir zu viel wurde.

Musik in Belfort

Zwischendurch konnte ich an einer Tankstelle nochmals Wasser nachfüllen und damit auch meine leicht verkrusteten Schürfstellen nochmals betupfen. Das tat gut. Mit Infektionsschutzspray und Erste-Hilfe-Salbe war ich gut gerüstet und konnte nahezu ungehindert gehen. Links habe ich etwas geschont, weil das Knie doch einen herben Schlag abbekommen hat. Um 20.30 Uhr erreichte ich Belfort und war von dem Charme der Stadt regelrecht begeistert. Sauber und in feinem Blumenschmuck präsentierte sich die Ville Fleurie mit vier Blumen als Auszeichnung unter dem Ortsschild. Entlang des La Savoureuse Rau erreichte ich die Innenstadt und war verwundert über das lebhafte Geschehen auf Straßen und Plätzen. Durch eine schmale Straße kommend erreichte ich den Marktplatz und war sogleich im Bilde, dass ich ein ganz besonderes Wochenende erwischt habe, hier in Belfort zu nächtigen. Große weiße Zelte mit Bühnen waren aufgebaut und überall spielten Gruppen und Bands auf. Gerade richtig zum Belfort–Musikfestival war ich eingetroffen und buchte dann auch direkt in der Innenstadt das Grandhotel mit Fenster zu einem der Festplätze. Nach 44 Kilometern habe ich mir das verdient und genoss das wunderschöne Ambiente eines Sommersonntags. Zunächst war jedoch Kleiderpflege angesagt, das heißt, alles raus aus dem Rucksack, waschen und lüften, morgen kann es ein wenig später werden. Dann ging ich auf die Walz, nach einem guten Italiener Ausschau zu halten. Zwischen Kapellen und gut besetzten Restaurants fand ich auch das Gesuchte und konnte mit einem herrlichen Salatteller und einer großen Portion feinster Nudeln den schönen Abend ausklingen lassen. Dazu gab es einen feinen 2007er Sancerre von Joseph Mellot. Tagsüber habe ich zum Trinken mehr als fünf Liter Wasser verbraucht und glücklicherweise immer wieder Stellen gefunden, wo ich nachfüllen konnte. Kurz vor 24.00 Uhr machte ich mich auf den Heimweg und konnte bei leichter Musik von draußen herrlich schlafen.

12. Tag, 01. Juni 2009, Pfingstmontag

Belfort(9.00) – Villersexel (20.50)
53 km

Mit Musik in den Tiefschlaf.

Die ganze Nacht habe ich bei offenem Fenster mit frischer Luft prächtig geschlafen. Vom Festival klang eine eigenartige Geräuschkulisse zu mir ins Zimmer. Lustige Menschen mit Jazzklängen untermalt, störten mich überhaupt nicht und ich bin sofort tief eingeschlafen. So war ich recht munter zum Frühstück erschienen und machte mich über das umfangreiche Buffet her. Flüchtig habe ich mir, bei einem guten Kaffee und einem kräftigen Müsli, die beiden folgenden Tagesetappen angesehen. Belfort – Villers-Sur-Saulnot war mit 26 Kilometern und weiter nach Villersexel mit 31,5 Kilometern angegeben. Knappe 57 Kilometer, eine echte Herausforderung für den Pfingstmontag. Vor der Abreise ließ ich mich noch im prächtigen Treppenhaus des Grandhotels ablichten und versuchte dann möglichst rasch mein Reisetempo zu erreichen. Leider habe ich überhaupt nicht beachtet, dass es Feiertag war und alle Geschäfte geschlossen waren. Zum Glück hatte ich noch einige Riegel und einen Beutel Erdnüsse vom letzten Einkauf im Gepäck. Beim Passieren eines eher einfachen Stadtviertels, es machte den Eindruck, billiger Mietwohnungen, hat die Musik wohl auch ihre Spuren hinterlassen und ich musste meine Kamera zücken. An einem Fenster hing die komplett durchwühlte Bettwäsche wild zerzaust heraus. Hier muss ein rechter Wirbelsturm durch das Schlafzimmer gefegt sein.
In wenigen Minuten lag die Stadt hinter mir und der Weg führte hinaus in die Haute-Saone, eine recht ärmliche Region zwischen Dijon und Besancon gelegen (Franche Comte). Bald war es sehr warm und ich tat gut daran, mein Wasser einzuteilen. Die abwechslungsreiche, leicht hügelige Landschaft gestattete es mir, mit hohem Tempo durch Wald, Wiesen und den üblichen Maisfeldern die nächsten Dörfer zu erreichen. Unterwegs waren immer wieder Pilgerhinweise nach Santiago de Compostela (2.140 km) oder Le Puy (590 km) zu sehen mit zum Teil alten Gemälden oder Zeichnungen. Hier muss schon

über viele Jahrhunderte ein reger Pilgerbetrieb stattgefunden haben. Ich habe bis jetzt noch keinen Einzigen in dieser Region getroffen. Bei hohen Temperaturen, die einen erhöhten Wasserbedarf mit sich brachten, musste ich immer wieder nach Zapfstellen Ausschau halten. So erreichte ich am Nachmittag die riesige Baustelle für die neue TGV–Trasse. Mein Reiseführer hat auch auf eine Herberge hingewiesen, die ich dann gegen 16.00 Uhr in Villers-sur-Saulnot erreichte. Die erste und einzige Möglichkeit ggf. zu übernachten.
Linker Hand entdeckte ich die Herberge und ging gleich hinein, um sie zu inspizieren, ohne die Absicht zu haben, dort heute abzusteigen. Beim Betreten des großen Saales hatte ich den Eindruck, dass dieser Laden bestimmt außer Betrieb ist. Der Staub lag dick auf dem Mobiliar und der Fußboden war wie bei mir zuhause der Gartenweg. Ein Schäferhund von der gemütlichen Art begrüßte mich Schwanz wedelnd. Aus einem Nebenraum kamen Geräusche, die sich nach Küche anhörten. Ich klopfte und fragte nach einem Kaffee. Eine Frau nickte zustimmend und ich setzte mich auf einen der staubigen Stühle, froh, den Schatten der Halle genießen zu können. Ich sortierte, solange ich auf den Kaffee wartete, meine restlichen Nahrungsmittel. Das war alles sehr übersichtlich, aber hier wollte ich nach Nichts fragen. Madame reichte mir schließlich eine Tasse mit dem dicken schwarzen Sud. Gleich gab ich zwei Löffel Zucker dazu und rührte die Masse so gut es ging etwas zurecht. Meine Trinkflasche trank ich vor dem Kaffee völlig leer, damit ich den Geschmack danach etwas wirken lassen konnte und bat, mir die Flasche wieder mit Trinkwasser zu füllen. Nun genoss ich die süße Brühe und stellte mir einen herzhaften Kaffeeduft dazu vor, nahm meine Flasche in Empfang, spendierte einen Euro und machte mich nach wenigen Minuten wieder auf die Fersen. Doch ›halt‹ gab mir die Herbergsmutter zu verstehen: Bis zum nächsten Bett ist es sehr weit. Ich musste hier raus und war mir im Klaren, dass ich noch gut 30 Kilometer vor mir hatte. Die Herbergsruine habe ich noch fotografiert und setzte meinen Weg fort.

Die Rasselbande von Villers-Sur-Saulnot

Weit kam ich nicht. Urplötzlich radelten fünf Kinder auf vier Rädern auf mich zu und stellten sich mir demonstrativ in den Weg. Gleich schoss ich ein Foto und bandelte mit den Kindern ein wenig an. Am meisten hat ihnen meine Klimpermuschel am Pilgerstab gefallen. Und gleich kam noch ein kleines Mädchen um die Ecke gewackelt und wollte auch noch fotografiert werden. Meine Kaubonbons gingen schon zur Neige, als ich eine Runde spendiert habe. Ein richtiger Feiertag für die Kinder. Alle durften dann noch ihre Namen in meinen Reiseführer schreiben und sie ließen mich marschieren. Ennagram, Eilehpo, Nonam, ein Junge, Eilaroc, Ynnaf und Sixela. Sie folgten mir noch ein paar Meter mit den Rädern, mussten sich jedoch wieder um die ganz Kleine kümmern, die schreiend hinterher keuchte. In der Ortsmitte, am Rathaus, das eher den Eindruck einer ausgemusterten Milchabnahmestelle machte, entdeckte ich einen großen Lageplan, der die gesamte TGV-Baustelle zeigte. Diesen studierte und fotografierte ich, um ihn mit dem Verlauf meines Camino abzugleichen. Kaum drehte ich mich um, war die komplette Meute wieder bei mir und rief mir im Chor Karlo, Karlo zu. Mit einer zufällig im Garten gegenüber anwesenden Frau arrangierte ich ein gemeinsames Foto auf der Dorfmauer vor dem Rathaus und alle waren glücklich. Die Kleine wurde wohl wieder zuhause geparkt und alle begleiteten mich auf ihren Rädern bis zum Ortsende. Am liebsten hätten mich die Kinder als Feiertagsonkel bei sich behalten. Die restlichen Kaubonbons ließen nochmals sichtbare Freude aufkommen.
In meinem Kopf meldeten sich die restlichen 30 Kilometer und ich wollte unbedingt weiter, denn nur, wer den Weg geht, kommt auch an das Ziel. Und es war heiß, sehr heiß und trocken. Vielleicht lag es auch am Kaffee, aber meine Wasserreserven schmolzen zusehends und ich war froh, dass ich im übernächsten Dorf, Gemonval, nochmals eine Frau im Garten antraf, die mir Eau Potable nachfüllte. Allerdings musste ich mich zuerst mit einem wilden ›Bello‹ arrangieren, der sich fast die Kehle herausbellte.

TGV – oh je!

Von nun an begleitete mich die Großbaustelle. Kein Baum, kein Wald, kein Strauch, nur glühende Sandlandschaft mit einer riesigen Trasse und mehreren Brücken, die ich fast alle gehen musste. Den Sinn dieser Wegführung habe ich allerdings bis heute nicht verstanden. Nicht nur die Hitze, auch die Zeit, die ich beim Überqueren der Großbaustelle immer wieder brauchte, machten mir langsam zu schaffen. Um 18.30 Uhr erreichte ich dann Courbenans und versuchte anhand meiner Unterlagen eine Unterkunft ausfindig zu machen. Ich hatte jedoch keine Chance und musste weiter nach Villersexel. Den Weg über Bournois hätte ich jedoch nicht vor Halbelf, Elf geschafft und das war zu riskant, dann dort noch eine Unterkunft zu bekommen. Ich stieg also auf die Landstraße D 9 um und erreichte nach zwei anstrengenden Stunden den Vorort von Villersexel. Eine Stunde später hatte ich dann doch das Glück, ein Hotelrestaurant zu finden, das noch offen war, gutes Essen bot und auch noch ein Zimmer für mich hatte.
Ich bezog mein Zimmer und begab mich sofort ins Restaurant, wo ich mit einem herrlichen Fischmenü verwöhnt wurde. Bei einem passenden Glas Wein ließ ich den langen Tag, mit sechs Litern Trinkwasser und 53 gepilgerten Kilometern, Revue passieren, machte meine Notizen im Tagebuch und wendete mich im Zimmer meiner Hausarbeit zu. Wäsche einweichen, zehn Minuten ziehen lassen, durchwalken, spülen, auswringen und aufhängen. Dazu taten der Pilgerstab und die Walking-Stöcke immer gute Dienste. Ich schob die Stöcke durch die Ärmel und legte deren Enden auf die geöffneten Fensterflügel oder auf zwei Stuhllehnen. So trocknete die Wäsche recht schnell und ich konnte sie am nächsten Morgen wieder anziehen. Die Schuhe waren heute besonders mitgenommen. Überall klebte der Sand von der TGV-Baustelle. Am Waschbecken und in der Dusche habe ich zwischenzeitlich viel Erfahrung gesammelt, mit solchen Aufgaben umzugehen. Schließlich genoss ich es, am nächsten Morgen mit frischen Sachen loszuziehen. Heute gelernt: Psalm 23 Vers 2, ›Er weidet mich auf einer grünen Aue und führet mich zum frischen Wasser.‹ und ›Die zwanglose Begegnung mit den Kindern‹ – unvergessen!

12. Tag – über Belfort -Gy-St-Jean-de-Losne nach Le Puy-en-Velay

12. Tag – Gruppenfoto mit der Rasselbande von Villers-Sur-Saulnot

13. Tag, 02. Juni 2009

Villersexel – Filain, 10.00-19.00 Uhr
29 km (5 km in der TGV Baustelle)

Heute konnte ich ganz in Ruhe ausschlafen. Am Morgen habe ich meine Wäsche ins Fenster gehängt, damit sie schön trocknen konnte. Erst ab 9.30 Uhr konnte ich das Frühstück einnehmen. Bis dahin habe ich mich soweit startklar gemacht, damit ich bei schönem Wetter wieder Land gewinnen kann. Am rechten Fuß musste ich die Blasen etwas nachbehandeln, weil diese sich immer wieder von Neuem bildeten. Für die Rücksendung nach Hause habe ich zwei Hemden aussortiert, die ich bis jetzt nur aus- und eingepackt habe, jedoch ein Bedarf eher ausgeschlossen ist. Zudem benötige ich im Rucksack mehr Platz für die Tagesverpflegung. Die Region um die TGV-Baustelle ist wirklich wie verlassen. In den Dörfern gibt es vielleicht mal eine Bäckerei, die jedoch nur stundenweise offen ist. Also galt für mich, in Villersexel erst zur Post und dann bei ›Netto‹ einkaufen. Für ein Standardpäckchen nach Deutschland nimmt die französische Post 17,90 Euro inklusive Verpackung. Viel Geld für einen Pilger. Aber mir war es wichtig, auch die Dinge, die ich nicht gebraucht habe, zumindest für mein Pilgermuseum als ›Unnötiges‹ zu dokumentieren. Zuvor besuchte ich noch die Touristinformation, wo ich eine pfiffige, sehr gut deutsch sprechende junge Dame angetroffen habe. Sie war sehr beeindruckt von meiner 13-tägigen Tour, die sie aus meinem Pilgerausweis entnehmen konnte. Sie setzte Ihren Stempel drunter und ich konnte von dannen ziehen.

Immer gerade aus

So lautete der Richtungshinweis der beiden Postangestellten, als ich nach dem bestmöglichen Anschluss zum Camino Compostelle fragte. So folgte ich diesem Hinweis, bis die Industriestraße in einen Feldweg überging und letztlich in einen schmalen Pfad mündete. Muschelzeichen waren jedoch immer noch Fehlanzeige. Und so begann mein Tag mit einer Fehlentscheidung, die Ihre Folgen hatte und mich auch viel Zeit gekostet hat. Zunächst habe ich mich am Stand der Sonne orientiert und folgte dieser in südlicher Richtung. Gezwungenermaßen musste ich jedoch bald meine Richtung ändern, weil mir zuerst ein Elektroweidezaun die Richtung versperrte, und mich dann ein dreifacher Stacheldrahtzaun umlenkte. An einer schadhaften Stelle konnte ich diesen jedoch überwinden, indem ich den Rucksack ablegte, unter dem Zaun durchschob und dann zwischen dem zweiten und dritten Draht selbst hindurchstieg. Mehrere hundert Meter folgte ich zuvor dem Zaun an der Grenze zu einem Rapsfeld. Dieser war mehr als mannshoch und so kratzig, dass ich mir einige blutige Schürfstellen holte. Ich versuchte zwar mit meinen Walking-Stöcken die Stauden etwas zur Seite zu drücken, es half jedoch wenig, zumal ich auch auf die scharfen Stacheln am Zaun Acht geben musste.

Verlustmeldung

Auf der abgeweideten Wiese ging es gleich viel besser vorwärts. Ich begann mich von Rapsresten zu befreien, leerte meine Schuhe und sortierte mich neu. Gleich merkte ich, dass mein Clip an den Stöcken fehlte, die Dreiviertel-Liter-Trinkflasche ist ebenso im Rapsfeld hängen geblieben wie mein gelber Seidenschal, den ich zum Trocknen an meinem Pilgerstab befestigt hatte. Umkehren kam nicht infrage, dafür war der Weg schon viel zu weit und ich konnte bis jetzt nicht einschätzen, was mich noch erwarten könnte. Also abschreiben und weiter gen Südwesten vorwärts. Ich zwängte mich durch weitere Weidezäune und landete schließlich im Wald. Dort stand mir stellenweise dichtes Unterholz im Weg, das ich zum Teil durchbrechen konnte, jedoch auch manchmal drum herum musste. Dann kam ein Fluss. Ihm folgte ich bis zur TGV-Brücke. Es gab hier auch einen separaten Überweg über den Fluss, ohne dass ich die Baustelle betreten musste. Nun stapfte ich auf einem kleinen Pfad der Baustelle entlang, die mit einem über drei Meter hohen Gitterzaun eingefriedet war. Vor mir tauchte eine schachtförmige Mulde auf und ich stellte fest, dass ein großes Rohr unter dem Bahndamm hindurchführte. Hier musst Du durch, war meine feste Absicht. Das andere Ende konnte ich in Form eines kleinen hellen Loches ausmachen.

Als ich den Versuch machte mit Rucksack und Stöcken in das Rohr zu kriechen merkte ich jedoch schnell: Das geht nicht! Entweder ich hätte auf den Knien rutschen müssen, (autsch), oder ich hätte in halber Hocke das Rohr durchqueren müssen. Und ob ich die zirka 300 Meter mit 110 Zentimeter Durchmesser, geschafft hätte, wer weiß? Also weiter. Vor mir der nächste Fluss. Keine Fußgängerbrücke weit und breit. Jetzt musste ich versuchen auf die Trasse rauf zu kommen. An der Bachböschung endete der Zaun und mir gelang der Einstieg in die Baustelle. Ich kraxelte die Böschung hoch und stand bald auf einer wunderbaren Straße. Die andere Hälfte des Dammes war bereits mit einem Bahngleis auf einem Schotterbett fertig gestellt. Ich schoss Fotos in jede Richtung und überquerte nun den Fluss sehr komfortabel. Kaum hatte ich meine Kamera weggesteckt, näherte sich auch schon ein Baustellenfahrzeug. Der Bedienstete deutete mir, dass wenige hundert Meter entfernt ein Tor sei, durch welches ich die Baustelle schleunigst verlassen möge. Ich gehorchte und war froh, dass ich wieder auf eine normale Straße gefunden habe. Hinter einigen Bäumen konnte ich die Silhouette eines Dorfes ausmachen. Dort eilte ich mit ausladenden Schritten hin und stellte beim Lesen der Hinweisschilder fest, dass ich gerade fünf Kilometer von Villersexel entfernt war und inzwischen schon mehr als zwei Stunden vergangen sind.
Ich habe gelernt: Weiche nicht vom rechten Wege. Ich habe es richtig genossen, wieder auf dem richtigen Weg meine Etappe fortzusetzen. Schattige Wälder, halb verlassene Dörfer und kleine Straßen auf ehemaligen Bahntrassen machten es mir leicht, zügig vorwärts zukommen. Plötzlich fiel ein verspäteter Maikäfer vor meine Füße und ich knipste ihn, noch bevor er seine Flügel einsortiert hatte.

Schnellschläfer

Beim Verlassen eines Dorfes überholte mich an der Friedhofsmauer ein 7,5-Tonner. Direkt vor mir bremste der Fahrer entgegen der Fahrtrichtung ab, schaltete den Motor aus, machte die Fahrertür auf und fiel wie tot aus dem Führerhaus direkt auf eine Bank. Sofort habe ich ein Bild geschossen, ging um das Fahrzeug herum, um

nach dem Fahrer zu sehen. Dieser lag im Tiefschlaf auf der Parkbank und schnarchte, als ob er schon Stunden geschlafen hätte. Es waren nur maximal zwei Minuten, seit er angehalten hatte. Sonderbar. Inzwischen wurde mir klar, dass es mit einer Doppeltour heute nichts mehr werden kann. Zudem war ich auf Herbergen angewiesen, da weder Gasthöfe noch Hotels zu finden waren. Um 16.00 Uhr erinnerte ich mich an die Banane im Rucksack, suchte einen Stammholzstapel am Rande des Weges auf und pausierte ein Weilchen. Schon vor einer Stunde hatte ich meine Handschlaufen der Walking-Stöcke ausgezogen und zum Trocknen an meinem Bauchgurt befestigt. Diesen habe ich in der Pause abgelegt und beim Aufbruch wieder angezogen, jedoch ohne auf meine Schlaufen zu achten. Am Abend stellte ich fest, dass ich sie verloren habe. Kurz nach 18.00 Uhr erreichte ich bei schönem Wetter Filain und versuchte gleich anhand meines Reiseführers Kontakt zu den erwähnten Pilgerherbergen zu bekommen, die jedoch alle weit außerhalb lagen, aber wo?
Von gegenüber beobachtete mich eine Frau bei meiner Telefonakquise. Ich saß am Straßenrand auf einer Natursteinmauer und mühte mich mit meinem Mobiltelefon ab, Kontakt zu finden. Offensichtlich hat die Beobachterin gemerkt, dass ich keinen Erfolg hatte und zeigte auf ein Schild, das unweit von mir auf der anderen Straßenseite stand: ›Chambres d´hotes, La Caroline‹ stand darauf und schon kam der Sohn dieser Frau angesprungen und führte mich den Berg hinauf um zwei Straßenecken herum zu Caroline. Zum Dank gab ich ihm ein paar Kaubonbons und ich war froh, dass ich heute etwas früher einchecken konnte. Die Privatpension war sauber hergerichtet. Die Besitzerin Regine MAGAUD hat sich ein eigenes Wörterbuch zurechtgelegt, welches sie mit mir abhandelte: Übernachtung? Ja. Essen? Ja. Trinken? Ja, ein bisschen Wasser, wenn möglich einen Wein. Frühstück? Ja. Sie zeigte mir mein Zimmer, wo ich mich herrlich ausbreiten konnte. Wäsche war heute nicht angesagt und so konnte ich meine Schreibarbeiten auf ihrer wunderschönen Westterrasse genießen und bis zum Sonnenuntergang sitzen bleiben. Vom Garten holte sie einen frischen grünen Kopfsalat mit kleinen Radieschen und Silberzwiebeln. Eine hervorragende Vorspeise. Später kam

ihr Mann dazu und wir aßen gemeinsam zu Abend. In der Hütte nebenan stand ein Velo, 20 Jahre alt, stabil und offensichtlich in fahrbereitem Zustand. Jetzt kam mir die Idee, morgen Früh gleich nach dem Frühstück nach meinen verlorenen Schlaufen an den Holzstapel zu radeln. Mit Hund und feuerrotem Enkelsohn im Kinderwagen saß ich bis zum Sonnenuntergang auf der windgeschützten Terrasse und schaute dem häuslichen Treiben der Oma zu, bis deren Tochter kam und ihr Kind abholte. Dann war es auch Zeit für mich, meine Beine hochzulegen und bald einzuschlafen. Merke: Immer geradeaus kann im Chaos enden. War nicht schon der erste Elektrozaun Warnung genug?

13. Tag – Ein Maikäfer, gerade vor mir gelandet

Tag 14, 03. Juni 2009

Filain-Gy (2 Tagesetappen), 9.00-19.00 Uhr
45 km

Wie ich mir gestern Abend vorgenommen habe, schwang ich mich nach dem Frühstück auf das Velo, den französischen Drahtesel. Zunächst hinab ins Dorf und gleich hinaus auf den nächst besten Weg Richtung Gestern. Durch Wiesen und Wälder strampelnd, hatte ich jedoch bald das Gefühl, dass ich den falschen Weg erwischt habe. Das bestätigte sich auch nach weiteren 5 Minuten. Ein Bogen nach links und nochmals, nach ein paar hundert Meter, nach links und ich fuhr in die Richtung zurück, von der ich gekommen war. Kurz vor dem Dorf versuchte ich es nochmals auf einem anderen Weg. Nach einer weiteren halben Stunde stand ich wieder vor dem Ortsschild, an dem ich am Abend zuvor angekommen war, ohne jedoch meinen Holzstapel, wo ich den Verlust meiner Halteschlaufen für die Walking-Stöcke vermutete, gefunden zu haben. Es sollte wohl nicht sein, dass ich die Schlaufen wieder finde. Merke: Go West, nicht nachkarten, abhaken! Auf dem Weg hinauf zu Mme. Regine Magaud, meiner Herbergschefin, war mir wirklich klar geworden, dass kleine Verluste auf dem Pilgerweg vom Ziel fernhalten und daher nicht nachkarten, abgehakt werden müssen.
Für Übernachtung (30,- €) und Abendessen und Frühstück (12,- €) wurde ich mit 42,- Euro zur Kasse gebeten. Frisches, gutes Wasser gab es obendrein und ich gab großzügig einen Fünfziger, was mir noch einen französischen Schokoriegel einbrachte. Umgeben von vielen, hübschen Blumenarrangements in Gärten und an Häusern machte ich mich auf nach Fondremant (18,5 km). Dazwischen lagen zwei Dörfer, in denen ich kaum etwas zu erwarten hatte, und musste daher noch zum Bäcker und zum Supermarkt, um für Verpflegung zu sorgen. Die Landschaft der Franche-Comté, flach, von sanften Hügeln durchzogen hat ihren eigenen Reiz. Endlose Wege begleitet von Zäunen, Weizenfeldern und Wäldern spendieren Ruhe und Erholung für Körper und Geist. Fast hätte ich vergessen, mein Obst zu essen und ob der Tagesaufgabe die eine oder andere Dosis Vitamine und eine extra Portion Calcium zu mir zu nehmen. In einem zügigen, gleichmäßigen Tempo stach ich vorwärts und

war froh, dass ich mich nicht verlief. Zwei kleine, ausgestorbene Nester lagen schläfrig in der heißen Sonne, die für hohen Wasserverbrauch sorgte. Zerfallene Hofstellen, Bienenstöcke und kleine Maispflänzchen auf kargen Böden machten einen nachhaltigen Eindruck auf mich.

Zwei Frauen beim Bäcker

Zwei Frauen beim Bäcker, welch ein Glück. Und doch: Zwei Frauen trafen fast gleichzeitig bei der kleinen Boulangerie ein, stellten ihre Autos mitten auf der Straße ab und hielten ihr Überlebensschwätzchen. Begeistert und mit lebhafter Gestik tauschten die beiden das Neueste aus. Ich hätte weiter zusehen können, wie herzlich das Gespräch vonstattenging, ohne auch nur ein Wort zu verstehen.
In Gedanken, die sich nochmals mit meinen Halteschlaufen beschäftigten, war ich plötzlich auf den Felsen des Kap Finisterre und verlor ganz in Trance, obwohl ich erst gute 500 Kilometer hinter mir hatte, ein paar Glücks- und Freudentränen. Es ging mir gut. Mein Ziel im Kopf war zwischenzeitlich wie eingemeißelt und ich zweifelte nicht, dort auch anzukommen. Zu diesem Zeitpunkt hatte ich immer noch keine Wegbeschreibung für den Küstenweg. In Fondremand angekommen befand ich mich unversehens inmitten einer Kinderschar und deren Leiter. Sie hatten sich an der Quelle niedergelassen und eine Pause auf ihrer Wanderung eingelegt. Großes Interesse an meiner Reise kam auf, als ich von meinem Plan erzählte. Zwischen meinen Erzählungen reichte mir der Leiter ein Stück Schokoladekuchen. Hm, hat der toll geschmeckt und bringt zusätzliche Energie. Frisches Quellwasser für Beutel und Flasche und ich zog weiter. Um 14.00 Uhr nahm ich die zweite Etappe mit 26 Kilometern in Angriff. Ich wollte nach Gy. Uralte Bäume, ein fast klarblauer Himmel und eine unbarmherzige Sonne begleiteten mich. Jeder schattige Waldweg war eine willkommene Erholung. Hier treffe ich auf eine Kreuzung von Pilgerrouten (Canterbury-Rom) und den Abzweig des Jakobsweges, der über Vezelay nach St-Jean-Pied-de-Port führt. Und tatsächlich sprach mich ein Pilger aus England vor einem Hotel an, der mich kommen sah, mich ab-

wartete und mir dann erzählte, dass er auf dem Weg nach Rom ist. In der Stadtmitte von Gy traf ich unvermittelt auf ein Haus mit einer Muschel. Eine Pilgerherberge der besonderen Art. Ich klingelte und eine junge Frau kam alsbald von nebenan. Vor dem Haus saß bereits ein Gast im Pilgerabendkleid und beschäftigte sich mit dem Telefon. Die Herbergsmutter, Soléne, versicherte sich zuerst, ob die bereits hier wohnende Frau bereit war, mich noch in der Wohnung aufzunehmen. Susi aus Riet, wie sich nachher herausstellte, nickte und weihte mich in die Gemächer ein. Küche und Sanitär nutzten wir gemeinsam und jeder hatte sein eigenes Zimmer. Ja und Essen? Ich hab noch etwas übrig, das kannst du nochmals aufwärmen, entgegnete Susi auf meine Frage und war mir auch schon behilflich, diesen Vorgang einzuleiten. Offensichtlich hatte ich Fragezeichen in den Augen. Ich habe den Kübel leer geputzt und die Herbergsmutter besorgte auf Anfrage eine Flasche Cinsault Vin de Pays dòc, 2008 La Croix Du Pin, ein fruchtiger Rosé, der mir zum Ausklang des Tages wunderbar mundete und mit dem ich mich bei Susi für ihre Hilfe bedankte. Meine Geschichte für Susi und ihre für mich: ›Zuhause, nein, es ging nur noch bergab, fünf erwachsene Töchter, Ängste und keine Freude mehr, Tendenz zunehmend. Ein Schnitt ist notwendig und so startete ich vor gut drei Wochen im Schwäbischen und will nach Santiago. Nebenbei habe ich schon acht Kilogramm abgenommen und habe mir zum Ziel gesetzt, bis Ende September, Anfang Oktober anzukommen.‹ Toll. Mein Schlafsack hat gute Dienste geleistet und ich musste keine Herbergswäsche in Anspruch nehmen.

14. Tag – Camino in Frankreich

14. Tag – Alter Brunnentrog – frisch bepflanzt

15. Tag, 4. Juni 2009

Gy-Moissey, 9.50-21.00 Uhr
46 km

Der ›Thron‹ im Treppenhaus

Als ich aufwachte, war Susi bereits mit dem Frühstück fertig. Auch für mich stand noch was rum und ich machte reinen Tisch. Danach teilten wir uns den Küchendienst und waren reisefertig. Susi hatte längst gepackt und zog sogleich los. Ich hatte noch gut eine halbe Stunde zu tun. Waschen, Zähne putzen, Toilette. Ja, die musste man unbedingt nutzen. Sie stand mitten auf der Treppe auf einem Absatz. Vier Stufen oberhalb des übrigen Küchen- und Sanitärbereiches und in einem Winkel von 90 Grad führten zwölf Stufen hinauf zur Bühne, diese war jedoch mit Glaswollmatten hermetisch (igitt) abgeriegelt. Ehe ich aufbrach, galt es die Türe zum Pilgerappartement sorgfältig zu verschließen und den Schlüssel im Briefkasten von Soléne im Nachbarhaus einzuwerfen. Sie war mit Ihrer Tochter Maélle beschäftigt. Kassiert hat Soléne gleich gestern Abend per Vorkasse. An der Straße befanden sich einige Läden, wo man für den täglichen Bedarf auch kleine Mengen kaufen kann. Mandeln, gesalzene Erdnüsse, Kaubonbons, Obst und Brot, dazu etwas Käse waren schnell im Rucksack verstaut. Die Wasserbehälter sind voll. Also los, die erste Etappe bis Abbaye d`Acey ist mit 29 Kilometern angegeben. Die Nächste bis zum Mont Roland ist ebenfalls mit 29 Kilometern berechnet. Diese beiden schaffe ich wohl nicht. Dazwischen ist jedoch kaum eine Möglichkeit, eine Unterkunft zu finden. Na denn, los.
Nach gut einer Stunde habe ich Susi eingefangen und bin mit Ihr noch ein paar hundert Meter gemeinsam gegangen. Ich wünschte ihr einen guten Verlauf ihres Vorhabens und verabschiedete mich mit Bouen Camino. Kurz nach zwölf Uhr erreichte ich direkt am Wegesrand eine fast neue Pilgerschutzhütte. Es war Zeit, eine kurze Pause einzulegen und die feuchten Socken auszuziehen. Die Sonne brannte vom klarblauen Himmel wie ein Bräunungsofen. Feuchte Füße und Zehen gilt es zu vermeiden wegen Blasengefahr.

So wechselte ich die ›Reifen‹ und ging mit meinen Strandsandalen weiter, wohl wissend, dass das nicht lange gut gehen kann. Jedenfalls blieben die Füße trocken, aber die Lederkanten der Riemchen verursachten kleine Scheuerstellen. Mist. Mit dem scharfen Taschenmesser habe ich um die Knöchel herum alles weggesäbelt, was nicht notwendig war. Nach Obst, Käse, Brot und viel Wasser startete ich von meiner kurzen Rast. Kaum war das nächste Dorf in Sicht, stürmten auch schon zwei weißbraun gefleckte Zottelhunde auf mich zu. Ohne Leine in freier Wildbahn, das kann in Frankreich sehr teuer werden. Einer war so abgerichtet, dass er mich immer von hinten verbellte, der andere von vorn. Drehte ich mich um, blieb der eine immer hinter meinem Rücken. Neben dem Weg war ein Yupi–Pärchen mit Renovierungsarbeiten an einem Hof beschäftigt. Ich vermutete, dass die Hunde hierher gehören, denen jedoch das Gebell völlig egal war, geschweige denn, die Hunde zurückgepfiffen würden.
Schließlich musste ich mich wehren und schrie lauthals etwas Wüstes in Deutsch in Richtung der Werkler. Die Frau versuchte vergebens, die Hunde zu zügeln. Dann pfiff sie ihren Mann an, der ob dieser Anweisung von seiner Arbeit abließ und dafür sorgte, dass die Kläffer wieder auf das Grundstück zurückgingen. Jetzt konnte ich meine Pilgerreise ungehindert fortsetzen. Um 14.00 Uhr erreichte ich Marnay und gönnte mir einen herrlichen, warmen Rhabarberkuchen und eine gute Tasse Kaffee. Eine Schautafel am Chemine de Compostelle zeigt, dass noch 2000 Kilometer bis Santiago zurückzulegen sind. Na also, 15 Tage liegen hinter mir und die nächsten 55 können in Angriff genommen werden. Ich machte mir keine Gedanken über die Zielerreichung. Ich glaube daran. Gerne hätte ich mir bei der Touristinformation einen Pilgerstempel geholt, diese war jedoch bis 15.00 Uhr zu. In dem kleinen Laden Petit Casino kaufte ich für 4,32 € Süßes zum gleich vertilgen, um Kraft für viele weitere Kilometer zu bekommen. Auf dem Weg zum Zisterzienserkloster Abbaye d´Acey kam mir die TGV-Baustelle wieder in den Weg und ich überquerte diese an verschiedenen Brücken dreimal hintereinander. Hier konnte ich die Verantwortlichen nicht verstehen, warum eine solche Zickzack-Planung überhaupt notwendig war, zumal außer Baustelle

nichts zu sehen, war. Dann aber konnte ich aus der Backofensonne bei knapp 40 Grad in den Wald abtauchen, der mir nun über etwa zehn Kilometer Schatten spendete.
Gleich habe ich mein Tempo angezogen, auch weil ich mich auf einem guten Weg befand. Kurz vor 17.00 Uhr erreichte ich die große, voll intakte und bewirtschaftete Klosteranlage Abbaye d´Acey. Die Suche nach einem attraktiven Pilgerstempel gestaltete sich jedoch schwieriger, als zunächst angenommen. Ich brach die Suche ab und pilgerte um 17.00 Uhr ohne Stempel weiter. Meine Hoffnung galt dem Dorf Moissey, das ich bei einem wunderschönen Sonnenuntergang um 21.00 Uhr erreichte. Ein kleiner Gasthof mit Zimmerangebot war zuvor angekündigt. Diesen habe ich gefunden und feststellen müssen, dass das mit dem Zimmerangebot nicht mehr stimmte. Der Wirt merkte sehr wohl, dass ich so ziemlich am Ende war, da ich bis dahin doch schon 46 Kilometer in den Knochen hatte. Und weitere 13 Kilometer wären zur Not zu schaffen, aber es könnte zu spät sein, noch jemanden anzutreffen. So bemühte sich der Wirt um Unterkunft. Schließlich lud er mich in seinen alten Peugeot und brachte mich zu einem Kloster in der Nähe des Monte Roland. Er setzte mich ab und ich stand vor verschlossenen Türen und mein Fahrer war blitzschnell weg.
Dann aber steuerte ich auf ein in der Nähe befindliches Hotel zu, welches den Eindruck von Hochbetrieb vermittelte. So war es – und die Zimmer alle ausgebucht. Jetzt musste ich unbedingt etwas Essen und flirtete ein wenig mit der Dame an der Rezeption. Das fruchtete. Sie zeigte mir das Restaurant, veranlasste bei der Küche, dass ich noch bedient werde, und suchte mir per Telefon eine Unterkunft. Sie war mächtig beeindruckt, als ich Ihr erzählte, dass ich seit zehn Uhr aus Gy kommend, unterwegs war und fast 50 Kilometer zu Fuß geschafft habe. Ich bestellte etwas aus der Karte und nach einer Vorspeise wurde mir ein Barschfilet auf Risotto und Gemüse serviert, dazu ein Chardonnay von der Gegend. Habe ich wohl bestellt? Sei es darum! Der Hunger treibt es in den Magen und ehrlich gesagt, es war ein Überraschungsmenü, das wirklich gut geschmeckt hat. Colette Lagé, eine zwischenzeitlich ausfindig gemachte Herbergsmutter von einer Bed- and Breakfast-Unter-

kunft hat mich um 23 Uhr vom Hotel abgeholt und mir versprochen, mich morgen Früh wieder zu meinem Wirt nach Moissey zu bringen, der mich am Abend ausgesetzt hat. Ich wusste zu diesem Zeitpunkt nicht genau, wo ich hingebracht wurde. Wenn ich nach außerhalb meines Kartenausschnittes verbracht würde, wäre es sehr schwer, wieder den Anschluss an den Jakobsweg zu finden.

Alles schon erlebt.

In einer stilsicher eingerichteten Villa wurde mir ein Schlafraum angeboten, der sehr fein hergerichtet, zum Duschen und Schlafen einlud. Ich habe es genossen und verzichtete, so spät, auf das Wäschewaschen. Nach einer langen Dusche mit anschließender Körper- und vor allem Bein- und Fußpflege schlief ich todmüde ein. Ein aufregender Tag, anstrengend und doch unvergleichlich schön, ging mit Unterstützung lieber Mitmenschen glücklich zu Ende.

15. Tag – zu schön, um nicht fotografiert zu werden

15. Tag – Der »Thron« im Treppenhaus einer Pilgerherberge

16. Tag-05. Juni 2009

Moissey – St-Jean-de-Losne, 9.30-18.00 Uhr
33 km (total 651 km)

Zum Frühstück machte ich mich fein und wurde in einem hochnobel eingerichteten Speisezimmer zu Tisch gebeten. Die Dame des Hauses Mme. Lagé frühstückte mit mir. Aufgetischt wurde ein herrliches Frühstück, das erneut Kraft und Freude spendete. Mme. Lagé brachte mich mit ihrem Kleinwagen exakt vor die Haustür des Wirtes in Moissey und ich konnte meine Pilgerreise nach einem freundlichen »Au revoir!« fortsetzen. Über Sampans, wo ich ganz in der Nähe übernachtete, traf ich auf das Autobahnkreuz der A 36 und A 39. Dieses umging ich in großem Bogen auf einem ordentlich gepflegten Feldweg, der mich an das Ufer der Saône führte. Bei Brathitze tat jeder schattenspendende Baum gut. Jedoch, die Füße wurden immer ein bisschen dicker und ich musste raus aus den Schuhen. Damit ich trotzdem meine Tagesetappen schaffe, habe ich die losen Einlagen mit Klebebändern an meinen Sandalen befestigt. Durch die dauernde Walkbewegung und der großen Hitze wurde der Kleber schnell weich und die Einlagen rutschten nach vorne. So fixierte ich sie immer wieder neu und kam schließlich wohlbehalten in meinem Etappenziel St-Jean-de-Losne an.

Ausgestorbene Dörfer

Unterwegs habe ich die ersten gut zwei Wochen meiner Reise Revue passieren lassen und war über den Verlauf sehr zufrieden. Bisher bin ich nur drei Pilgern begegnet und einigen Westweglern. Endlos scheinende Wege zum Teil auf alten Bahntrassen wurden häufig zu Jakobswegen umgewidmet. Leere, ausgestorbene Dörfer, Flecken und Weiler geben ein oft trostloses Bild ab. Als Fußpilger nimmt man solche Zustände sehr eindrucksvoll wahr und bekommt dadurch einen tiefen Einblick in die Regionen mit ihren Nöten und Problemen. Alte Haltestellen von Buslinien sind nur noch Zeugen einer längst vergangenen Verkehrsstruktur. Zurück in den alten Käffern bleiben nur ein paar alte Leute, die mit ein wenig Landwirtschaft als Selbstversorger

ihr Dasein fristen. Kinder und Jugendliche sind eine große Seltenheit und nur in kleinen und mittelgroßen Städten anzutreffen. Die meisten Autos sind doppelt so alt, wie die, die durch die Abwrackprämie in Deutschland vernichtet wurden. Und alle stinken zum Himmel. Eine deutsch-französische Kooperation hätte hier unter Umweltgesichtspunkten deutlich mehr bewirkt, als unser Alleingang.
Dasselbe gilt für die im Einsatz befindlichen Traktoren. Was hier rumfährt, steht bei uns im Museum oder bei den Bulldogclubs. Jetzt bin ich gespannt, was mich im französischen Jura und im Burgund erwartet. In der Auberge de la Marine habe ich ein nettes Hotel mit einer vorzüglichen Küche gefunden. Heute war große Wäsche angesagt, danach schlenderte ich, in Zivil, hinüber über die Brücke, in die Altstadt. Dort durchkämmte ich alle Seitensträßchen und machte so meinen ersten ausführlichen Stadtbummel. Die Hausfassaden sind mehrheitlich dem Verfall preisgegeben und auch hinter den Türen sieht es häufig nicht besser aus. Nur einzelne Renovierungsarbeiten lassen darauf schließen, dass im Übrigen kein Geld zur Erhaltung der Bausubstanz vorhanden ist. Auch die große Kirche, direkt bei der Brücke zeigt großen Renovierungsbedarf. Im Kreis vieler Restaurantbesucher ließ ich den Abend gemütlich ausklingen.

16. Tag – Verstolener Blick durch die Haustür in das Treppenhaus eines 3-Familienhauses

17. Tag – 06. Juni 2009

St-Jean-de-Losne – Nuits-St-George, 11.30-20.00 Uhr
38 km (total 689)

Apothekendoktor hat mich verarztet.

Gut ausgeschlafen erwartete mich ein vielseitiges Frühstück. Sogar eine Müslimischung konnte ich mir zubereiten. Fein! Drüben über der Brücke sah ich vom Hotelfenster aus, dass in aller Frühe auf der Hauptstraße ein Budenmarkt aufgebaut wurde. Den wollte ich mir nicht entgehen lassen. Zudem habe ich am Vorabend eine Apotheke entdeckt, wo ich Verbandsmaterial besorgen wollte um meinen kleinen rechten Minizehen zu behandeln. Er wurde immer zwischen Ringzehe und Schuhinnenwand eingezwängt und hat sich gewehrt, indem er sich mit einer großen Wasserblase aufplusterte. Das ging schon seit ein paar Tagen. Gestern Abend musste ich jedoch konstatieren, dass ich fremde Hilfe in Anspruch nehmen muss, weil sich inzwischen auch der kleine Nagel aus dem Nagelbett zu lösen begann. Der erste Herr Apotheker erklärte mir, dass ich besser auf seinen Arztkollegen warten solle, damit er mich richtig versorgen kann. Zum Schutz des roten Zehenfleisches ließ er Nagel und Haut dran und erklärte mir deren Schutzfunktion. Dann trug er eine klebrige Hautersatzmasse auf, was an diesem kleinen Kerl gar nicht so einfach war, schlüpfte er doch immer wieder unter die Nachbarzehe. Ein Spezialverband sollte dem Ganzen Haltung geben und mich so in die Lage versetzen, meine Tagesetappe zu starten.

Für weitere Behandlungen dieser Art stattete mich Herr Doktor aus und zeigte mir die Anwendung. Einen ganzen Hut voll Material musste ich nun in meinem Rucksack unterbringen. Zudem empfahl er mir offene Sandalen zu tragen, die an der Schadstelle möglichst keine Riemen besitzen. Ich stöberte durch sämtliche Schuh- und andere Läden, jedoch Fehlanzeige. Nix Besseres, als das, was ich schon hatte. Meinen Rucksack hatte ich schon bei mir und konnte diesseits des Flusses meine Pilgerreise fortsetzen. Eben im Begriff, die Marktstraße zu verlassen, fing es an wie aus

Kübeln zu schütten. Die meisten Besucher verkrochen sich bei den Händlern unter die aufgespannten Schirme und Zelte – ich auch. Zwanzig Minuten Geduld waren angesagt und es konnte weitergehen. Der Himmel war jedoch trostlos mit grauschwarzen Ungetümen behangen, die jederzeit wieder ihr kaltes Wasser über uns ausschütten könnten. Knapp einen Kilometer hatte ich längs der Saône und des im rechten Winkel abzweigenden Canal de Burgogne hinter mir, war im Gewerbegebiet angekommen und spürte erneut eine Intensivierung von oben. Unter dem Vordach einer ›Lidl-Filiale‹ konnte ich mich ins Trockene retten. Ich nutzte die Starkregenzeit um einzukaufen und gute Tagesverpflegung einzupacken. Dann noch eine Banane verdrückt und weiter ging es bei leichtem Regen.

Nach wenigen Kilometern, im Städtchen Brazey-en-Plaine angekommen, fühlte ich, dass der Verband sich auflöst. In der nächsten Trockenzone zog ich die Schuhe aus und hatte die Bescherung. Der ganze Verband war total aufgeweicht und nicht mehr zu gebrauchen. Die obere Binde nahm ich mit, den Rest entsorgte ich. Jetzt war meine Pflegekunst gefragt. Zuerst Antiseptik–Spray zur Desinfektion, dann Cicatryl Kunsthautmasse, dann Gazin-Kompressen und dann alles haltbar und gehbar verpacken. Mit Binde und extrem starkem Klebeband hab ich es ganz gut hinbekommen. Jetzt steckte ich den ganzen Fuß noch in die mitgebrachte Apothekenplastiktüte, die ich am oberen Rand um die Fessel festklebte und weiter ging die ›Fahrt‹ in den Sandalen. Kalt war es nicht, so konnte ich in meinen leichten Hosen weitermarschieren, die am Körper schnell trocknen konnten. Aber nein, nach einem kurzen sonnigen Hallo vom Himmel gab es noch eine Dusche und am Ende meines wasserdichten Anoraks lief das ganze Wasser an und in der Hose weiter runter bis in die Sandalen. Einige Stunden hielt mein Verband. Durch den hermetischen Plastiküberzug wurde jedoch mein Fuß von innen feucht. Ich wechselte bei nachlassendem Regen in der Klosterkirche Abbaye de Citeaux nochmals den Verband und hoffte beim Blick zum Himmel, dass das Heftigste vorbei sein möge. Gegen 18.00 Uhr hellte es von Südwesten her deutlich auf und ich konnte mich trocken laufen. Endlos lange, gerade Wege führten dann heraus aus dem Jura hinein ins Burgund. Immer öfter

sah ich die Charolais-Rinderherden, die im Familienverbund (Stier, Kuh und Kalb) einträchtig und glücklich fraßen. Auch größere Kälber saugten immer wieder an den Strichen der Muttertiere.
Irgendwie passt der Slogan: »Milch von glücklichen Kühen« zu diesen einträchtigen Weidebildern. Um 20.00 Uhr erreichte ich Nuits-St-Georges, eine Hochburg ausgezeichneter Weine und versuchte mein Glück gleich bei einem Etap-Hotel. Im Spiegel bei der Rezeption habe ich mich zunächst selbst neu definieren müssen und entschuldigte mich, ob meines Aussehens bei der Dame an der Rezeption. Ich sah wirklich aus wie ein nasser Sack. Die Haare hingen in Strähnen bis ins Gesicht und der Rest entlockte der freundlichen Dame dann doch ein stilles Schmunzeln. Und sie checkte mich ein. Das Zimmer erlaubte es, alle Klamotten schön zum Trocknen aufzuhängen. Im Rucksack gab es noch eine weitgehend trockene Ausstattung, die ich nach einer warmen Dusche überzog.
Es war höchste Zeit zum Abendessen. Gerade als ich vom Etap, zu einem mir empfohlenen Restaurant losgehen wollte, begann es erneut ›volle Kanne‹ zu schütten. Und Lust hatte ich auch keine, meine geplagten Füße nochmals in Gang zu setzen. Doch im Etap gibt es nur Frühstück. Ich bat auf sehr freundliche und höfliche, englische Art, mir etwas von der Küche zu organisieren. Nach mehrfachem Achselzucken und der wiederholten Versicherung, dass weit und breit kein Mensch zu sehen ist, schob mir die liebe Mme. eine Tüte mit essbarem Inhalt zu, den ich mit auf mein Zimmer nehmen konnte. Am Getränkeautomaten konnte ich mich auch noch bedienen. Aber weder Wein noch Bier waren vorhanden, was den Spaß am Abendessen nicht gerade förderte. Tagebuch – Bett.

17.Tag – Kirche von Gilly-les-Citeaux

17. Tag – Wolken über dem Bourgogne-Kanal – da geht es lang

17. Tag – Frankreich hat endlose Landstraflen

18. Tag 07. Juni 2009

Nuits-St-Georges – Chagny, 10.00-19.30 Uhr
41 km (total 730)

Sonntagmorgen 8.00 Uhr. Der Regen prasselt gegen mein Fenster. Ich drehe mich nochmals um. Aber mit Schlafen war nichts mehr. Also ging ich zum Frühstück, die Wäsche zuvor noch prüfend abgegriffen, fast trocken. Um 10 Uhr konnte ich bei wolkenverhangenem Himmel starten. Zu regnen hat es aufgehört. Ich hatte genug Zeit, um meine Etappe zu studieren. 1. Ziel: Beaune, 17,5 Kilometer müssten in vier Stunden gut zu schaffen sein. Pause, weiter nach Chagny, 22 Kilometer; sind nochmal fünf Stunden. Mal sehen, wie es läuft und was Petrus mit dem Wetter zu bieten hat. Zügig durchschritt ich die Stadt, allerdings, sehr wohl die überaus häufigen Weinangebote studierend. Außerhalb der Stadt führte der Camino, leicht ansteigend, in die Weinberge. Und siehe da, Pilger in Sicht. Ich legte noch etwas zu, um diese recht schnell einzufangen, bemerkte jedoch bald, dass ein roter, feuchter Erdboden, mehr und mehr an meinen Schuhen hängen blieb. Meine Sohlen wurden immer dicker. Gestern Abend im Hotel habe ich meine wertvollen Meindl-Schuhe einer Operation unterzogen und die ganze rechte Seite des rechten Schuhs mit dem scharfen Taschenmesser zirka zehn Zentimeter aufgeschnitten. Dazu schnitt ich noch zweimal quer in Richtung Schuhmitte, sodass genügend Platz für meinen Verband an den Zehen vorhanden war. Klar, der Schuh war nicht mehr dicht. Die Sohlen waren jedoch noch stark genug um den Weinberglehmboden aufzunehmen.

Drei Kölner mit Hund

Fast war ich bei den Vorauspilgern angekommen, da entdeckte ich, dass diese schon richtig im Dreck stecken blieben. Dazu ein Hund, der auch schon völlig verklebt war und nicht mehr richtig vorwärtskam. »Guten Tag, hallo, woher, wohin?«, eröffnete ich die Begegnung. Drei Kölner mit Hund auf einer zehntägigen Pilgerreise,

seit gestern, Samstag, unterwegs. Mein Merkname für diese Gruppe war: FraMaSchwund (Frau mit Mann, Schwager und Hund). Wer weiß, wann ich mich wieder an die Geschichte erinnern werde. Vor lauter klebrigem Dreck konnten wir uns jedoch nicht richtig unterhalten und ich suchte mein Heil auf einem Grasweg etwas unterhalb des offiziellen Pilgerpfades. Dieser endete jedoch vor dem nächsten Dorf wiederum im Sumpf und ich beschloss, hinunter auf die Straße zu gehen, die in Sichtweite parallel verlief und geringen Sonntagsverkehr aufwies. Um 14.30 erreichte ich die Stadtgrenze von Beaune mit halbstündiger Verspätung und wechselte meine Stiefel gegen die Walkingschuhe. Dabei legte ich meinen Pilgerhut auf einem seitlichen Stein ab und zog ohne diesen weiter. Nach einem Kilometer, fast in der Stadtmitte, blinzelte mir die Sonne von links ins Gesicht. Oh je! Mein Hut! Abhaken und weiter oder umkehren? Angesichts des horrenden Anschaffungspreises für meinen unsinkbaren, kanadischen Tilley-Hemp-Hat, machte ich kehrt, schaltete hoch und stach im Achterschritt auf dem Gehweg zurück zum Reifenwechselplatz.
Mein Hut lag glücklicherweise, von der Sonne verwöhnt, an seinem Platz. Und im selben Tempo pilgerte ich wieder die Straße zurück. Ein Beobachter von vorher sah mich wieder kommen und zollte mir Hände klatschend Beifall für mein überaus hohes Tempo, das zudem recht lustig anzusehen war und meine Klingelmuschel am Pilgerstab aufgeregt bimmelte. Jetzt lockte eine Pizzeria in der Innenstadt zum technischen Halt. Für die nächsten 22 Kilometer musste ich auftanken. Ich bestellte eine große Pizza, konnte bei kühlem Lüftchen, entsprechend angezogen in der Sonne sitzen und genehmigte mir noch einen Chardonnay dazu. Mit zunehmender Sonne wurde es in diesem Städtchen so schön, dass ich am liebsten geblieben wäre. Rings um mich begann es mit hervorstechender Sonne, richtig lebhaft zu werden und es kam schon fast süditalienisches Flair auf. Aber ich musste weiter. Mit einem freundlichen Au revoir verabschiedete ich mich von den Tischnachbarn und suchte zügig das Weite. Doch bald schon musste ich wieder meine kleine Digicam zücken, um wunderschöne Bilder zu schießen: Blumen, Kirschen, herrlich in der Sonne liegende Dörfer, kleine und große Steinmauern mit einem lebhaft, wuseligen Leben von Kleinlebe-

wesen. Eine frisch gewaschene Landschaft zeigte mir ihre ganze Schönheit und Kraft und dazu immer wieder die kleinwüchsigen Rebanlagen. Zwei südländisch wirkende Spaziergänger unterhielten sich kurz vor Meursault über einen großen Weingarten. Ich war neugierig! »Wir sind Portugiesen und arbeiten auf dem Weingut«, vermittelten mir die Beiden in mehreren Sprachfetzen und freuten sich über meine Gesprächsbereitschaft. Natürlich wollten sie auch mein woher-wohin erzählt haben. Aber dann, wieder in die Eisen, ab nach Chassagne-Montrachet. Schon am Ortsschild roch ich die beeindruckende Frucht der Burgunderweine. Je intensiver ich mich in der Natur befinde, umso ausgeprägter funktionieren die Riech-, Schmeck- und Fühlsinne meines Körpers. Kurz vor 20 Uhr konnte ich im Hotel De La Poste, mit seinen zwei Sternen, einchecken und den Preis für Übernachtung und Frühstück um vier Euro auf einundfünfzig Euro drücken. In der ersten Pizzeria hatte niemand so richtig Lust, mich um 21 Uhr noch zu bedienen. So musste ich noch um zwei Ecken weiter und wurde dort umso freundlicher umsorgt und bedient.

18. Tag – Die Füße brauchen mehr Platz, dass Taschenmesser hilft.

18. Tag – riesige Flächen mit Reben, Stockmaß 1,20 m

18. Tag – Weinbrunnen in Meuersault

19. Tag – 08. Juni 2009

Chagny – Moroges St-Désert, 9.50-18.00 Uhr
30 km (+5)

Der Tag der weißen Taube

Beim Frühstück wusste ich noch nicht, was heute noch alles passieren sollte. Ich habe mir Zeit gelassen und startete gut gestärkt kurz vor zehn, zunächst durch die Stadt. Auffallend oder gar einzigartig, fand ich das Kanalsystem, das die Stadt durchzog. Sogar eine Bahnlinie wurde mit einer trogartigen Kanalbrücke überquert, sodass die Hausboote, die hier im Wesentlichen verkehren, ungehindert in die Stadt oder umgekehrt fahren können. Damit es mir nicht zu wohl wird, hat das Burgund wieder einmal einige Höhenmeter für mich parat. Bei leicht bedecktem Himmel konnte ich zügig über Rully, am Schloss vorbei, nach Mercurey pilgern. Ein ständiges Auf und Ab bescherte mir ein wunderbares Burgund. Zwischen zwei Dörfern entdeckte ich weit vor mir, zwischen einem Rebhang und einem Waldrand gelegen, eine seltsame ›Aussichtsplattform‹ mitten in der Flur. Ich näherte mich dieser seltsamen Erscheinung und stellte fest, dass es sich dabei nicht um eine Plattform sondern um einen Friedhof handelte. Inmitten der Weinberge, in den natürlichen Hangverlauf hinein, hat man hier einen großflächigen Friedhof angelegt, als ob man den Toten die Nähe zu ihren Weingütern sichern wollte.

Riesige Weinfelder wechselten mit Wiesen und Wäldern ab. Auf unübersehbaren Schildern werden die Flächenmaße der bekannten (Wein-) Lagen in Hektar angezeigt. Auf einer ansteigenden Wegstrecke näherte sich mir von hinten eine größere Radlergruppe. Bald hörte ich einen bekannten Dialekt und kam mit einem der Radler ins Gespräch, da dieser während eines Telefonats vom Drahtesel steigen musste. Die Gruppe war für zehn Tage nach Frankreich gekommen, um einen Teil des Jakobsweges Richtung Le Puy zu fahren. Mit einem »Herrlich, dieses Burgund und Wiederluege« verabschiedete er sich im reinsten Schwyzerdütsch und stieg in die Eisen. Des Öfteren musste ich mich heute um die We-

geführung kümmern, da die Beschilderung oder Bemuschelung etwas nachlässig ausgefallen ist. In einem Dorf nahe des Le Mont Avril (420 m) muss ich doch eine falsche Abzweigung erwischt haben und stellte nach einer knappen Stunde fest, dass mir die Sonne ins Gesicht scheint. Zuvor war es durchgängig bedeckt und ich achtete nicht auf die Himmelsrichtung. Mehrfach habe ich in den letzten Tagen festgestellt, dass ich gefühlsmäßig einen Linksdrall in mir habe und tendenziell zu weit nach Süden abdrifte. Jetzt waren Stopp und Neuorientierung angesagt.
Mithilfe meines Kompasses stellte ich fest, dass ich schon einen weiten Halbkreis gegangen bin. Mangels anderer Wege und Pfade folgte ich der Wegführung und traf nach einer weiteren halben Stunde wieder auf ein Dorf, das mir nicht ganz unbekannt war. Als ich dann am Kriegerdenkmal 14-18 vorbei kam, wusste ich, dass ich vor einer Stunde schon einmal hier war. Jetzt war natürlich Tempo angesagt und glücklicherweise hatte ich die maximale Tageshöhe bereits hinter mir und ich konnte mit langen Schritten auf Moroges zusteuern. Doch mit dem schönen Pilgerwetter war es urplötzlich zu Ende und es setzte, begleitet von heftigen Böen, ein Nieselregen ein, der zunehmend heftiger wurde. Mehrfache Herbergsschilder machten mich sicher, in Moroges eine Unterkunft zu finden. Dort angekommen, erklärte mir sogleich ein vornehmer Herr aus seinem Vorgarten heraus in Englisch, wo ich die Chambre d`hotes finden würde. Jedoch eine nach der anderen war zu, geschlossen, oder niemand anzutreffen. Also weiter. Da draußen im Park befindet sich noch ein Privatquartier, wurde mir von einem der wenigen Passanten gedeutet. Kurz vor 18.00 Uhr traf ich auf ein herrschaftliches Anwesen. Die Klingel neben dem großen Haupttor war offensichtlich nur zur Dekoration, jedenfalls meldete sich niemand. Ich marschierte selbstbewusst den breiten Weg durch den Park und traf auf eine alte, aber gepflegte Natursteinvilla. Licht schien aus zwei Fenstern und ich sah sich bewegende Gestalten. Irgendwie hatte ich das Gefühl, dass die Glocke doch gebimmelt hat und die beiden mich sehr wohl kommen sahen. Ich näherte mich dem Hauseingang und schon öffnete sich die Tür. Voraus ein Mann und dahinter eine schicke, gepflegte Madame in festlichem Outfit.
»Ich bin Pilger Karlo aus Allemagne, guten Tag.«

»Herzlich willkommen«, entgegnete sie freundlich in gutem Deutsch. »Sie sind aber nicht angemeldet«
»Nein.« Schade dachte ich; auch nix. Doch gleich startete die Grande Dame mit einem ›moment, moment‹ die Suche nach Telefonnummern- und Büchern. Zwei, drei Telefonate, und sie erschien wieder aus dem dunklen Flur. Ihr Mann dribbelte unruhig hin und her und kümmerte sich um einen einfachen Hund, der aus der Tür schlüpfte. »Ich habe für Sie etwas gefunden, aber es ist sehr schwierig, da hinzukommen. Am besten ist wohl, mein Mann bringt Sie dahin«. Diesen hat sie gleichzeitig zurechtdirigiert und noch ein paar französische Brocken hinterher gemault. Er klappte den hinteren Deckel eines kleinen Autos auf, was wohl bedeutete, dass ich meinen Rucksack einladen könne. Zu mir: »Das Auto ist nicht aufgeräumt, bitte nicht erschrecken.« Und ich folgte, packte meinen Rucksack in den Laderaum des kleinen, stinkigen Renaults und wollte meine Wanderstecken mit den Muscheln dazulegen. In dem Moment vernahm ich ein leises Wimmern meiner Pilgermuschel, die sich vor lauter Grauen ob des Hundedrecks im Auto schütteln musste, sodass sogar der Pilgerstab bebte. Ich hatte den Eindruck einer fahrenden, wüsten Hundehütte. Als ich auf dem Beifahrersitz Platz nehmen wollte, musste ich mich wohl oder übel in die Hundehaare reinhocken und meine Füße zwischen Fressnapf, Hundekuchen und Knochenresten unterbringen.
Jacques, mein Fahrer sprach keine Fremdsprache, also auch nicht mit mir. Er zeigte nur geduckt aus der Frontscheibe zum Himmel und deutete mir, dass wohl etwas kommen wird. Schwefelgelbe Streifen ließen Unheil vermuten. Drei, vier Kurven, rein in den Wald noch eine Biegung und hinein durch eine Einfahrt auf ein fürstliches Anwesen, möglicherweise ein alter Gutshof. Stopp vor einer großen Treppe und zwei Hupsignale. Die Tür öffnete sich und eine ganz in weißes Leinen gekleidete Gestalt schwebte, wie eine plattgewalzte, übergroße Taube, mit gespitztem Schnabel, ausgebreiteten Armen mit übergroßen Händen und langen, kräftigen Fingern, die Treppe herab direkt auf meinen Fahrer Jacques zu, flog ihm um den Hals. Bussy, Bussy, Bussy links und Bussy, Bussy, Bussy rechts. Entweder galt die übergroße Freude wirklich Jacques, oder Mme. freute sich über den mitgebrachten Fünfziger. Schon die

Grand Dame von vorhin sagte mir, dass die Unterkunft in diesem Taubenschlag fünfzig Euro kosten würde. Nun kam Täubchen zu mir, zeigte mir den Aufgang zu den ›Gemächern‹, mit ein bisschen Englisch unterfüttert, und öffnete mir die Tür in einen Raum, der dann mein Nachtquartier sein sollte. Sie fragte mich noch, ob ich für zwanzig Euro am gemeinsamen Abendessen teilnehmen möchte. Ich musste ja etwas haben und stimmte zu. Dann inspizierte ich meinen Raum und stellte fest, dass dies eine alte dreckige Stinkbude ist. Spinnweben, tote Spinnen, Käfer, Fliegen überall, die Fensterbank voller Mückenschiss. Das Bett machte einen sauberen Eindruck, ebenso die Dusche. Aus dem Dusch- und Toilettenraum stank es jedoch so bestialisch, wie bei mir zuhause aus einem Lichtschacht, wo sich unbemerkt eine Maus durch das Gitter hinabstürzte, das Mauseleben nahm und verweste.
Fenster und Türen habe ich sperrangelweit geöffnet, hoffend, dass es nicht zu regnen begann und langsam wurde die Luft etwas besser. Nach der Handwäsche war es Zeit zum gemeinsamen Menü. Doch, obwohl ich schon mit dem Schlimmsten rechnete, wurden, unterstützt durch den pensionierten Hausmann, fünf Gänge serviert und das wirklich gut bis sehr fein. Eine passende Flasche guten Rotwein öffnete der Herr des Hauses und stellte, zum Durst löschen, noch reichlich Wasser dazu. Nun gut, für fünf Personen durfte es auch noch eine zweite Flasche Wein sein. Mit ein wenig Hilfe durch die anwesenden Übernachtungsgäste, die beide etwas Englisch beherrschten, konnten alle Anwesenden etwas Kommunikatives zu einem gelungenen Abend beitragen. Die beiden Gäste waren keine Pilger, sie beschäftigten sich mit unterschiedlichen Forschungsprojekten in der Region, was mich aber nicht sehr interessierte. Hingegen war das Interesse an meinem Projekt riesig, da alle Anwesenden kaum glauben konnten, was ich bisher hinter und in den nächsten Wochen noch vor mir hatte. Satt und müde verabschiedete ich mich um 22.30 Uhr in meine Bude.

19. Tag – und immer wieder herrlicher Blumenschmuck

20. Tag 09. Juni 2009

St. Desert im tiefen Walde (9.50 Uhr) – Cluny (20.00 Uhr)
41 km

Das umfangreiche Frühstück mit fünf selbst gemachten Marmelade-Sorten und einem Naturjoghurt servierte Michael, der Pensionist. Die weiße Taube schwebte mit einem flüchtigen Gruß, gekleidet in einen eierschalfarbenen Hosenanzug und einen flatternden Schal um den Hals, am Frühstückstisch vorbei. Ganz gut war sie zurechtgemacht, aber ihr Kopf mit der knöchernen Nase erinnerte mich sofort wieder an das Bild der Taube von gestern. Und weg war sie. Die beiden französischen Gäste waren schon etwas früher da und saßen etwas vornehm verklemmt, gut angezogen, am Tisch. Mit meiner Anwesenheit war die Stimmung schnell wieder aufgelockert und wir kommunizierten dreisprachig über Gott und die Welt. Heute standen zwei Etappen mit zusammen 41 Kilometern an. Die Höhenmeter waren überschaubar, das Wetter lud zum Wandern ein. Taizé wollte ich auf alle Fälle besuchen, handelt es sich doch um einen wirklich besonderen Ort, der direkt am Jakobsweg lag. Doch zunächst befand ich mich außerhalb meines Kartenausschnittes und wusste noch nicht mal richtig wo. Auch Michael hatte keine weiterreichende Karte und konnte mir nur sagen, welche Richtung ich einschlagen solle. Sicherheitshalber nahm ich den Kompass zur Hilfe, weil mein Schatten nicht immer da war. Die Wolken behinderten die Ausrichtung nach der Sonne und schnell führt eine lang gezogene Wegbiegung in eine andere Richtung, ohne dass man es selbst bemerkt. So vergingen zwei Stunden, bis ich endlich Buxy erreichte, wer weiß, wo ich meine Schleifen gezogen habe. Jetzt war ich wieder im Kartenspiegel meines Reiseführers und konnte, zum Teil auf der Landstraße und auf dem parallel verlaufenden Chemins de Compostelle, zügig Richtung St-Gengoux-le-National losziehen.
Dort habe ich eine kleine Verschnaufpause eingelegt, die Schuhe und Socken ausgezogen und den Füßen frische Luft zugeführt. Mein rechter Kleiner war immer noch gut verpflastert und befindet sich auf dem Weg der Besserung. Die nachwachsende Haut ist schon erkennbar und die Blasenhaut, mitsamt dem Nagel, hängen

nur noch an kleinen Fasern am Zehen fest. Die Strecke nach Taizé verlief hauptsächlich auf einer alten Bahntrasse, immer wieder von einem malerischen Fluss begleitet. Ab 16.00 Uhr wurde die Sonne weniger und im Westen braute sich etwas dickes Schwarzes am Himmel zusammen. Eine halbe Stunde später kam ein heftiger Wind auf, der sich zu eisig, kalten Sturmböen entwickelte. Jetzt musste ich mich auf Regenschauer gefasst machen. Auf einer Kuhweide, wo sonst die weißen Herden friedlich grasten, setzte sich plötzlich die ganze Kuhfamilie in Trab, um Zuflucht unter großen Bäumen zu suchen. In diesem Moment krachten ein Blitz und ein Donner gleichzeitig über mir hinweg und ein Platzregen vermischt mit erbsengroßen Hagelkörnern prasselte auf mich herunter. Die, von Windböen zerzausten, Bäume ließen kleine Äste fallen und boten kaum Schutz vor diesen Niederschlagsmassen. Gerade konnte ich noch meine Regenjacke überziehen, alles andere war pudelnass. Mit der Regenschutzhose an, zog ich meines Wegs und war froh, dass der Hagel aufhörte und es nur noch regnete. Nach zwanzig Minuten kehrte sich das Wetter um und die Sonne schien so heftig, dass Wiesen, Wälder und die Asphaltsträßchen zu dampfen begannen. Nach einer weitern halben Stunde dampfte auch ich und konnte meine nassen Unterkleider am Körper trocknen lassen. Die Schutzkleidung, Jacke und Hose stülpte ich zum Trocknen über meinen Rucksack und meinen Pilgerstab, den ich am Rucksack als Wäscheständer festgebunden habe. Auch die Temperatur erholte sich schnell wieder und die ganze Landschaft zeigte sich frisch gewaschen von Ihrer schönsten Seite.

Taizé

Um 17.00 Uhr erreichte ich, nach einem kurzen Aufstieg, die von lebendigem Treiben beherrschte Anlage. Roger Schutz gründete im letzten Jahrhundert eine ökumenische Gemeinschaft, die heute von zirka neunzig Brüdern betreut wird. Jährlich kommen über 100.000, meist jugendliche Besucher, aus aller Welt dorthin und singen (und beten) die bekannten Taizélieder ohne Unterlass. Das Gemeinschaftsmahl war gerade vorbei und alle Kessel und

Kannen waren geschleckt leer bis auf den letzten Krümel und Tropfen. So fragte ich nach einer Kaufgelegenheit, um meinen Wasserbedarf für die restliche Strecke zu decken. Junge Leute verwiesen mich auf einen Kiosk, erklärten aber sogleich, dass dieser um 17.00 Uhr schloss. Zwei sehr aufmerksame Frauen, nämlich Ilse aus Deutschland und Jamé aus Holland, wollten noch vieles von mir und meiner Reise wissen. Sie akzeptierten jedoch, nach einer Viertelstunde, dass ich noch mindestens zehn Kilometer bis Cluny, vor mir hatte, und ließen mich trocken ziehen. Auf der anderen Seite des Jakobsweges spielte eine farbige Mama mit drei Kindern in einem großen Grasgarten. Ich zeigte meine leere Flasche und fragte nach Eau Potable. Sie zeigte zum angrenzenden Haus und deutete mir, dort zu läuten.
So tat ich es und ein kesses, kleines Mädchen schaute vorsichtig von der Veranda zu mir herunter. Inzwischen war die ganze Schar um mich versammelt und die Ma nahm die Wasserversorgung in die Hand. Als ich erzählte, dass ich aus Allemagne komme, sprach die kleine Kesse deutsch mit mir und hatte dabei richtig Lust, den andern zu zeigen, wie gut sie das kann. Nun nahm ich meinen Rucksack ab und suchte in allen Taschen nach den restlichen Maoam, die ich noch finden konnte, und verteilte sie. Das war ein echtes Fest für die Kinder und ich konnte mit frischem Wasser meine Abendreise angehen. Pünktlich um Acht erreichte ich Cluny und fand ein Hotel für siebenundzwanzig Euro Pilgertarif, dazu sechs fürs Frühstück und ein Zimmer mit einer großen Badewanne ausgestattet. Meine Beine und Füße haben es heute verdient, besonders gut behandelt zu werden. Ein warmes Bad, Salbe für die Füße und eine Körperlotion für die Beine, taten richtig gut.

Der Macon hat es mir angetan

Glücklich war ich, als ich um die Ecke gleich ein italienisches Restaurant fand, wo ich die Speisekarte problemlos verstehen konnte. Die Note von Table 14 liest sich so: 1 Salade Verte; 1 Tagliatel.Carbonara; 2 Pression Heineken; 2 Macon blanc verre. Dafür habe ich am 9.6.2009 um 22.32 Uhr 22,90 Euro bezahlt.

Und ich war wie verliebt in den besten Wein, den ich je getrunken habe. Kurios, dass dieser mit ein Zehntel in einem Cognacglas serviert wird. Wirklich erste Sahne! In meinem Notizbuch steht: Ein Schluck war wie der Biss in eine ganzheitliche Frucht im Wein vereint. Von der Frische des grünen Apfels bis zur vollmundigen Reife einer gelben Mirabelle war alles dabei. Je mehr ich trank, umso mehr Details aus einer großen Obstschale konnte ich schmecken. Und dann konnte ich, während meine ganzen Klamotten zum Trocknen im Zimmer verteilt hingen, entspannt, zufrieden und mit der ganzen Welt im Reinen einschlafen.

20. Tag – Von diesem »Taubenschlag« flog gestern Abend die weiße Taube herab

20. Tag – Familiäre Weide der Charoloir-Rinder: Mama-Papa-Kind

20. Tag – Winzer spritzt vier Reihen auf einmal

21. Tag 10. Juni 2009

Cluny – St-Jacques-des-Arrets (Rh^one), 9.50-19.30 Uhr
31 km

60 % Sonne, 40 % Wolken.

Hell strahlte die Sonne in meine Badenische im Zimmer und half, alles was ich gestern frisch gewaschen habe, vollends zu trocknen. So konnte ich mich frisch und munter nach einem ausreichenden Frühstück auf den Weg begeben. Die Touristinformation öffnete um zehn und ich konnte mir den gut gestalteten, speziellen Pilgerstempel abholen. Im Büro saß eine junge Dame, die mich sehr freundliche bediente. Zum Dank schoss ich ein Foto zur Verschwisterung von Möckmühl mit Cluny, als Zeichen der Anbindung des Jagsttalpilgerweges an das große, internationale Netzwerk der europäischen Jakobswege. Eindrucksvoll und majestätisch bestimmt ein großes Schiff der Benediktinerabtei das Stadtbild. Vor der Revolution stand hier als Ordenszentrale eine der größten Kirchen Europas. Heute bin ich in einer Traumregion unterwegs und kann dank der wunderschönen Höhenwege eine Fernsicht genießen, die das Pilgern zur Leichtigkeit werden lässt, obwohl nahezu 1000 Höhenmeter auf dem Tagesplan standen. Heraus aus dem südlichen Burgund durchkreuze ich Teile der Regionen Maconnaise (Macon blanc) Clunisois, Charolais (die glücklichen Kühe) und Beaujolais.
Hier schmeckt man die Natur im Sonnenlicht. In Ste-Cécile entdeckte ich eine Boulangerie und deckte mich mit Gebäck, Brot und Obst für den ganzen Tag ein, weil auch im Tourenführer zu lesen war, dass keine weiteren Versorgungsstationen auf dieser Strecke vorhanden sind. Gegenüber fand ich ein schattiges Plätzchen, direkt an der Kirche. Obwohl ich noch nicht so lange unterwegs war, kam beim Einkauf Appetit auf, den ich sogleich stillte. Daran habe ich auch gut getan, denn bald sollte es anstrengend werden. Vor lauter Essen habe ich jedoch die kleine Nebenstraße an der Kirche missachtet und folgte der Hauptstraße. Nach gut einem Kilometer merkte ich, dass ich eher in Richtung Osten un-

terwegs war als gen Südwesten. Ich zog meinen Reiseführer zu Rate, klemmte meine Stöcke unter den Arm und studierte den Kartenausschnitt.

Sturzflug mit Folgen

Plötzlich trat ich in vollem Tempo mit meinem rechten Fuß auf die schräg abfallende Asphaltkante, knickte nach rechts weg, konnte mich mit dem linken Fuß nicht abfangen, klatschte mit voller Wucht auf den harten Boden und schlitterte ob des strammen Ganges einige Meter über den Asphalt in das seitliche Splittbett. Aua, das tat weh. Mein Wanderführer landete zerfleddert im Straßengraben. Strecktelengs lag ich mit Rucksack und Pilgerstab, Muschel und Trinkflasche am Straßenrand.
Ich begann mich zu sortieren und merkte, dass meine Hände nahezu unversehrt blieben. Lediglich im linken Handgelenk verspürte ich eine schmerzhafte Prellung. Glücklicherweise bin ich mit beiden Walking-Stöcken in der linken Hand haltend, so aufgeschlagen, dass diese meine Hand zwischen Asphaltkante und tiefer liegendem Splittbett von einem direkten Aufschlag verschonten. Allerdings bekam einer der Stöcke einen so heftigen Knacks, dass ich ihn wenige Tage später schienen musste. Mein linkes Knie hat es hart erwischt. Dank meines Wasservorrats konnte ich die Schürfwunden ausspülen und mit meinem Spray desinfizieren. Die Wunde blutete noch eine Weile nach und trocknete langsam von selbst. Am Abend war das linke Knie angeschwollen und wollte in den nächsten Tagen gepflegt werden. So kamen auch meine Binden zum Einsatz. Jetzt nahm ich mir die Zeit, den rechten Weg zu orten, musste zurück zur Kirche. Und fand dann gleich die kleine Pilgergasse durch das Dorf hinauf auf die Höhen der Umgebung. Trotz kleiner Stechschmerzen erlebte ich einen herrlichen Tag und begann nach Tramayes nach einer Unterkunft zu suchen. Auf Höhen zwischen 249 M.ü.M. und 570 M.ü.M. schaukelte ich durch die Landschaft der Rhône – Alpes – Region. Bis St-Jacques-des-Arréts musste ich pilgern, bis ich auf Chambre d´hotes stieß. Und, oh Wunder, gleich beim ersten Versuch schien es zu klappen, eine Unterkunft zu be-

kommen. Mme. Chez Josette Sangouard bat mich ein wenig um Geduld. Sie musste zuerst prüfen, ob die bereits anwesenden, beiden Pilgerfreunde, mich noch mit in die Unterkunft nehmen möchten. Ich wusste nicht was sie mir erklärte, glaubte aber zu verstehen, dass sie zurückkommt. So geschah es. Mit knitz, blitzenden Äuglein, einer fleißigen Bäuerin, kam sie zurück und deutete mir, um das bäuerliche Anwesen herum auf die andere Seite zu kommen. Dort erwartete sie mich an einem separaten Treppenaufgang und zeigte mir meine Unterkunft.

Zwei glückliche, liebe Franzosen waren schon da.

Eine Matratze lag unter einer Holztreppe. Diese führte in ein weiteres Geschoss, wo sich die beiden Gäste bereits eingerichtet hatten. Mit Gesten jeglicher Art verständigten wir uns auf das gemeinsame Abendessen um 20.00 Uhr. In aller Ruhe konnte ich meine Schlafstelle beziehen und es mir gemütlich machen. Bald erschienen die beiden Freunde und wir teilten uns gegenseitig so manches mit, was wichtig, richtig oder überflüssig war. Die beiden sprachen französisch, ich deutsch und englisch. Was im Einzelnen hängen blieb, war das Geheimnis eines jeden. Nach einer großen Salatplatte wurde eine Hochzeitssuppe serviert, gefolgt von einem Braten der Charolais-Rinder mit Bratkartoffeln und einer Gemüsemischung. Zum Nachtisch servierte Josette eine große Käseplatte und feinen Flammkuchen mit Marmelade. Zu diesem fürstlichen Menü waren die beiden Flaschen Rotwein genau richtig. Je später, desto besser verstanden wir uns, auch ohne die jeweils benutzten Worte übersetzen zu können. Schließlich verabredeten wir uns zum Frühstück um 7.30 Uhr und schlüpften bereits kurz nach 22 Uhr in unsere Betten.

21. Tag – Tourismusbüro in Cluny – freundlch, hübsch und nett verpasst sie mir ihren Stempel – einen schönen.

21. Tag – Naturfernsehen – sonst nicht

22. Tag, 11. Juni 2009

St Jacques des Arret´s – Le Cergne, 9.00-20.00 Uhr
43 km (Total 875)

40 % sonnig – 60 % bewölkt – kühl.

Mme. Chez Josette hat ein prächtiges Frühstück serviert. Die beiden Mitbewohner erschienen zum Frühstück im Partnerlook. Und wie schick! Mit frisch gebügelten, cremefarbenen Hemden, darüber farblich abgestimmte, hellbeige Pullunder, gräulich-beige, halblange Wanderhosen, helle Socken und frisch rasiert, saßen sie beim Frühstück, als ich als Letzter, frisch gemacht, von der Dusche kam. Gleich nach dem Frühstück waren die beiden startklar, während ich noch packen musste. Mme. Josette verpasste mir noch einen hübschen Pilgerstempel in den Pass und ich konnte um 9.00 Uhr meine Doppeletappe mit Ziel Le Cergne, antreten. Mit 700 Höhenmetern auf die gesamte Strecke verteilt, stand ein anstrengender Tag bevor, der jedoch durch einige Dörfer und Städtchen führte und so einige Abwechslung bot.

Mt. St-Rigaud 1012 m

In einer ausgesprochen schönen Bilderbuchlandschaft, begleitet von Wiesen mit wunderschön blühenden Blumen und Wäldern, erreiche ich am späten Vormittag den Col de Crie im Haut-Beaujolais auf etwa 650 Metern. Von da an war Naturfernsehen angesagt. Links und rechts des Weges hätte ich ein Landschaftsbild nach dem anderen schießen können.
Der Gipfel des Tages hieß Mont St-Rigaud und liegt auf 1012 Meter Höhe. Bei herrlich klarem Wetter genoss ich eine Rundumsicht über mehrere hundert Kilometer. Eine große Keramiktafel auf dem Gipfelturm zeigte nach allen Himmelsrichtungen, sowohl die sichtbaren Gipfel und Höhenzüge als auch die Richtung zu allen Weltstädten und deren Entfernung. So lernte ich, dass der Nordpol 4.867 Kilometer und der Südpol 15.133 Kilometer entfernt sind.

(Francfort 537, Hambourg 903, Lisbonne 1.387, Besancon 163, Compostelle 1.104 km). Bei all den wunderbaren Impressionen muss ich leider feststellen, dass auch hier Baumschäden in großem Umfang zu sehen sind. Fern von Westen zogen die ersten größeren Wolken auf, verdeckten immer häufiger die bis dahin scheinende Sonne. Am Nachmittag verließ ich die Region Rhône und näherte mich der Loire. Markant erscheint am Wegrand das Croix Bleue, welches in seiner kräftig blauen Farbe vermutlich von jedem Passanten fotografiert wird. Danach geht es auf einer alten Salzstraße, die zum Jakobsweg erkoren wurde, über mehrere Pässe in stetigem Auf und Ab Richtung Le Cergne weiter.

Privat, ganz oben unterm Dach.

Gegen Abend verließ ich ein größeres Waldgebiet und vor mir lag in Richtung Süden eine völlig neue Welt, die Roanner Ebene, durch die sich die Loire schlingt. ›Schmeck den Süden‹ fiel mir ein, als ich völlig neue Düfte schnupperte. Ein laues Lüftchen hielt mir den Duft von Früchten, trockenem Stroh und würzigen Kräutern unter die Nase. Jetzt konnte ich, auf gut gepflegten Wegen, die letzten Kilometer zu meinem Ziel mit weiten Schritten entgegensteuern. In der Stadtmitte angekommen, entdeckte ich sogleich ein größeres Hotel und steuerte freudig darauf zu mit der inneren Sicherheit, da kommst du unter! Jedoch Fehlanzeige, das Hotel war bis auf die Notzimmer bereits ausgebucht. Die Dame an der Rezeption bemühte sich sofort um Ersatz und gab mir nach einigen Telefonaten zu verstehen, dass ich von einem Herbergsgeber am Hotel abgeholt würde. Bald kam ein junger Mann mit einem Kleinwagen angedüst und brachte mich zum Haus seiner Eltern. Später stellte ich fest, dass Familie Philipp und Martine Daniere im Reiseführer als Herberge verzeichnet waren. Sohn Matthew holte mich ab und vom Zimmer des kleineren Sohnes Luca aus erreichte ich über eine drei Meter lange Leiter eine Bühnenfläche, die mit Matratzen als Lager ausgestattet war. Francois und Rosaline waren bereits als pilgerndes Ehepaar in einem Gästezimmer untergebracht.

Da alle schon gegessen hatten, servierte mir Martine einen großen Salatteller mit Käse, danach reichlich herzhaft überbackenes Gemüse und zum Schluss Brot mit einer typisch französischen Käseauswahl. Wasser und Wein haben das Mal angenehm umspült. Das Frühstück war für 7.00 Uhr geplant, also rechtzeitig ablegen. Gesagt, getan und herrlich geschlafen.

22. Tag – Das blaue Kreuz

22. Tag – Der Monte Rigau –- dort werde ich später sein.

22. Tag – Auf dem Aussichtsturm des Mt.St. Rigaud mit Weltkarte

23. Tag, 12. Juni 2009

Le Cergne – St-Haon-le-Chatel, 9.00-19.00 Uhr
49 km (total 924)

In zwei Tagesetappen der Loire entgegen.

In Privatquartieren ist das Frühstücksangebot immer ausgezeichnet. Den Kaffee gibt es meist in überdimensionalen Tassen, die zum Teil mehr als einen halben Liter fassen. Luca saß etwas bedeppert beim Frühstück und meldete, dass er nicht so gut geschlafen habe. Ich bekam Schuldgefühle, weil ich womöglich der schnarchende Raumgenosse und damit hätte Ursache sein können, obwohl der viel zu süße Aperitif und die drei kleinen Gläschen Wein nicht den Ausschlag geben konnten. Die Gastfrau, vermutlich Lehrerin, musste gemeinsam mit dem jüngeren Sohn früh aus dem Haus zur Schule. Philipp, der Hausmann, übernahm den Service und gab einen guten Herbergsvater ab. Meine Wäsche brachte er mir perfekt getrocknet zurück und ich konnte mit leichtem französischen Spülerduft der Sonne entgegengehen. Anhand meines Rother Wanderführers habe ich mir die beiden bevorstehenden Tagesetappen als Aufgabe gestellt. Die Berge mit vielen Höhenmetern liegen hinter mir und vor mir öffnete sich eine Landschaft, die nach Milch und Honig roch. Ein fast wolkenloser, hellblauer Himmel versprach gutes Wetter. Ich sorgte noch für genügend Wasser und startete Richtung Pouilly-sous-Charlieu (23 km). Mit langen Schritten und kräftigem Stockeinsatz folgte ich dem gut ausgeschilderten Camino und traf nach eineinhalb Stunden auf meine Mitbewohner Francoise und Rosaline. Sie waren eine gute Stunde vor mir aufgebrochen. Francoise, ein drahtiger, fettfreier Typ, musste auf Rosaline etwas Rücksicht nehmen, die sich, auf einem Stamm sitzend, ein hart gekochtes Ei gönnte. Ein kurzes Fotoshooting mit beiden, weiter ging die Reise im zügigen Schritttempo. Um die Mittagszeit erreichte ich Charlieu und konnte kurz vor Eins in einem Lebensmittelgeschäft alles kaufen, wonach ich Lust hatte. Das tat ich und setzte mich vor der Kirche, mitten auf dem Marktplatz, auf die Treppe.

Schuhe und Strümpfe zog ich aus und ließ die Sonne an die Füße scheinen. Knapp 23 Kilometer haben sie mich heute schon getragen, aber etwas mehr stand noch bevor und ich glaubte fest daran, das Ziel zu erreichen. Meine hohen Wanderstiefel wurden nicht genügend durchlüftet und die Füße dadurch immer etwas feucht. Ich habe mir schon vorgenommen, wenn die Wege flacher werden, wieder in Sandalen zu gehen. Nach einer knappen Stunde und einem zu vollen Bauch packte ich den Rest meines Einkaufs zusammen, entsorgte den Abfall und begab mich, aus dem Schatten heraus, in die glutheiße Sonne. Bis jetzt hatte ich meinen ganzen Wasservorrat von heute Früh verbraucht und füllte mit Volvic meine Behälter. Endlose Wege durch Wiesen und Wälder ließen den Weg etwas eintönig erscheinen. Keine große Aufmerksamkeit war notwendig, um die Wegezeichen zu finden und so versank ich unterwegs in Gedanken. Der Refrain meines kleinen Pilgerliedes war im Kopf nahezu fertig und singen konnte ich ihn auch. So summte ich zuerst die zweizeilige Passage vor mich hin, bis ich immer sicherer wurde und schlussendlich schmetterte ich den Refrain aus voller Brust hinaus in die Landschaft. Die Sonne stach, aber verbrannte mich nicht. Ein leises Lüftlein strich durch die weite Ebene, die sich vor mir zwischen 270 und 350 Metern über dem Meer ausdehnte.
Über viele Kilometer begleitete mich mit sanftem Plätschern der Le Fillerin Rau, welcher etwas weiter im Norden in die Loire mündet. Diese Stimmung verleitet zum Sinnieren. Ich versuchte erneut, nach meiner Gesangsstunde das Gehirn abzuschalten und bei strammem Schritt gedanklich vor mich hinzudösen. Aber nein, das geht einfach nicht. Durch den intensiven Körpereinsatz mit Füßen, Beinen und die Walking-Stöcke in den Händen, wird so viel Sauerstoff in die Blutbahnen gepumpt, dass Dösen oder Abschalten gar nicht möglich ist. Seit meiner Abreise habe ich weder einen Fernseher noch ein Radio benutzt – und ich vermisse nichts. Meine Welt ist der Camino Karlo, mein Weg zum Ziel, das ich mir so sehr in den Kopf gemeißelt habe. So habe ich freudig zur Kenntnis genommen, dass ein Holzpfeil mit der eingeschnitzten Information am Wegesrand stand: Santiago 1.750 Kilometer. Und daneben, auf dem schottrigen Boden, lag mein treuer Begleiter, mein Schatten. Gegen 19.00 Uhr erreichte ich meinen Zielort. Mindestens sechs Liter Was-

ser habe ich heute unterwegs getrunken und sah eine Gruppe Leute bei einer Bar im Freien ihr Bierchen genießen. Ich gesellte mich dazu, bestellte bei der Bedienung ein Glas und entledigte mich meines Rucksackes.

Nun begann ich nach Herbergen, Hotels oder anderen Unterkünften zu fragen. Ich war ziemlich erfolglos und aus der Tür der Bar trat ein etwa fünfundvierzigjähriger Mann mit braunen Stummelzähnen und einem so genannten Trollingergesicht. Und – er sprach deutsch-hörte sich meine Tour in Kurzfassung an und erzählte mir Ausschnitte seines Lebens. Als Seemann viele Jahre in Hamburg, hat er immer noch eine Liebe zu dieser Stadt in sich und er hatte eine Unterkunft für mich. Mit einigen der Anwesenden palaverte er in Nuschelfranzösisch dies und das. Dann pfiff er durch die von Nikotin zerstörten Zähne und eine blonde Wuchtbrumme drehte sich nach ihm um. Sie parierte auf seine knappen Anweisungen, holte ihren Kleinwagen von der anderen Straßenseite und lud meinen Rucksack auf ihre Rücksitze. Ich fragte noch nach der Unterkunft, und wie ich am besten dahin komme, und wollte mein Bier bezahlen, aber der Hamburgfan hat alles für mich erledigt. St-Haon-le-Chatel zieht sich steil an einem Berg hinauf und hat sehr idyllische, alte Gassen mit einem Marktplatz auf einem hoch gelegenen Plateau. Dort ließ mich der blonde, fette Engel springen. Erst suchte ich Schatten, stellte meinen Rucksack ab, denn die Hitze des ganzen Tages und die 49 Kilometer habe ich schon gespürt. Weiter wollte ich auch gar nicht mehr gehen. In einem Souvenirladen fragte ich nach einer Unterkunft, und zum ersten Mal passierte es jetzt, dass ich wohl meine ›1000 Wörter französisch‹ zur Hand nehmen sollte. Kommunikation war gleich null. Und doch, nach etwa 20 Minuten, kam eine Frau hinter dem mächtigen Haus hervor, vor dem ich stand und wo der kleine Laden untergebracht war und winkte mich zu sich.

Sie war die Leiterin einer Jugendherberge, die jedoch völlig leer war. Ein ganzes Zimmer mit drei Stockbetten, einem großen Gemeinschaftsraum, mit kompletter Küche konnte ich nun bewirtschaften. Sie gab mir noch den Hinweis, dass ich in einem benachbarten Restaurant ein gutes, günstiges Pilgermenü bekommen könne. Den Rucksackinhalt habe ich schön ausgebreitet, die heutige Wäsche gewaschen und mich für das Restaurant fein gemacht. Dort fragte mich die Bedienung: »Peregrino?« Ich bejahte und wurde einmalig verwöhnt. Ein brauner Steinkrug mit kühlem Wasser wurde sofort serviert. Das Pilgermenü, bestehend aus Vor- und Hauptgericht war einsame Spitze. Es schmeckte hervorragend und ich war nach eineinhalb Stunden pappsatt. Aus der Weinkarte durfte ich mir ein Fläschchen vin blanc heraussuchen und nahm den Kressmann Savignon O,7 Liter für 18 Euro. Um 21:28:22 Uhr bezahlte ich per Kreditkarte, 13 Euro für Alles und steckte der netten, freundlichen Bedienung noch ein 2-Euro-Stück in die Schürze. Pilger haben es hier sehr gut. Danke und gute Nacht.

23. Tag – Mittagspause auf der Kirchentreppe von Charlieu

23. Tag – Schöne Kirchenfenster, schwierig zu fotografieren

24. Tag 13. Juni 2009

St-Haon-le-Chatel – Pommiers-en-Forez, 10.00-21.00 Uhr
41 km (total 965 km)

Mit Blumen in den heißen Tag

Im Kühlschrank der Herberge lagen Butter und Gsels, beim Bäcker kaufte ich ein knuspriges Brot. In einer Dose fand ich Kaffeepulver, jedoch kein Filterpapier. Erfinderisch legte ich das Blatt einer Küchenrolle und ein Tempo, schön gefaltet, in den Filter und es dauerte deshalb etwas länger, bis der Kaffee durch war, aber er schmeckte sehr gut. Ehe ich startete, musste ich noch einen kleinen, chirurgischen Eingriff an der kleinen Zehe machen. Die neue Haut ist gut nachgewachsen und der Nagel hing nur noch an zwei kleinen Hautfasern. Zwei kleine Schnitte mit dem desinfizierten Taschenmesser und ab war er. Außer der Bäckerei gab es auf dem Weg keine Einkaufsmöglichkeiten, dafür begleiteten mich im Dorf wunderschön mit Blumenschmuck versehene Häuser und Mauern. Sie stammten zum Großteil noch aus dem 14. und 15. Jahrhundert und das konnte man geradezu riechen. Bis zu meinem Zwischenziel in St-Jean-St-Maurice wanderte ich geradezu durch eine sanft geschwungene Bilderbuchlandschaft. In Renaison, gleich bei der Kirche, konnte ich meinen Tagesbedarf decken und kaufte 500 Gramm Nüsse für die Hosentasche, zweieinhalb Liter Wasser, dreißiger Sonnencreme, zwei elastische Binden zur Fixierung des linken Knies, eine Banane, eine Karotte, eine Nektarine, eine Orange, ein St. Noisett. (22,63 Euro, davon die Sonnencreme 13,27 Euro) In St-Andre-d´Apchon steht mitten auf dem Rondell des Kreisverkehrs eine Weinstatue in Granit gehauen und von herrlichen Blumenbeeten umsäumt. Ein echter Hingucker. In einem Dorf kurz vor Lentigny stoße ich auf einen größeren Bauernhof. Dort habe ich allen Mut gefasst, bin über den Zaun gestiegen, um den alten, gut erhaltenen Schlepper, Marke FARMALL Super zu fotografieren, der dort mitsamt eines Heurechens im Ernteeinsatz war. Mutig war mein Einstieg deshalb, weil üblicherweise hinter jedem Zaun ein wilder Hund auf Pilger lauert. Die Kerle sind oft so wild, dass ich es kaum wagte, sie zu fotografieren. Hier kam keiner, aber eine Frau rief mir von einem zirka hundert Meter entfernt stehenden Wohnhaus etwas zu. Ich vernahm es und setzte nach dem Ausstieg über den Stacheldrahtzaun meine Reise fort. Bei 30 bis 35 Grad begann der Teer auf der Straße zu schmelzen und wegzulaufen. Vorsicht, nicht hineintreten!

Der Weg führt nur zum Ziel, wenn man ihn geht.

In St-Jean-le-Puy fand ein großes Oldie-Straßenrennen statt und es startete fast jede bekannte, alte Automarke, zum Teil mit richtig alten Rennautos. Auch hier hätte ich ein paar Stunden unter den Zuschauern im Schatten großer Linden verweilen können. Jedoch der Weg führt nur zum Ziel, wenn man ihn geht. Und so ging ich weiter. Nach wenigen hundert Metern stieß ich unvermittelt auf die große Loireschleife mit der Mündung des Rau le Lourdon. Zwischen Steilhang der Loire und alten Teilen der früheren Stadtmauer führt ein Camino im gleißenden Sonnenlicht weiter in Richtung Süden. An diesem Samstag traf ich fast in jedem Dorf auf Menschenansammlungen, die mit schweren Stahlkugeln um die Wette warfen und dabei einer kleinen farbigen Kugel am Nächsten kommen mussten. Eine Art Freiluftkegeln mit Volkssportcharakter.
Wegen der unerbittlichen Sonne wählte ich am späten Nachmittag die schattige Straße, die parallel zum Camino im freien Feld verlief. Und plötzlich näherte sich mir von hinten ein VW-Wohn-Schlaf-Forschungsbus. Darin saß ein bekannter Arzt aus meiner Heimat und erzählte mir sein Vorhaben. Schon ganz Deutschland von der Ostsee bis hinüber nach Straßburg habe er den Jakobsweg gemacht, mit dem Fahrrad und jetzt bereite er sich auf den nächsten Streckenabschnitt bis Le Puy vor. Karten, Tabellen und Planunterlagen gehörten zu seinem Arbeitsmaterial, mit dem er per Auto die nächste Streckenplanung für seine Radetappe vorbereitete. Dass er für meine Planung nicht all zu viel Verständnis hatte, erklärt sich von selbst. Natürlich war es nett, in der eigenen Mundart über gemeinsame Ziele zu plaudern, aber ich hatte mit meinen heiß gelaufenen Füßen noch 15 Kilometer vor mir. Also galt es tschüss und

»adele« zu sagen. Gegen 21.00 Uhr erreichte ich Pommiers. Gleich am Ortseingang machten mich zwei Pilger auf den Campingplatz aufmerksam, wo sie bereits ihre Zelte aufgeschlagen hatten. Die beiden haben mich gleich wieder erkannt und sich gewundert, dass ich da sei. Schon am Vormittag hätten sie mich mit dem Rad passiert und niemals damit gerechnet, dass ich hier ankommen würde. Nochmals volle Kraft voraus und in wenigen Minuten konnte ich mich beim Verwaltungsehepaar vorstellen und um Übernachtung bitten. Gleich nebenan bot man mir für 10 Euro einen noblen Wohnwagen mit Vorzelt an, wo ich mich ausbreiten konnte. Schlafsack raus zum Lüften und das Nötigste waschen und aufhängen. In der Abendsonne boten mir die Verwalter an, mir noch ein Abendessen zurechtzumachen. So musste ich nicht mehr hinüber zum Restaurant, mit dem Risiko, dass ich zu spät kommen könnte. Ich wurde köstlich bewirtet und die Chefin vom Dienst fand auch noch eine Flasche kühlen Vin Blanc im Kühlschrank. Ein herrlicher Abend mit etwas lockerer Unterhaltung mit Fragmenten aller westeuropäischen Sprachen. Bevor ich es mir in dem großzügigen Bett gemütlich machte, stellte ich bei der Bein- und Fußpflege fest, dass kurz vor Erreichen des tausendsten Kilometers fast alle meine Wunden an den Füßen verheilt sind.

25. Tag 14. Juni 2009

Pommiers (10.00 Uhr) – Montbrison (18.00 Uhr)
37 km (total 1002)

Preiswert

Meine Gastgeber haben am Vorabend angeboten, am gemeinsamen Frühstück am Campingtisch teilzunehmen. Diesem Angebot kam ich gerne nach und es war nahezu ausufernd, was uns beiden Männern von dieser lieben und fleißigen Frau alles aufgetischt wurde. Ein manches Hotelbuffet hätte man dahinter verstecken können, und so dauerte die ganze Prozedur fast eine Stunde. Zwischendurch sind Enibas und Sined aufgekreuzt. Beide haben auch in einem Wohnwagen geschlafen und beginnen heute eine kleine Testetappe nach Le Puy. Er, ein so genannter Alpenfranzose aus Genf und sie eine Straßburgerin. Zwei nette, lustige Menschen, die sich gerne, wie schon so viele, meiner Tour angeschlossen hätten. Sie starteten kurz nach acht, ich habe sie jedoch auf dem Weg nach Le Puy in den folgenden drei Tagen nicht mehr gesehen. Bei meinem Abmarsch um zehn verlangte mir der Anlagenbetreiber für die Nutzung eines Wagens, für das Abendessen und das reichhaltige Frühstück nur 23 Euro. Ich habe dreißig bezahlt und er war mitsamt seiner Frau sehr glücklich und überaus zufrieden, wie ich auch. Auf dem Weg nach Bussy erreichte ich ein sehr ungleiches Paar. Wie sich alsbald herausstellte, war der 61jährige Papa mit seiner Tochter (24) auf dem Weg nach Montbrison. Er, ein lederhäutiger Cowboytyp, sie weißhäutig, rötlich, aber zielstrebig und willensstark. Nach einem kurzen Hallo habe ich beide überholt und in Bussy einen Stopp eingelegt, um am Sonntagvormittag in einer Bäckerei etwas Tagesverpflegung einzukaufen. Die beiden holten mich dann ein und wir machten ein paar Minuten gemeinsame Pause. Die junge Frau musste ihren aufkommenden Sonnenbrand pflegen. Wir tauschten noch unsere E-Mail-Adressen aus und unsere Wege trennten sich wieder. In Arthun warf ich einen Blick in die Dorfkirche und war über deren helle Marmorverklinkerung überrascht. Säulen, Wände, Altar und Kanzel erstrahlten in glänzendem Weiß.

Am Nachmittag erlebte ich in Ste-Agathe-la-Bouteresse einen französischen Trödelmarkt. Es war sehr heiß und die Besucher aus dem Dorf waren vielleicht schon wieder zuhause. Nur ein paar Sonntagsspaziergänger waren bei den aufgebauten Ständen und Tischen zu sehen. Ich nahm eine kurze Pause, zog an den Trödlern vorbei. Solange konnte ich meinen Rucksack bei einer benachbarten Bar deponieren, fand jedoch nichts, was ich nicht auf derartigen Veranstaltungen in der Heimat auch schon gesehen hätte. In Ruhe genehmigte ich mir noch einen Schluck Bier und wurde auf ein Herrentrio aufmerksam, das am Nebentisch ebenfalls dem Gerstensaft frönte. Woher? Wohin? Ein schneller, allgemeiner Bekanntmachungsritus und eine lustige Begegnung hatte ihren Anfang genommen. Ich nenne die Drei ganz einfach Trio Agathe (Hinrich, Herald, Kuno). Sie kommen aus dem Rheingau und sind mit zwei Autos unterwegs. Das Erste wird am Camino abgestellt und mit dem zweiten fahren die Drei eine Tagesetappe weiter. Von da aus gehen sie den Jakobsweg gegen den Strich und begegnen logischerweise einigen Pilgern mehr als ich. Man geht zum Auto eins, überspringt das Auto zwei und pilgert, natürlich ohne Gepäck wieder zurück. Soviel zunächst zu dem Trio Agathe. Immer noch lagen ein paar Kilometer bis zur Zwischenstation Montverdun vor mir und der Weg ruft. Au revoire, tschüss und ade, weg war ich. In kurzer Zeit hat sich der Himmel zugezogen und ich habe mit Waschung gerechnet. Aber nein, der Wind vertrieb die schwarzen Haufen vom Himmel und kurze Zeit später war mein ständiger Begleiter neben mir wieder deutlich sichtbar.
Montverdun war eindrucksvoll, mit mächtigen Bauten um die Kirche Notre-Dame, die das ganze Stadtbild prägt. Sonntägliche Ruhe herrschte auf den Straßen und ich zog weiter über Champdieu zum Zielort Montbrison. Dort hatten sich die Bonner schon in einer Gite de Hotel einquartiert und ich suchte beim Stadtdurchlauf nach Übernachtungsmöglichkeiten. Doch die Touristinformation war zu, das Grand Hotel ebenfalls und ganz am Ende der Straße leuchtete ein grelles Hotelschild. Drauf zu und: Gite de Hotel. Mal sehen, ob noch ein Zimmer zu haben ist? Lange musste ich an der Rezeption klingeln und siehe da, der Hotelier saß mit seiner Familie im Garten und machte Sonntag. Er checkte mich ein, ich machte meine

Wäsche und musste zurück in die Stadt, weil im Hotel das Restaurant geschlossen war. Also auf in die City, zur nächsten Pizzeria und siehe da – hier sitzt das Trio Agathe. Der Abend war gelaufen. Wir hatten uns so viel zu erzählen und mussten ob der vielen Erlebnisse endlos lachen. Um Halbelf musste ich jedoch los, um noch etwas über den lustigen Tag ins Buch zu bringen. Dann war es Zeit, Körper- und Augenpflege zu machen. Gute Nacht.

25. Tag – Montbrison erreicht – etwa 1/3 meiner Gesamtreise liegt hinter mir.

25. Tag – Kirche in Arthun

25. Tag

26. Tag 15. Juni 2009

Montbrison –Apinac – Cubelle, 10.00-21.45 Uhr
40 km

40 % Sonne, 20 % Wolken und dann 40 % Gießkanne

Nach dem gemeinsamen Frühstück mit dem Trio Agathe deponierte ich meine Ausrüstung (Rucksack und Stöcke) bei der Rezeption und marschierte in die Stadt. Ich habe mir eine Stunde Shopping vorgenommen. Bei der Touristinformation soll es einen schönen Pilgerstempel geben, den ich mir auch sichern wollte. Die Stadt war bereits voller Leben. Bäcker, Metzger, Obst- und Gemüseläden waren offen und gut frequentiert. Alle anderen Geschäfte, vor allem Schuh- und Textilläden, ja selbst die Apotheken öffnen erst um 15.00 Uhr. That´s Live, dachte ich, besorgte das Nötigste für den Tag und machte mich auf den Weg. Ich wollte so gerne wieder ein leichtes Schweißband für die Stirn und leichte Sandalen – bei dieser Hitze – für meine Füße haben. In einem kleinen Dorf haben Bauarbeiter gerade Teile eines alten Chorgestühls entsorgt und haben sich auf dem Bauhof mit einem Beichtstuhl beschäftigt. Ich fotografierte den rauchenden Arbeiter und musste dann auch zur Beichte einmal hinknien. Kurz darauf begegnete ich einem jungen französischen Pilger, der im Schatten der Kirche von St-Thomas-la-Garde gerade eine Zigarettenpause machte. Bei einem kurzen Plausch erzählt er mir, dass er seinen dritten Versuch starten wolle, da er die ersten beiden wegen extremer Blasen an den Füßen abbrechen musste. Und – gegenüber an einer Bar – sitzt das Trio Agathe beim Bier. Weiß der Kuckuck, wo die jetzt wieder herkommen. Leicht fühlte ich mich hingezogen, konnte jedoch rechtzeitig widerstehen, als ich an meine Tagesetappe dachte. Eine Pause war jetzt nicht drin.
800 Höhenmeter waren auf den beiden Planetappen zu bewältigen, wobei ich mir über den Verlauf des Tages noch nicht ganz im Klaren war. Die Berge und Hügel der beginnenden Auvergne boten erneut eine herrliche Fernsicht. So schön kann Frankreich sein. Neben manch ärmlich stillem Dorf treffe ich auch auf wunderschön gepflegte Kirchen und Kapellen in der Nähe des Pilgerpfades. Knochenhar-

te, steinige Pfade wechseln sich mit sanften Wiesen– und Waldwegen ab, sodass sich die Füße nach einem steilen Aufstieg auch wieder erholen konnten. Mein angeschlagener Stock begann unter der Last, die ich beim Aufsteigen übertrug, zu ächzen und ich merkte, dass er zunehmen instabil wurde. Bei einer Baustelle am Wegesrand waren Tischler beschäftigt und ich sah verschiedene Latten und Leisten bei der Baustelle herumliegen. Ich begab mich in den Neubau und fragte nach einer Aluleiste, mit der ich meinen Stock schienen möchte, um den vollständigen Bruch zu vermeiden. Alu, nein, bei den Holzleisten könne ich mich bedienen. So tat ich es und sägte mit meinem Taschenmesser ein passendes Stück von einer langen Vierkantstange ab. Diese befestigte ich am angebrochenen Stock mit einem vorhandenen, blauen Isolierklebeband. So marschierte ich zielstrebig über Marols Richtung Montarcher weiter und siehe da – zuerst vernahm ich Stimmen und schon kamen mir die drei vom Trio Agathe entgegen. Mit einem kurzen Hallo kreuzten wir die Wege, ich erreichte bald Montarcher, stoppte für eine Obstpause, inhalierte die herrliche Umgebung, hielt in der kühlen Kirche kurz inne und schoss noch ein paar Fotos. Dabei spürte ich die ersten Tropfen und sah, dass sich am Horizont etwas zusammenbraut, was nach Gewitter aussieht.

Frisch gewaschen und doch kein Bett

Schon seit einigen Kilometer fiel mir immer wieder eine neue, frisch geschnitzte Holztafel auf, die als Wegzeiger auf einen Campingplatz mit Restaurationsangebot hinwies. Das drohende Gewitter gab mir einen zusätzlichen Kraftschub. Ich wollte unbedingt trocken beim Campingplatz ankommen und aufgrund der guten Erfahrungen der letzten Tage dort Quartier beziehen. Mein Kalkül ging jedoch völlig daneben. Bald bestätigte sich auch der Eindruck, dass die Entfernungsangaben nicht schlüssig waren und immer wenn ich glaubte, der Zeit entsprechend bald am Ziel zu sein, kam wieder eine neue Entfernungsangabe, und nochmals drei Kilometer. So stieg ich, nachdem ich eine Landstraße überquert hatte, auf eine Anhöhe, auf der offensichtlich der Campingplatz liegt. Dort kam ich endlich um halb acht an. Zu diesem Zeitpunkt war ich über zwei volle Stunden einem

heftigen Regen ausgesetzt, der mich nahezu komplett durchgewaschen hatte. Wegen des noch warmen Wetters habe ich keine langen Hosen drüber gezogen und das Wasser lief mir direkt in die Schuhe. Diese füllten sich langsam aber sicher und bei jedem Schritt quietschten die patschnassen Schuhe und Socken. Aufpassen! In solchen Situationen ist die Blasenbildung besonders gefährlich.
Längst hätte ich mich umgezogen, wenn ich nicht immer wieder auf den Campingplatz gehofft hätte. Jetzt war ich da und alle Türen und Tore waren versperrt. Am Kassenhäuschen standen die Telefonnummern der Betreiber. Mit meinem Handy rief ich dort an und erreichte unter der zweiten Nummer eine Frau. Klar und sehr deutlich sprach ich in deutsch, englisch und norwegisch, mit leichter holländischer Einmischung, dass ich vor verschlossenen Türen am Campingplatz stehe und unbedingt hier übernachten möchte, außerdem sei ich klatschnass. In einem unverständlichen Palaver versuchte die Frau von der anderen Seite mich zu beruhigen. Letztlich haben wir beide aufgelegt und ich versuchte Zugang in die Wasch- und Toilettenanlage zu bekommen, was mir schließlich auch gelang. Kaum hatte ich meinen Oberkörper entblößt, hörte ich ein Auto heranfahren. Ich ging, wie ich war, hinaus und versuchte, mit der angereisten Dame zu verhandeln. Bald wurde es mir jedoch zu kühl und musste meine Jacke und den Anorak überziehen. Währenddessen füllte sie mir einen Coupon aus und kassierte 4,60 Euro. Ich gab fünf und bat darum, mir den Wagen, wo ich einquartieren konnte, zu zeigen. Sie bestand jedoch darauf, dass ich nur für ein Zelt bezahlt hätte, obwohl ich schon sehr deutlich gemacht hatte, dass ich überhaupt kein Zelt dabei hatte. Um die sehr angespannte Diskussion etwas zu entschärfen, ging sie mit mir zu einem Campingnachbarn, der aus dem Elsass stammte und deutsch sprach.
Doch alle Übersetzungskunst nützte nichts. Sie habe nur einen Zeltplatz für mich, lies sie verlauten und entschwand zunächst, um einem weiteren Platzgast das Tor zu öffnen und ihm einen Platz zuzuweisen. Und jetzt kommt der Hammer: Danach fuhr, wie ich durch den Elsässer erfuhr, die Frau des Bürgermeisters einfach weg, und lies mich mit meiner Quittung und den nassen Klamotten einfach im Regen stehen. Jetzt zog ich mich vollends um und nutzte dazu für 4,60 Euro die Sanitäreinrichtung. Die nassen Sachen steckte ich

in den Rucksack und versuchte nun rasch zum Dorf runterzukommen. Dort leuchteten mehrere Transparente von Bars und Pizzerias, aber alle waren zu. Selbst am Bahnhof war kein Betrieb, außer einem durchfahrenden Zug. Beim Studium des Fahrplans stellte ich fest, dass der letzte bereits weg ist. Also, hinaus in den Regen und weiter nach Apinac, dem nächsten Dorf. Hier waren zwei Gites geschlossen und niemand erreichbar. Letzte Rettung eine Gite rural und die Hoffnung stirbt zuletzt. Ohne zu wissen, wie weit ich zu gehen habe, folgte ich in Apinac dem Gite Rural-Schild. Kurz vor 22.00 Uhr erreichte ich einen Bauernhof wenige Meter abseits des Weges. Dort beschäftigte sich eine Frau auf der regengeschützten Veranda.

Die Taschenlampe Gottes

Ich ging hin und fragte nach der Gite rural. Ja, ich sei auf dem richtigen Weg, müsste jedoch noch über den kleinen Hügel da vorne und dann käme die Gite, gab mir die französische Bäuerin zu verstehen. Und jetzt ließ der Regen nach. Sicherheitshalber machte ich einen Körpercheck, um das Wohlbefinden der Füße und Beine, der Arme und des Rückens abzufragen, ob alles in Ordnung ist. Dieser Check fiel positiv aus und ich konnte im Notfall noch weiter gehen. Und plötzlich stachen ein paar gebündelte Sonnenstrahlen direkt durch ein kleines Wolkenloch auf das Dach des vor mir auftauchenden Hofes. Ich glaube, es war die Taschenlampe Gottes. Mit diesem Lichtstrahl wurde die Bäuerin nochmals aus dem Haus gelockt, um ihre Bettwäsche draußen aufzuhängen. Auf der anderen Seite des Weges befand sich ein großer Trockenplatz. Ich gesellte mich zu der Frau und begann sogleich, meine nassen Sachen aus dem Rucksack bei Ihr aufzuhängen, um damit zu demonstrieren, dass ich damit rechne, bei Ihr übernachten zu können. Sie deutete, dass dies wohl wenig Sinn machen würde, es könnte ja nochmals regnen. Sie hatte recht, die Nacht wurde nochmals nass. Im Untergeschoss ihres Hauses befand sich eine Waschküche, in die sie mich hineinkomplimentierte. Schon eine halbe Zusage, übernachten zu können? Sie musste jedoch erst ihren Mann fragen und kam mit zustimmender Gestik zurück. Gott sei Dank, sagte ich laut und folgte der Bäuerin eine Treppe hinauf ins Erdgeschoss.

In der Küche saß Marius Vigal, ein rustikaler Bauer, am Küchentisch und guckte Fern. Mme. Vigal griff in der Speisekammer mit dem Daumen, dem Zeige- und Ringfinger zwei Eier aus der Schale, zeigte sie mir, ich nickte und sie machte sich daran, diese in einer Pfanne zu backen und dabei zu zerschlagen. Ich setzte mich zum Bauer an den Tisch, nachdem ich meine nassen Sachen im Keller aufgehängt hatte. Brot und Butter wurden mir mit einem Korb auf den Tisch gestellt und ich konnte loslegen. Die Eier waren auch gleich fertig. Jetzt legte ich meinen Geldbeutel auf den Tisch und fragte nach einer Flasche vin blanc. Fragend schaute sie ihn an und er bewegte sich langsam Richtung Kellertür. Kurz darauf erschien er mit einer völlig eingestaubten alten Flasche Rotwein. Kaum, dass man das Etikett noch erkennen, geschweige denn, lesen konnte. Ich akzeptierte seine fragende Präsentation und bekam ein kleines Gläschen Rotwein eingegossen. Schwupp, weg war es. Am Rande des Tisches lag ein kleiner Wurstzipfel mit Naturdarm und einer kernigen Füllung. Hm, der würde wohl die etwas leichte Kost durchaus gut ergänzen, obwohl ich nicht der große Wurstesser war. Wie komm ich nur da dran. Erst stierte ich mit einem hungrigen Blick den Zipfel an, ohne damit etwas zu erreichen.
Doch, oh Wunder, das Glas wurde vom Bauern nochmals mit Wein gefüllt und mit meinem Finger zuerst auf den Wurstzipfel, dann auf mein Portmonee deutend, gab ich zu verstehen, dass ich natürlich extra für die Wurst bezahle. Jetzt hat es funktioniert. Mit einem würfelartigen Schwups ließ der Bauer den Wurstzipfel zu mir herüberkullern. Merci, merci, und schon genoss ich Brot mit Butter, Ei und Wurst. Das schmeckte so gut und in der Küche strahlte die Kochplatte ein bisschen Wärme aus, die mitten in einer Sommernacht seltsam gut tat. Mit Hochgenuss teilte ich die Reste auf dem Tisch so ein, dass alles ausreichte, bis der letzte Bissen Brot zerkaut war. Und dann hat mir Marius doch noch einmal eingeschenkt. Sobald jedoch Mme. den Teller abräumte, hat Marius die Flasche wie selbstverständlich in Sicherheit gebracht, wohl froh, dass für ihn noch was übrig blieb. Sie zeigte mir ein großes Appartement im Obergeschoss des Hauses, wo ich meinen Rucksackinhalt auf einem großen Tisch ausbreiten konnte. Und jetzt war ich wieder sehr glücklich und legte mich zufrieden in ein frisches, tolles Bett.

26. Tag – Ultreia – Immer weiter

26. Tag – Fernsehen in seiner schönsten Form

27. Tag 16. Juni 2009

Apinac – Cubell – Vorey-sur-Arzon, 9.30-20.30 Uhr
44 km

Auf dem MC Cormic durch die Talsohle

Zum Frühstück um 7.30 Uhr musste ich meinen Telefonwecker stellen, sicherheitshalber. Mit dem französischen Landstandard auf dem Tisch saßen die Vignals mit mir am Frühstückstisch. Aus einem übergroßen Hafen wurde heißer Kaffee geschlürft und die kleinen Brotschnitten mit Butter und Gsels schmeckten ganz gut dazu. Mme. Vignal tauchte das belegte Brot zwischendurch in den Kaffee, damit die Kruste wohl noch ein bisschen aufgeweicht wurde, oder damit das, was im Bauch sowieso zusammenkommt, bereits im Gaumen als bekömmliche Matsche zu schmecken war. Damit es nicht zum stillen Frühstück mutierte, versuchte immer wieder einer von uns Dreien etwas zum Besten zu geben. Von dem genuschelten Hinterwäldlerfranzösisch konnte ich überhaupt nichts verstehen und entsprechend fielen auch meine Antworten aus. Bevor ich mich zum Packen auf mein Zimmer begab, wollte ich noch wissen, wo auf meinem Kartenausschnitt der Standort des Hofes war. Nach eingehendem Studium schüttelte der Chef des Hauses nur den Kopf und deutete mir, dass wir uns deutlich außerhalb des Reiseführers befinden. Mit deutlicher Gestik und unverständlicher französischer Erklärung machte er mir klar, dass er mich irgendwohin begleiten wolle. Mit Mme. Vignal untersuchte ich Wäsche und Schuhe und wir stellten fest, dass alles noch nass war. Extra in Tüten verpackt, nahm ich die Nasswäsche mit, ein Paar Schuhe wurden mit Zeitungspapier und alten Lappen nochmals ausgerieben und ich konnte dann mit trockenen Socken reinschlüpfen. Das andere Paar band ich außen an den Rucksack, damit möglichst schnell die restliche Feuchtigkeit trocknete.
Während ich die letzten Sachen festzurrte, stellte Marius seinen alten Ackerschlepper fahrbereit vor das Haus. Jetzt begriff ich, was er mir beim Frühstück deutete; möglicherweise will er mich zum Camino bringen. Er bot mir den Sitz auf dem linken Kotflügel an und

fuhr mit mir los. Zunächst umfuhren wir seinen Hof mit anschließendem Hühner- und Kleintierstall, hinunter zu einem Bachlauf, über den eine alte Steinbrücke führte. Diese überquerte er mit seinem Schlepper und vor uns führte ein schmaler Pfad den Steilhang hinauf. Schon dachte ich, das wird aber extrem eng, diesen Weg zu befahren. Aber nein, schon hielt Marius an und deutete mir, dass ich »zwei« hinauf müsse und dann rechts. Was die mit Fingerzeig zum Ausdruck gebrachte zwei bedeuten sollte, weiß ich bis heute nicht. Also absteigen und zu Fuß weitergehen war seine Ansage. Ich bedankte mich sehr höflich für die 350 Meter gefahrenen Zubringer und stieg über einen sehr steilen Pfad etwa eine halbe Stunde bergauf. Es könnten womöglich zwei Kilometer gewesen sein, bis ich auf einen größeren Fahrweg stieß, dem ich dann in südlicher Richtung folgte.

Die Auvergne

Um die Mittagszeit erreichte ich nach anstrengendem Auf und Ab das Dorf Valprivas, dort konnte ich frisches Wasser tanken und meine feuchte Wäsche zum Trocknen über eine Bank hängen. Die Schuhe konnte ich wechseln und meine leichte Hose anziehen. In der Frühe startete ich mit langen Läuferhosen, die aber zu warm wurden. Nach einer kurzen Pause band ich die übrigen Kleidungsstücke an den Pilgerstab und setzte als wandelnde Wäschespinne meine Reise fort. So schön auch die Landschaft war, so hart und steil waren die Auf–und Abstiege am Fluss L´Andrable R. Gute 1000 Höhenmeter bescherte mir die Auvergne an diesem Tag. Belohnt wurde ich von der Landschaft, vom Himmel mit gutem Pilgerwetter und von eindrucksvollen, alten Baudenkmälern am Rande des Weges. Blumen und zeitweise weiche Wiesenwege machten mich fröhlich. Ich war zudem sicher, dass ich morgen auf alle Fälle Le Puy erreichen werde. Jetzt galt es jedoch zuerst, das erste Etappenziel Retournac zu schaffen und dann wollte ich nochmals 20 Kilometer drauflegen. Nachdem ich die Höhen und Tiefen um den L´Ance R. überwunden hatte, ging es zügig voran Richtung Retournac, wo ich um 17.00 Uhr bei der Touristinformation drei nette

Damen angetroffen habe. Hier stellte sich auch schnell heraus, dass ich bis zum nächsten Etappenziel durchmarschieren müsse, da vorher so gut wie keine Unterkunft zu finden sei. Sie kümmerten sich sehr engagiert um eine Unterkunft in Vorey-sur-Azorn und buchten mir ein Zimmer in einem Zwei-Sterne-Hotel.
Schnell durchschritt ich die Klöppelspitzen – Hochburg Retournac. Kurz vor der Loire-Brücke begegneten mir zwei deutsche Pilger auf der Suche nach einer Unterkunft. Ich erzählte von meiner Buchung im nächsten Etappenziel und löste damit Verwunderung aus. Sie: »Moin Mann tut sich halt schwer, weche em Schnaufe.« Er: »Sie konn halt net recht laafe.« Beide, mit großem Rucksack und persönlichem Übergewicht unterwegs, kamen aus dem Rheinland und waren auf einer Teiletappe unterwegs. Leider konnte ich nur mit dem Hinweis auf die servicebewussten Damen bei der Touristinformation weiterhelfen und musste dann meine Tour fortsetzen. Francoise und Melanie vom Tourismusbüro empfahlen mir beim Abstempeln meines Ausweises, dem Tal der Loire zu folgen. Dieser Weg sei sehr gut ausgebaut, teilweise etwas an der Straße und auch etwas näher. Wenn ich fleißig marschiere, würde ich so ankommen, dass die Küche noch ein Abendessen serviert. Die Karte bestätigte dies und gleich nach der Loirebrücke bog ich rechts ab Richtung Vorey-sur-Arzon. Im Loiretal traf ich zunächst auf Chamalieres-sur-Loire, wo ich einen kurzen Abstecher in die City und in die alte, aus dem 12.Jahrhundert stammende Klosteranlage machte. Ein Pilgerfenster hat es mir angetan. Ich hielt es mit der Kamera fest und wurde sogleich an den vor mir liegenden Weg erinnert. Auf guten Wegen entlang der Loire schaffte ich es tatsächlich, das Ortsschild von Vorey, direkt am städtischen Friedhof, am Ortseingang, um 20.30 Uhr zu erreichen.
Etwa in der Stadtmitte fand ich das Hotel Restaurant Logis de France, wo ich bereits angemeldet war. Gleich konnte ich mein Zimmer beziehen, die nötige Wäsche erledigen und mich zum Abendessen ins Restaurant begeben. Nach der etwas verkürzten Strecke habe ich nach 44 Kilometern doch einen guten Ausgangspunkt für meine Reise am nächsten Morgen nach Le Puy erreicht. Ich war sehr gespannt, was mich morgen wohl erwartet. Nach etwas mehr als 1000 Kilometern und 27 Tagesreisen habe ich etwa ein Drittel

des Weges zum Kap am Ende der Welt hinter mir. Ich war müde, hungrig, aber gesund und zufrieden. Kurz nach 21.00 Uhr meldete ich mich, wie üblich, zuhause bei meiner Frau am Telefon. In der Nacht hörte ich durch das offene Fenster das Rauschen der Loire und schlief bei frischer kühler Nachtluft tief und fest.

27. Tag

28. Tag 17. Juni 2009

Vorey-sur-Azorn – Le Puy-en-Velay, 10.00-18.00 Uhr
26 km

36 Grad und Sonne ohne Ende.

Im Logis de France genoss ich das Frühstücksbuffet und war sicher, dass ich heute mein Ziel in Ruhe und gelassen anpacken konnte. Le Puy hat eine seltsame Erwartung in mir geweckt, die ich jedoch nicht beschreiben kann. Vielleicht entstand im Laufe des Tages eine Hochspannung, die ich jedoch selbst nicht sonderlich bemerkte. Ich wollte einfach nur gut ankommen. Unterwegs hat mich die Landschaft der Auvergne beschäftigt. Sie war nach jedem Hügel oder jeder Wegbiegung stets für eine Überraschung gut. Gleich nach Vorey habe ich die Route verloren. Vermutlich hat sich in den letzten Tagen eine gewisse Gleichgültigkeit bei mir eingestellt und ich wurde unaufmerksam. Sobald die Sonne scheint, hat man die Qualen und Umstände der letzten Tage wieder vergessen. Heute begann der Tag mit knapp 30 Grad Hitze. Mit Wasser war ich gut versorgt und marschierte voll Optimismus, ohne Bedenken zu haben, prompt in die falsche Richtung. Als ich jedoch an einem Dorf vorbeikam, das auf meinem Kartenausschnitt nicht mehr vorhanden war, schrillten die Alarmglocken. Irgendwo zwischen Mont Courant und St.-Vincent traf ich wieder auf den Jakobsweg und konnte dann zügig dem Camino folgen. Es gab zwar einige Höhenmeter zu bewältigen, aber danach führten die Wege über sanfte Hügel mit grandiosen Fernsichten hinüber zur oder entlang der Loire in fruchtbare Mulden und Talauen.

Uralte Gemäuer, aufwendig gebaute Viadukte und eindrucksvolle Gräber auf monumentalen Friedhöfen ließen die Reise sehr kurzweilig erscheinen. Und so verging der Tag schneller als geplant. Der Burgfried von Polignac ragte zuerst wie ein wuchtiges Monster gen Himmel. Je näher ich kam, umso eindrucksvoller stand der mächtige Turm der Burganlage thronend über dem Städtchen. Kurz nach 15.00 Uhr war ich am Stadtrand angekommen, als sich über dem Turm eine Gewitterwolke von ungeheurer Masse und

Wucht zusammenzog. Es war schwül und bei knapp 40 Grad Hitze wurde jeder kleine Aufstieg zur Prüfung. Gut, heute hatte ich Zeit und konnte etwas kürzere Schritte gehen. In Polignac angekommen, überlegte ich, ob ich den Turm besteigen solle. In Anbetracht der Hitze ersparte ich mir jedoch den sicherlich einmaligen Ausblick über die Auvergne und nahm nach einer kleinen Erfrischungspause die letzten Kilometer in Angriff. Die Wolke behielt ihre Wassermassen für sich und sorgte eine Weile für etwas Schatten. Sehr angenehm! Kaum hatte ich den kleinen Hügel westlich von Cheyrac erklommen, breitet sich unter mir das Tal der Loire aus und die mächtigen Vulkanfelsen von Le Puy. Im Vordergrund hoch über einem schroffen Felsen steht die Kirche St-Michel. Schon beim Anblick dieses Bauwerks schießen mir die Gedanken über die Entstehungsgeschichte der Kirche in den Kopf. Entweder wurde das Baumaterial an Seilen hochgezogen oder ein Heer von Fronarbeitern muss jahrelang Steine über schmale Treppen auf diese Vulkanspitze geschleppt haben. Im Hintergrund auf einem bewaldeten Felsen steht die mächtige Statue Notre-Dame-de-France. Unterhalb dieses Monuments entdecke ich kurz darauf die wuchtigen Bauwerke der Kathedrale von Le Puy. Der GR 65, identisch mit dem Chemin Saint Jacques, führt mich über eine steile Siedlungsstraße hinunter in das Tal. Dort überquere ich das Flüsschen Borne auf einer uralten Bogenbrücke und komme der Altstadt immer näher. Schmale Straßen und Gassen führen hinein in die hügelige Altstadt. Über den mit unterschiedlichen Pastellfarben bemalten Geschäftshäusern ragt die imposante Westfassade der Kathedrale mit ihrer Kuppel dem Turm und mehreren Zierfassaden hoch in den Himmel.
Ganze Heerscharen von Touristen begegnen mir auf ihrem Rückweg zum Busparkplatz. Ich suchte den Weg zur Kathedrale und gelang zunächst über die niedrigen Eselstreppen, dann über eine steile Treppe, immer höher hinauf zu dem großen Portal. Vor dem weiteren Aufstieg erfrischte ich mich nochmals mit einem kräftigen Schluck aus meiner Wasserflasche. Gerade ergab sich die Gelegenheit, ein Touristenpärchen anzusprechen, mich mit meiner Kamera zu fotografieren. Schließlich bin ich gerade an einer wichtigen Zwischenstation meiner langen Reise angekommen. Ich bezog Position auf der Treppe, die Sonne im Rücken, dann knipste mich der Tourist ein paar Mal.

Tränen und Einkehr

In dem Moment, als ich mich zum Fotografieren umdrehte und die Stadt unter mir liegen sah, hat mich ein eigenartiges, fast schauriges Gefühl ergriffen. Mir lief es kalt über den Rücken, obwohl es auf der Treppe im direkten Sonnenlicht sehr heiß war. Wortlos nahm ich meine Kamera wieder an mich und bedankte mich kopfnickend. In diesem Moment hätte ich vor lauter Ergriffenheit kein Wort herausgebracht und ich war sehr froh, jetzt ganz alleine auf der Treppe zu sein. Ich hängte meine Kamera wieder um den Hals, schluchzte, als wollte ich stark sein und die ersten Tränen unterdrücken, holte dann tief Luft, aber es half nichts. Ich brach jetzt, völlig unkontrolliert, in Tränen aus. Langsam aber sicher stieg ich die letzten Treppen bis hinauf zum Portal und dann über ein kleines Podest weiter hinein in das große Hauptschiff der Kathedrale. Die paar Leute um mich waren mir völlig egal. Meinen Rucksack und die Stöcke lehnte ich in die nächstbeste Ecke, begab mich nach vorne zum Altar, verneigte mich mit einem Stoßgebet, setzte mich dann in eine Bank und wollte nur noch alleine sein. Die Tränen versickerten langsam und ich fühlte eine so tiefe Entspannung, dass mir erst ganz langsam klar wurde, dass ich während der Reise einen gewissen, unbewussten Druck in mir aufgebaut hatte. Hier und heute habe ich den Inhalt des Wortes Glückseligkeit erlebt und verstanden. Ich fühlte mich selig, in dieser eindrucksvollen Kathedrale angekommen zu sein und war glücklich, dass ich dieses bedeutende Zwischenziel meiner Reise gesund und munter, nach 1112 Kilometern, am 28. Tag erreicht habe.

Der Altar wird von der goldbekrönten, schwarzen Madonna im weißgoldenen Gewand bestimmt. Aus dem Gewand schaut, auf Höhe des Bauches, ein ebenfalls schwarzes Gesicht mit goldener Krone. Ohne darüber gelesen zu haben, vermute ich, dass es sich um eine seltsame Darstellung der Mutter Gottes mit dem Jesuskind handelt. Es war nicht die Madonna, die mich besonders faszinierte. Eine eher sakrale, mystische Stimmung, mit sehr ruhigen Pilgern, die sich mit und ohne Gepäck in dem großen Kathedralschiff aufhielten, unterstrich diesen Eindruck. Langsam wurde ich wieder ganz normal, fühlte mich wieder mit beiden Beinen auf dem steinernen Kirchenboden, sah nach meinen Utensilien und genoss noch ein wenig die Kühle der Kathedrale. Durch das Portal öffnete sich ein traumhafter Blick über die Stadt und das Velay, der Vulkansenke, in der Le Puy schon über tausend Jahre als Mittelpunkt für Pilger und Kreuzritter angesiedelt ist.

Grand Seminar und der Versuch Sandalen zu kaufen.

In der Stadtmitte fand ich die Touristinformation, wo ich mich zuerst nach einer Unterkunft erkundigte. Kategorisch wurden die Pilger von den netten Damen an das Grand Seminar Accuell Saint Georges verwiesen. Dieses befand sich hinter der Kathedrale und ich durfte erneut den Berg hochsteigen. Unterwegs dahin gönnte ich mir ein kühles Bier und erkundigte mich nach einem Internetcafé. Mit ›Le Puy erreicht‹, berichtete ich per Email an die Stadtverwaltung in meiner Heimat.
Obwohl man mir versprach, mich beim Grand Seminar vorzubuchen, stand ich dort vor einer verschlossenen, uneinsehbaren Stahltür. Am Torpfosten war ein Meldesystem angebracht, wo man sich mit einer Zahlenkombination Einlass verschaffen konnte. Woher jedoch die Zahl nehmen. Hilflos dribbelte ich hin und her, bis die Geschäftsfrau einer benachbarten, kleinen Spitzenboutique auf mich aufmerksam wurde. Sie kam zu mir, drückte ein paar Zahlen und schon meldete sich jemand. Der Türöffner rasselte und ich konnte eintreten. Auf dem Weg zum Gebäude begegnete mir Mariele aus Köln, die bereits hier Quertier bezogen hatte. Sie war sehr freundlich und zeigte mir, wie, wo, was im Grand Seminar funktioniert. Sie machte mich dann mit einer Schwester in der Verwaltung bekannt, besorgte mir einen Schlüssel für ein Zimmer und erklärte mir die Zahlenkombination. Jetzt konnte ich einen der vielen Räume beziehen, wo eine ganze Menge Stockbetten herumstanden. Bis zu 250 Personen fasst diese Einrichtung, aber heute war außer mir und Mariele niemand da. Keiner weiß warum! Waschen, Akkus laden, Schlafsack aufhängen und die Hausarbeit waren getan. Frisch geduscht begab ich mich erneut zur Touristinformation. Hier in Le Puy wollte ich meine Reise nach Lourdes festlegen und mir die not-

wendigen Unterlagen besorgen. Leider Fehlanzeige, Lourdes steht nicht auf dem üblichen Pilgerangebot und Wanderkarten sind in Frankreich so gut wie nicht zu haben. Auf meine Frage, wo man Treckingsandalen erwerben könne, nannte man mir einige Geschäfte. Doch auch hier Fehlanzeige. Jetzt plagt mich der Hunger und ich suchte nach einer Pizzeria. Nach einem kühlen Bier (2,50 €) bekam ich eine große Portion Taglia Carbonara (9,70 €), dazu ein Fläschchen Rosé Cotes Du Ventoux, Réserve selectionee pour, halbtrocken (9,90 € und sehr gut). Zum Schluss noch einen doppelten Espresso und während des Essens trank ich auch noch einen Liter Wasser (0,00 €). Lucile und Cindy, die beiden Bedienungen, waren über meinen großen Hunger schon etwas verwundert. Sehr freundlich verwöhnten Sie mich auf Nachfrage mit zwei kleinen Schokotäfelchen zum Espresso. Erik, der Chef des Hauses, hat mir sogar sein Telefon ausgeliehen, um pünktlich um 21.00 Uhr, oder kurz danach, ein Lebenszeichen nach Hause zu melden.

Über das kurze, knappe, Hallo zuhause hat sich meine Frau sehr gefreut. Meine gelöste Stimmung nach dem zweiten Glas Wein blieb ihr jedoch nicht verborgen und sie fragte mich, ob ich bei einer Weinprobe säße. Ich bejahte und versprach, bald in meine Unterkunft zu gehen. Beim Aufbruch zur Herberge begegnet mir ein Deutschtürke, sagt: »Guten Abend, wie geht´s?«

»Danke gut, Dir auch?« Er: »Du bist Deutscher?«

»Ja, woran hast Du´s erkannt?«

»Deine Haare und so!«

»Servus!« ›Zuhause‹ angekommen, erstrahlte direkt vor meinem Fenster der hell erleuchtete Turm der Kathedrale. Ein paar Bilder von dieser ›Erleuchtung‹ musste ich noch schießen und fiel dann glücklich und zufrieden in meinen Schlafsack. Ein anstrengender, aber besonders eindrucksvoller Tag geht zu Ende.

28. Tag – Die Stadt unter mir – die Kathedrale über mir – 1112 km hinter mir – und plötzlich kamen mir die Tränen – Jetzt kenne ich die Glückseeligkeit.

28. Tag – Kathedrale in Le Puy. Altar mit der schwarzen Madonna

28. Tag – Blick aus der Kathedrale, hinunter auf Le Puy

28. Tag – Der mächtige Burgfried von Polignac

28. Tag – starkes Stück

29. Tag, 18. Juni 2009

Le Puy (13.00 Uhr) – Monistrol D´Allier (20.00 Uhr)
31 km

Post nach Hause – Neue Sandalen

Täglich um 7.00 Uhr findet in der Kathedrale in Le Puy ein Pilgergottesdienst mit anschließender Aussendung statt. Die Messe wurde von einem ganz in grün gekleideten Pastor gehalten. Zum Abschluss fragte er der Reihe nach, woher die etwa 50 Pilger alle kommen. Die meisten waren Franzosen, Deutsche waren gut vertreten und der Rest kam aus der Schweiz, Österreich, Belgien und Kanada. Es waren kaum Langzeit- oder Fernpilger. Die meisten sind auf kürzeren Etappen unterwegs. Viele der Anwesenden starten in Le Puy und gehen bis zur spanischen Grenze, ohne den Umweg über Lourdes zu machen. In meiner Unterkunft habe ich am Morgen noch ein Sonnenplätzchen für meine Wäsche gesucht. Sie war noch nicht ganz trocken und ich kehre nach der Messe nochmals zum Frühstück zurück. Die meisten Pilger starteten gleich nach der Messe. Ich wollte auf alle Fälle in Le Puy mein Schuhwerk aktualisieren und ein Paar Treckingsandalen beschaffen. Ab 9.00 Uhr öffneten die ersten Geschäfte und ich suchte nach allen möglichen Schuhläden. Vom Sportgeschäft bis zum Discounter habe ich alles durchgestiert und nichts Gescheites gefunden. Schließlich besuchte ich nochmals die netten Damen bei der Touristinformation. Nachdem ich berichtete, dass ich im Zentrum keine passenden Sandalen gefunden habe, empfahl mir eine der Frauen den Sportgroßmarkt Decathlon. Man zeigte mir anhand eines Stadtplans den Standort in einem großen Gewerbegebiet und gab mir Auskunft über eine Buslinie, die dort hinführt. Die Richtung war fast entgegen meiner Route und ich fuhr mit dem Bus dorthin. Rucksack und übrige Ausrüstung habe ich mitgenommen, um eventuell auf einem Umweg wieder auf die Route zu stoßen.
Ein Paar Sandalen Columbia Trail für 39,90 Euro, ein Schweißband für 6,90 Euro und zwei Paar dünne Socken waren die technische Ausbeute meiner Einkaufstour. Und da ich nun schon beim Spezia-

listen war, kaufte ich für etwa 25 Euro verschiedene Sportler-Riegel zum einfachen Verzehr unterwegs. Sie bestanden nicht aus Schokolade und so konnte ich sie mehrere Tage mit mir führen. Nach dem erfolgreichen Einkauf studierte ich meinen Stadtplan und stellte fest, dass es am Besten ist, wieder in die Stadt zurückzufahren, um von dort aus meine Pilgerreise fortzusetzen. Denkste, der nächste Bus fährt erst um 12.15 Uhr. Bis dahin müsste ich zu Fuß schon weiter sein. Zudem wollte ich meine hohen Wanderschuhe noch zur Post bringen und nach Hause senden. Kurz vor zwölf erreichte ich dann das Hauptpostamt und konnte ein großes Colissimo Standardpaket mit vier Kilogramm abfertigen. Inhalt: meine abgelatschten Meindlschuhe, die ich ob ihrer Enge schon ganz schön mit meinem Messer malträtiert hatte, damit meine Füße überhaupt noch reingepasst haben. Mein erstes Tagebuch, Karten, eingesammelte Belege und Notizen packte ich mit ein und erleichterte so meinen Rucksack sehr wesentlich.

Harter Einstieg in die Via Podiensis

So bezeichnet man den Weg von Le Puy (lt. Podium) Richtung Süden nach St.-Jean-Pied-de-Port an der spanischen Grenze. Auch ich werde in den nächsten Tagen dieser Route folgen, um dann direkt in südlicher Richtung nach Lourdes abzuzweigen. Wie die Pilger in den früheren Jahrhunderten wollte ich so viele Pilger- und Wallfahrtsstätten besuchen wie nur möglich.
Für heute habe ich kein Ziel festgelegt, um den notwendigen Spielraum für den Einkauf zu haben. Jetzt aber wurde es doch wieder sehr ernst. In den nächsten drei bis vier Stunden erwarten mich knapp 600 Höhenmeter, bis ich die höchste Erhebung auf über 1200 Meter erreichen werde. Doch meine neuen Sandalen wirkten Wunder. Trotz einiger Schauer konnte ich den ganzen Tag mit der neuen Bereifung gehen. Im Übrigen war es wechselhaft von heiß bis kühl. Die Landschaft bot reizvolle Fernblicke und der GR 65 überraschte immer wieder mit interessanten Skulpturen, besonderen Wegzeichen und eindrucksvollen Baudenkmälern. Gegen 18.00 Uhr erreichte ich das im Wanderführer geplante Etappenziel in Saint-

Privat-d´Allier. Doch die sieben Kilometer bis Monistrol müsste ich wohl noch schaffen. Nach einem leichten Anstieg nach Rochegude auf 967 Meter ging es zügig und zuletzt steil hinunter nach Monistrol d´Allier auf 619 Meter. Ja, es war dann doch noch etwas anstrengender als ich es mir dachte. Die 31 Etappenkilometer habe ich in sieben Stunden geschafft und fühlte mich auch so. Trotzdem war mir das erste Hotelangebot mit 50,00 Euro zu teuer und ich ging weiter durch die Stadt über die Allierbrücke und entdeckte ein weiteres Hotel mit einer angeschlossenen Pilgerherberge. Hier konnte man sich für das Hotel oder die Herberge Le Repos du Pélerin entscheiden. Übernachtung, Abendessen und Frühstück für 28,20 Euro waren ein gutes Angebot.

Überraschung Nummer eins: Mariele von gestern war schon da und ich sollte mir in dem gemischten Zimmer ein Bett aussuchen. Außer den beiden Stockbetten, die jeweils unten belegt waren, stand an der Tür noch ein Einzelbett. Dieses habe ich gewählt und meinen Rucksack dort abgestellt. Außer Mariele war noch ein hagerer Franzose in diesem Zimmer untergebracht. Im nächsten Zimmer hat sich eine Französin einquartiert. Alle saßen um einen großen Esstisch und unterhielten sich recht heiter in französisch. Irise, die Mutter der Herberge, hüpfte etwas ungeduldig hin und her und warb auf diese Weise um sofortige Barzahlung für Essen und Schlafen. Sobald ich dies kapierte, zückte ich meinen Geldbeutel. Zuvor hatte sie mir noch ein kleines Krügle Rotwein vom ganz allgemeinen an meinen Platz gestellt, den ich mit einem gefühlvollen Schluck kostete. »Vin Blanc?« war meine Frage, aber ich erntete nur Kopfschütteln. »One more please?« war meine Zweite und sie nickte. Ich bezahlte 30 Euro und sie war zufrieden. Dann brachte sie eine ovale Schale mit Zellophan abgedeckt und einem undefinierbaren Inhalt. Sie deutete mir, dieses Gefäß im nebenan stehenden Mikrowellenherd zu erwärmen. Darauf hin muss ich ein wenig blöd geglotzt haben. Sie griff nach der Schale, entfernte die Folie zum Teil, stellte sie in den Mikro und stellte diesen ein. Damit war mir schon geholfen.

Nach wenigen Minuten kredenzte sie mir den ›Braten‹ und ich erlebte meine zweite Überraschung: Auf einem Gemisch von Linsen und etwas Anderem lag eine sehr große unanständige Wurst. Halb

gebogen, dick und prall glänzend machte sie mich an. Also, bestellt hätte ich mir das so präsentierte Essen nicht, aber, dachte ich, für einen Pilger wohl in Ordnung. Vorsichtig stach ich das wulstige Teil an und merkte zu meiner positiven Überraschung, dass der Inhalt fest war. Ich häufelte ein Gemisch aus Linsenpampe und Wurst auf meine Gabel und kostete kritisch, danach spülte ich mit einem Schluck Rouge nach und war mit dem Geschmacksergebnis sehr zufrieden. So ging es Gabelladung um Gabelladung weiter und schon war die Schüssel leer. Und am nächsten Morgen stellte ich fest, dass ich diese Pilgermischung sehr gut vertragen habe.
Die übrigen Pilger verdünnisierten sich auf die Straße. Mein Zimmermitbewohner suchte seine Walking-Stöcke, die er etwa einen Kilometer weiter oben an einem Straßenschild abgestellt hatte, um ein Foto zu machen und lies sie stehen. Mariele war bei meiner Ankunft und Bettwahl in das Nachbarzimmer umgezogen, sodass wir geschlechtsgetrennt waren. Warum, habe ich nicht nachgefragt. Ich saß, noch schreibend, mit meinem Tagebuch am Esstisch und schlürfte das zusätzlich servierte Krügle Rouge, als die Spazierpilger zurückkamen und sich um kurz vor zehn in die beiden Gemächer verabschiedeten. Ich schrieb meine Tagesnotizen zu Ende, sichtete die Fotos, räumte mein Bett frei und kroch in meinen Schlafsack, den ich schon vorher zurechtgelegt hatte. Obwohl die Nacht etwas unruhig begann, weil offensichtlich noch weitere Pilger im Nebenhaus und über uns untergebracht waren, schlief ich selig, dem Vin Rouge sei Dank, bis morgens um Fünfe.

30. Tag 19. Juni 2009

Monistrol d´Allier – St-Alban-sur-Limagnole, 8.15-18.00 Uhr
46 km (Total1.214)

Reger Pilgerbetrieb

Um fünf Uhr entstand im ganzen Gebäude eine pilgertypische Unruhe. Die Einen benutzten die Toilette, die Anderen packten ihre Rucksäcke und erzeugten einen entsprechenden Lärmpegel. Ein bisschen könnte ich noch vor mich hindösen, war aber froh, dass ich mich für 6.45 Uhr zum Frühstück begeben konnte. Brot, Butter, etwas Marmelade und ein mittelmäßiger Kaffee sorgten für eine positive Aufbruchstimmung. Meinen Tagesrhythmus wollte ich jedoch auch heute nicht mit Gewalt ändern und lies die übrigen Mitbewohner gerne ziehen. Mariele war die Erste. Fünf Minuten später startete ihre Zimmergenossin und dann mein Schlafgenosse. Eine gute halbe Stunde brauchte ich noch, um meine Sachen zu packen und mein Tagesziel Saint-Alban zu verinnerlichen. Für heute habe ich mir wieder eine Mordsstrecke vorgenommen, um für den Umweg über Lourdes einen kleinen Zeitpuffer zu schaffen. Die Strecke las sich so: 13 Kilometer bis Saugues als Etappenziel Nummer eins und dann noch 33 Kilometer nach St. Alban. Und gleich warten die ersten 500 Höhenmeter auf mich. Nach einem kurzen Einkauf in einem kleinen Gemischtwarenladen stieg ich um 8.20 Uhr ›in die Eisen‹. Ein kühler Morgen war mir gerade recht, um die erste Bergstrecke anzugehen. Genial empfand ich die Sandalen, musste jedoch immer mal wieder die Klettverschlüsse etwas korrigieren, um keine Scheuerstellen zu bekommen. Mit viel Wasser im Gepäck erreichte ich schon nach 45 Minuten meine erste Mitbewohnerin, sie war etwas übergewichtig und saß zu einer ersten Rast ziemlich fertig im Gras. Der erste Aufstieg dauerte etwas über eine Stunde und mancher Pilger bekam hier seine Grenzen gezeigt. Langsam stiegen zwei Frauen vor mir den Berg hinauf, die eine hatte ihre Stöcke, die man beim Steigen sehr gut gebrauchen, kann auf den Rucksack gebunden, die andere trug einen übervollen Rucksack mit sich und trug in der einen Hand eine Plastiktüte, eine Zweite

hatte sie am Tragriemen befestigt. Auf diese Weise kann man sich das Pilgerleben selber schwer machen, denn alles, was baumelt, wirkt doppelt schwer.
Schweren Schrittes geht ein älterer Mann vor mir. In der einen Hand den Stock tragend, in der anderen Hand eine Wasserflasche haltend. Er kommt aus Einsiedeln in der Schweiz. 50 Meter weiter vorne geht eine junge Frau aus Rain am Lech, die mit dem Schweizer, vermutlich seit Le Puy, unterwegs ist, und hat noch zehn Tage gemeinsame Pilgerreise mit ihm vor sich. Zwischendurch lohnt es sich auch einmal inne zu halten und einen Blick zurück in das Tal des Allier zu werfen. Großartig! Die nächste Gruppe, vier zum Teil gewichtige Frauen, drei davon Französinnen und eine Wienerin. Sie gehen mal zusammen, mal getrennt. Ein kleiner Smalltalk und weiter geht die Reise. Die gut ausgebauten Wege ermöglichen mir ein hohes Tempo. Vorbei an alten, baufälligen Hof- und Siedlungsstellen erreiche ich über die Höhen von Le Vernet die Hügel vor Saugues. Wundervolle Holzskulpturen – eine davon dient als natürlicher Bilderrahmen – und echte Bildhauerkunst machen auf sich aufmerksam und laden zum Fotografieren ein. In Saugues ist Markt. Die ganze Stadt steht voller Buden. Dazwischen tummeln sich eine ganze Reihe Pilger. Ich treffe wieder auf Terg aus Fürstings. Er ist seit Anfang Mai unterwegs und kommt über die Route Rothenburg/Tauber, Rottenburg am Neckar, Konstanz, Genf, Le Puy und möchte, wie ich, über die Küstenroute nach Santiago pilgern. Wir haben uns zum ersten Mal bei der Pilgermesse in Le Puy gesehen, aber nicht weiter kommuniziert. Er war heute auch schon früh gestartet und hat nun bei einer Weinprobe an einem Marktstand eine Mittagspause eingelegt und sich noch ein Zigarillo angesteckt.
Mit etwas frischem Obst habe ich meine Reise fortgesetzt, wohl wissend, dass noch 33 Kilometer vor mir liegen. »Sehen wir uns noch?«
»Kommt auf deinen Takt an.«
»30 Kilometer oder so, oder 25.« Na, dann wird es wohl nichts mehr mit Treffen, denke ich bei mir und Buon Camino. In den Talauen von Saugues steht ein in Holz geschnitzter Pilger und zeigt mit dem rechten Arm die Richtung an, wo der Pilgerpfad weitergeht.

Um die Statue herum ist ein hübsches, liebevoll gepflegtes Blumenbeet angelegt. Am nächsten Aufstieg treffe ich auf eine fünfköpfige Pilgergruppe. Es sind Franzosen und sie sind von Le Puy nach Pamplona unterwegs. Mit allen konnte ich ein wenig quatschen und – au revoir. Im Laufe des Nachmittags traf ich noch auf mehrere kleinere Gruppen, die ich nur mit kurzem Gruß passierte. Als ich jedoch auf eine französische Clique traf, bestehend aus sieben Frauen und fünf Männern, konnte ich nicht einfach vorbeipilgern. Irgendwie verständigten wir uns und hatten 15 Minuten echten Spaß, bis wir uns mit gegenseitigem Fotoshooting verabschieden mussten. Die Landschaft auf über 1200 Meter Meereshöhe hatte traumhafte Pflanzen und blühende Landschaften parat, die man so nur zu Fuß erleben kann. Ich genoss die Natur und lebte von den fantastischen Eindrücken und so verging dieser Tag mit 46 Kilometer Höchstleistung fast wie im Fluge. Leider kam ich etwas zu spät in St. Alban an und konnte keinen Pilgerstempel mehr ergattern, weil sich die Leiterin der Touristinformation schlicht weigerte, ihr Büro nochmals aufzuschließen. An diesem Freitag war zugegebenermaßen viel los in der Stadt und es wimmelte von Touristen und Konzertbesuchern. Ich suchte mir eine Unterkunft und checkte im Hotel de France ein. Duschen, waschen und vor allem Bein- und Fußpflege waren angesagt. Schließlich bin ich den ganzen Tag in offenen Sandalen unterwegs gewesen und das haben meine Füße anstandslos mitgemacht. Den Pilgerfüßen sei Dank!

30. Tag – Blick durch eine Holzskulptur

30. Tag – aus einem Baumstamm herausgearbeitete Skulptur

30. Tag – 1 Gruppe franz. Pilger auf der Etappe nach Pamplona

30. Tag

31. Tag, 20. Juni 2009

St-Alban-sur-Limagnole – Nasbinals (Marathonstadt), 10.00-18.30 Uhr
43 km

Eine andere Welt – Das Bergland von Aubrac

Beim Frühstück habe ich mir die bevorstehenden Etappen im Tourenbuch von Dumont angesehen. Ich musste entscheiden, was ich mir zutraute, zumal die Beschreibung etwas anspruchsvoll klang. Ich forderte mich und entschied Etappe eins bis Aumont-Aubrac, mit 15 Kilometern müsste bis zirka 13.00 Uhr zu schaffen sein und dann Etappe zwei bis Nasbinals mit 28 Kilometern bis zum späten Abend ebenso. Zuerst habe ich meinen Rucksack mit Wasservorrat ausgestattet und alle Seitentaschen mit nützlichen Schleck-und Leckereien gefüllt, als da waren Erdnüsse, Mars, Frucht und Kaubonbons, eine Orange und eine Banane. Diese Kalorien müssten reichen und ich kann sie im Gehen zu mir nehmen. Alle zwei bis drei Stunden mischte ich mir einen Sportlerdrink in meiner kleinen Flasche, den ich schluckweise trank und damit meine Muskulatur säurefrei und leistungsfähig halten konnte.

Starker Gewichtsverlust

Durch die hohe Kilometerleistung habe ich etwas an Substanz verloren, was sich jedoch nur dadurch bemerkbar machte, dass ich den Gürtel enger schnallen musste. Von 82 Kilogramm Startgewicht bin ich zwischenzeitlich bei 73 Kilogramm angekommen. Und langsam musste ich für mehr Energiezufuhr sorgen. Aber das war gar nicht so einfach. Längere Mittagspausen wollte ich vermeiden, weil mir das Aufstehen und wieder in Gang kommen erheblich schwerer fällt als wenn ich mich immer fortbewege. Das Gewicht auf dem Rücken hat bei langen Tagestouren oft die Schulterknochen etwas gereizt, ich kam aber ohne zusätzliche Polster zurecht. Mithilfe der Tragegurtverstellung habe ich immer wieder die Position des Rucksackes etwas verändert, was zu unterschiedlichen Druckstellen führte. Probleme sind zum Lösen da. Beim Überqueren der ersten Aubrac-Hügel stieß ich auf eine Kinder- und Jugendgruppe mit einigen Betreuern. Sie kommen aus Dijon und sind auf einer Wochenendetappe unterwegs. Sie waren natürlich erstaunt, als ich ihnen erzählte, dass ich seit einem Monat unterwegs bin und schon viele Kilometer hinter mich gebracht habe. Den ganzen Tag bewegte ich mich auf einer Höhe zwischen 950 und 1250 Metern. Anfangs war die Sonne noch richtig warm. Ab Mittag wehte jedoch ein giftiger, kalter Westwind von vorne schräg rechts. Nur selten führte der Weg durch bewaldete Zonen, sodass ich stets diesem Wind ausgesetzt war. Erstmals musste ich meine Augen mit Tropfen schützen, damit sie sich nicht entzünden. Um die Mittagszeit begegneten mir zwei Franzosen, die offensichtlich in Gegenrichtung unterwegs waren. Und siehe da, ein sehr seltsames Gefährt kommt mir entgegen. Das musste ich fotografieren und Lione blieb auch bereitwillig und fotogen stehen. Sie hatte einen zweirädrigen Wagen mit langen Deichseln ausgestattet und diese an ihrem Gürtel befestigt. Auf einer Unmenge von Gepäck saß ihr kleiner Schoßhund und blinzelte in die Sonne. Sie war auf einer Teiletappe nach Le Puy unterwegs. Riesige Findlinge inmitten großer Weideflächen geben der Umgebung einen besonderen Reiz. Sehr gemütlich kauen die Aubrac-Rinder das würzige, mit vielen Kräutern durchmischte Gras.

Um 18.00 Uhr erreichte ich Montgros, wo eine große Pilgerherberge ganz in der Nähe des Weges für sich warb. Ich war jedoch gut zu Fuß und war sicher, bis in einer guten Stunde auch in Nasbinals zu sein. Dort angekommen, erfüllte ein riesiger Trubel die kleine Stadt. Mit Transparenten wurde auf den bevorstehenden Marathonlauf hingewiesen. Und jetzt, wo übernachten? An einem zentralen Veranstaltungsort in der Stadtmitte, wo sich alle Sportler am Samstagabend zum go together einfanden, treffe ich auf die Chefin der Touristinformation. Nach längerem Hin und Her, einigen Telefonaten und viel Diskussion, zeigte sie mir, mit englisch untermalt, ein Haus in etwa 200 Metern Entfernung. Dort würde ich erwartet, solle mich aber möglichst sofort melden. Gesagt, getan, schnurstracks ging ich zu dem Haus und meldete mich in einem provisorischen Büro. Die junge Dame begleitete mich zu einem großen Gymnastiksaal und deutete auf einen Stapel von dünnen Sportmatten und gab mir zu verstehen, dass dies mein Bett sei. Gut dachte ich, auf den fünf Matten lässt es sich gut ruhen. Bis ich jedoch meine Utensilien verstaut hatte, war plötzlich nur noch eine Matte da, und die anderen waren schon an den unterschiedlichsten Ecken der Halle platziert. Mir blieb nicht anderes übrig, als auch einen Liegeplatz zu bestimmen und mich dort häuslich einzurichten. Ohne Rucksack streifte ich dann durch das Städtchen und bemerkte, dass Bäcker und Metzger noch offen hatten. Dort kaufte ich dann mein Abendessen und gleich etwas zum Frühstück ein. In einem Gemeinschaftsraum waren genügend Tische zur Verfügung und das notwendige Geschirr und Besteck konnte man sich in einer kleinen Küche besorgen. Mit Wurst, Käse und einem herzhaften Bauernbrot, dazu einem Vin d´Agathe vom Cótes Du Luberon, klang der Tag recht unterhaltsam zwischen den vielen Sportlern aus.

31. Tag – Begenung am Wochenende: Ausflug einer Familie mit Kind und Kegel

31. Tag – Mühsam – »Hausmann« pflückt Küchenkräuter

31. Tag – riesige Findlinge mitten in der Lanschaft. Dieser wurde zur Herkunftsbestimmung aufgebrochen.

32. Tag, 21. Juni 2009

Nasbinals –Espalion, 9.59-18.30
39 km

Aua, die Matte tat weh!

Unruhig und von dauernden Störenfrieden genervt, wollte die Nacht im Gymnastiksaal auf einer fünf Zentimeter dicken Matte nicht vergehen. Erst kurz vor eins wurde es im Saal ruhig, als die letzten Marathonis in ihre Schlafsäcke geschlüpft waren. Vielleicht hätte ich mir doch am Abend noch ein Gläschen Wein verabreichen sollen. Im Nebenraum des Schlafsaals wurde kurz vor vier Uhr morgens die Meldestelle geöffnet. Die Teilnehmer des Hauptlaufs, der um 7.00 Uhr beginnt, bekamen hier ihre Startnummern. Kaum war ich wieder zur Ruhe gekommen, klingelten die ersten Wecker und Telefone der Läufer, die um 6.00 Uhr die Startvorbereitungen treffen mussten. Hinzu kam, dass ich am ganzen Körper die bockelharte Matte spürte und nur in Seitenlage halbwegs entspannt liegen konnte. Durch den zwischenzeitlich erheblichen Gewichtsverlust drückten meine Knochen an Schulter, Hüfte, Knie und Knöchel direkt auf die viel zu harte Unterlage. Um sieben schaute ich zum ersten Mal aus dem Fenster und es fröstelte mich. Schon der pure Anblick der Außenwelt lies nur auf ›kalt‹ schließen. Schnell kroch ich nochmals in meinen Schlafsack und schlief noch eine Stunde. Mein erster, noch halb verschlafener Blick in die Runde der Halle, machte mich doch dann schnell munter. Genau gegenüber auf der anderen Hallenseite machte sich eine sportliche junge Frau fit für den Tag. Ihren Schlaf-BH hatte sie gerade beiseitegelegt und zwängte sich nun in einen für Marathonis üblichen Sport-BH und dieser saß auch bald hauteng. Sie saß im Schneidersitz, mir den Rücken zukehrend und vollzog mit einigen Verrenkungen diesen ›Umzug‹. Sie ahnte wohl nicht, dass ich ein bisschen unter meinen Lidern hervorblinzelte, denn ohne jede Scheu warf sie sich in die etwas wärmere Läuferkleidung und verlies sogleich die Halle.
Meine Schlafutensilien trug ich heute als Unterwäsche und zog gleich zum Frühstück meine warme Mikrofaserjacke über, um ja

nicht auszukühlen. Mein selbst gemachtes Frühstück war doch recht ungewöhnlich. Die Butter hatte ich am Vorabend verdrückt und die vier kleinen Babybellkäse musste ich auf vier große Scheiben Brot verteilen, eine sehr trockene Angelegenheit und Wasser bei dem kühlen Wetter, nein. Kaffee gab's keinen, weder zu tauschen noch zu kaufen. Um die trockene Zubereitung etwas zu verdünnen, kombinierte ich das Käsebrot mit einer Banane und aß dazu mein letztes Jogurt von gestern Abend. Zum Schluss als Nachtisch schälte ich noch eine Orange. Brot und Schokoriegel konnte ich in Anbetracht des kühlen Wetters im Rucksack verstauen und machte mich so kurz nach 9.00 Uhr auf den Weg. Das Städtchen wimmelte von Läufern. Einige Pilger waren auch unterwegs und so begegnete mir der Zimmerkamerad von kürzlich, der heute schon zwölf Kilometer hinter sich hatte. Ein kurzes ›Hallo‹ und ›Buon Camino‹. Nach kurzer Orientierung fand ich den Routenverlauf und machte mich aus dem Staub. Schließlich hatte ich mir für heute erneut eine Doppeletappe vorgenommen. Bei kräftigem Wind von vorne rechts und einer Temperatur von etwa acht Grad musste ich schon richtig auf Touren gehen, um warm zu bleiben. Meine nackten Waden umstrich ein kalter Wind. Heute bewegte ich mich auf einer Höhe von 1200 bis gute 1300 Meter über dem Meeresspiegel, bis ich den Aubracpass überqueren konnte. Es war ein kalter, ungemütlicher Vormittag, den ich durch erhöhtes Tempo erträglich machen konnte. Doch, den sandalenverwöhnten Füssen wurde es in den Schuhen zu eng und ich musste bei nächster Gelegenheit ›Reifenwechsel‹ machen.

Nach einer weiteren Stunde durch das bizarre, kalte Hochland entdeckte ich eine Steinbank, auf der ich verweilen konnte. Alle Pilger, die ich zwischenzeitlich eingeholt hatte, waren mit langen, warmen Hosen und hoch zugeknöpften Anoraks oder Treckinganzügen unterwegs. So auch Petra aus Deutschland und eine Gruppe Etappenpilger, die von Le Puy nach Pied–de-Port unterwegs sind. Einen kurzen Stopp legte ich noch ein, als ich die Kirche von St-Chely-D´Aubrac erreichte, trug mich ins Gästebuch ein, versorgte mich mit etwas Obst und Schokoriegel und nahm die restlichen 22 Kilometer bis Espalion in Angriff. Gegen 14.30 Uhr fühlte ich den Übergang in eine neue fast schon südlich anmutende Welt. Das Aubrac liegt hinter mir, die Sonne scheint, die Glieder werden wärmer und wärmer und ich konnte in meiner gewohnten Ausrüstung mit T-Shirt und leichter Hose in die Region des Flusses Lot langsam aber sicher hinabsteigen. Dieser Fluss wird mich noch eine Weile begleiten. Rechtzeitig zum Nachmittagskaffee erreichte ich am Rand des Weges ein altes Backhaus. Im Vorraum stand zwischen zwei Bänken ein Tisch mit frischem Kaffee, Tee und kleinen Naschereien. Für eine faire Spende konnten sich hier die Pilger bedienen und eine Ruhepause einlegen. Gegenüber wohnt die Bäuerin, die für diesen Service zuständig ist. Herzlichen Dank und Buon Camino.

Espalion am Lot

Zunehmend wurde es wärmer, die Wege waren gut, die Umgebung roch wieder nach reifer Natur, was man auf den kalten Höhen des Aubrac nicht genießen konnte. Heu, Kräuter und Wald im Sonnenlicht empfinde ich auf dieser Reise viel intensiver, als wenn ich zuhause durch unsere Flure wandere oder walke. Vielleicht sind auch die Geruchs- und Geschmacksnerven durch den erheblich gesteigerten Stoffwechsel des Körpers zu neuer Empfindlichkeit entwickelt worden. In der Ferne erkenne ich den wellenförmigen Verlauf des Lot. Dieser Fluss entspringt weiter im Osten und mündet bei Aiguillon in den Canal du Midi. Mich wird der Fluss die nächsten Tage bis Cahors begleiten und mir so manchen Höhenmeter bescheren. Für heute ist nur der Abstieg hinunter nach Espalion geplant und bald erreiche ich den alten Stadtkern mit dem Hotel de Ville. Diese Bezeichnung hat mich zu Beginn meiner Reise mächtig irritiert. Sie bedeutet, frei übersetzt, Stadthotel. Dahinter verbirgt sich jedoch das Rathaus. Ob sich Zusammenhänge zu den Bediensteten und deren Schaffenskraft herstellen lassen, konnte ich nicht prüfen. Auf der gegenüberliegenden Seite der Straße traf ich dann auf das Hotel de France, welches mit zwei Sternen gekennzeichnet war. Für mich völlig ausreichend, wenn ich denn ein Zimmer bekomme. Eine freundliche Dame begrüßte mich und offerierte mir Ihre Preise. Flugs zog ich meinen vorbereiteten Pilgerausweis aus meiner Bauchtasche und fragte nach Sonderangebot. Nach einigen

Minuten taktischem Zögern gab sie mir ein ordentliches Zimmer für 35 Euro. Gleich nebenan fand ich einen Pizzabäcker, der üblicherweise nur außer Haus liefert. Auf Anfrage stellte mir sein Mitarbeiter einen Tisch und einen Stuhl auf den Gehweg und bediente mich hier königlich. Eine Flasche guten Weißwein, der nicht auf der Speisekarte stand, kramte er irgendwo hinter einer Theke hervor und servierte. Alles war ein wenig schmuddelig, aber die Pizza und der Wein schmeckten ausgezeichnet. So konnte ich eine Doppeletappe mit 39 Kilometern, trotz schlechter Nacht und dünner Matte, doch noch erfolgreich beenden.

32. Tag – Getränkeservice in einem Backhaus am Wegesrand

33. Tag 22. Juni 2009

Espalion (9.50 Uhr) – Conques (19.15)
49 km (total 1345 km)

Nach einem gemütlichen Frühstück und ein paar kleinen Besorgungen in der Stadt war ich für die Doppeletappe nach Conques gut gerüstet. Zwei Beutel gesalzene Erdnüsse, Obst, kleine Energieriegel, eine Karotte, etwas Käse, Brot und mit drei Liter Wasser im Rucksack war ich gut gerüstet. Das Wetter war wie gewünscht. Die Sonne, mit wechselnder Bewölkung und einer leichten Briese, verwöhnte mich am Vormittag. Bei der Brücke über den Lot traf ich auf den Franzosen, der vor wenigen Tagen mit mir das Zimmer teilte, als Mariele auszog. Er war heute schon zwölf Kilometer gegangen und wollte morgen Conques erreichen, um von dort aus mit dem Zug nach Hause zu fahren. Zwei Passantinnen versuchten abwechselnd, uns beide auf die Kamera zu bannen, was nach dem dritten Versuch auch gelang und wir beide wieder getrennt weitermarschierten. Mehrere Pilger waren im Städtchen unterwegs und machten sich auf, das Tal des Lot zu verlassen. Gleich waren die ersten 120 Höhenmeter angesagt, die sich im Laufe des Tages noch mit weiteren 350 Höhenmetern addierten. Ich fühlte mich richtig gut und konnte die Umgebung, geprägt von einer etwas mediterran anmutenden Landschaft, in vollen, tiefen Atemzügen genießen. Burgen und Ruinen thronten über den fruchtbaren Talauen und vermittelten so eine wirklich neue Welt.

Zwei Polen, ein Spatz, Libellen

Auf gut gepflegten Pilgerpfaden, die hauptsächlich dem GR 65 folgten, begegnet mir zuerst ein junges polnisches Pärchen, mit denen ich mich eine ganze Weile in deutsch und englisch unterhalten konnte. Sie träumen auch von einer langen Pilgerreise, müssen sich jedoch vorläufig mit einigen Etappen zufriedengeben, da zuhause die Arbeit auf sie wartet. Ein paar Erinnerungsfotos werden noch geschossen und wir gehen getrennt weiter. Dann sehe ich mitten

auf der Straße einen kleinen Spatz, der womöglich eine Bruchlandung gemacht hat und nicht so richtig vom Fleck kommt. Ein leises Gezwitscher hört sich an wie der Ruf nach seiner Mutter, aber die ist weit und breit nicht zu sehen. Ich animierte ihn, sich etwas zur Seite zu bewegen, um nicht überfahren zu werden und musste ihn dann doch seinem Schicksal überlassen. Dann durchquerte ich ein Waldstück mit nahezu mannshohem Farn und am Waldrand schwirrten unversehens eine größere Anzahl Libellen herum. Mit etwas Geduld glückten mir einige Aufnahmen.
Kurz vor Estaing durchstreifte ich ein ausgestorbenes Dorf, an dessen Ende eine kleine, baufällige Kirche stand. Schon die alte, verwitterte Natursteintreppe hinauf zu einem ebenso verwitterten Portal, zeugen von purer Armut. Schade. Ich betrat das etwas muffig riechende, kühle Kirchlein und stand, völlig überrascht, vor einem bemalten Altarraum. Seitlich davor war ein Tisch mit Muscheln aufgebaut. Diese waren mit Teelichtern bestückt, manche waren schon abgebrannt, ein Rosenkranz lag in Herzform daneben. All das hat wohl seine Bedeutung. Über eine halbe Stunde habe ich mir viele Details in diesem barocken Kleinod angesehen, um dann gut abgekühlt und erholt meine Pilgerreise fortzusetzen. Draußen war es sehr heiß. Bald taucht vor mir Estaing auf. Eine große, offensichtlich noch sehr gut erhaltene Burg ragt über die Dächer der Kleinstadt. Sie steht wie eine Festung inmitten des Tales des Lot und dahinter erheben sich die grünen Hügel der Umgebung. Auf einer uralten Straße verlasse ich das Tal schnellen Schrittes.

Golinhac – Espeyrac – Conques

Um 16.00 Uhr erreiche ich nach 28 Kilometern Golinhac, wenige Kilometer abseits des Lot. Hier würden die Etappenpilger nach einer Unterkunft suchen und am nächsten Tag weiterziehen. Für mich war das Tagesziel noch nicht erreicht. Weitere 21 Kilometer bis Conques sind an diesem angenehmen, trockenen Abend noch zu schaffen. Beim Gang durch die Dorfmitte verweile ich kurz bei der Kirche, die neben der Stille immer eine willkommene Abkühlung bietet. Ein kurzer Eintrag im Besucherbuch musste sein, da ich einige Pilger grüßen wollte, die ich passiert habe, und die wohl in den nächsten Tagen auch hier vorbeischauen werden. Von Golinhac (655 m) konnte ich mit langen, raumgreifenden Schritten auf sehr guten Wegen Espeyrac (369 m) erreichen. Jetzt folgte der Jakobsweg auf ein paar Kilometern der Landstraße D 42, die jedoch nur spärlich befahren war und so kein Problem mit dem Straßenverkehr bedeutete. Bis Senergues waren nochmals 200 Höhenmeter zu bewältigen. Der große Vorteil dieser Hügel war, dass von oben immer eine wunderschöne Fernsicht auf eine Traumlandschaft vorhanden war, und ein gutes Wanderwetter auch für eine herrliche Aussicht sorgte. Bis St-Marcel bewegte ich mich auf diesen Höhenzügen. Und nun begann ein kerniger Abstieg hinunter nach Conques (270 m). Schon im Reiseführer wurde diese Passage als anspruchsvoll bezeichnet und in der Tat, Geröll in allen Variationen bildete den Wegebelag. Vermutlich ist dieser Weg bei Regen gleichzeitig ein Bachbett. Zwischenzeitlich habe ich auf meiner dreiundreißigtägigen Reise auch gelernt, bergab einen unterstützenden Stockeinsatz zu praktizieren.

Bei jedem Schritt vorwärts, abwärts muss zuerst der Stock sitzen, sodass man mit den Unterarmen das Körpergewicht teilweise abfangen und damit die Belastung auf Ferse, Knie und Hüfte reduzieren kann. Das funktioniert jetzt so gut, dass ich selbst in steilen Passagen größere Schritte machen kann. Pilger im Abstieg waren sehr erstaunt, mit welchem Dauertempo ich die abschüssigen Wege gehe. Ein guter Blick für den Untergrund und der zielsichere Einsatz der Walking-Stöcke ist unabdingbare Voraussetzung. Will man sich dann der Fernsicht widmen, muss man anhalten. Um etwa 20.00 Uhr habe ich Conques fast erreicht und war gespannt, was mich hier erwartet. Die Stadt, wie in den Fels gemeißelt, beeindruckt durch Ihr gut erhaltenes, mittelalterliches Erscheinungsbild. Die Straßen und Gassen, alle mit Naturstein gepflastert, führen zwischen ebenso alten, lieblich mit Pflanzen und Blumen dekorierten Häusern vorbei. Für den Pilger ein wahrer Traum, für die Bewohner im Alltag eine ständige Herausforderung. Um das Kloster und die Kathedrale ranken sich zahlreiche Geschichten, die ein eigenes Buch füllen würden. Etwas Einmaliges habe ich erlebt, als ich die Kathedrale eintrat. Kaum hatte ich in Ehrfurcht und Dankbarkeit für die gesunde Ankunft nach 49 Kilometern im Innern verharrt, kam schon ein junger Mönch auf mich zu, begrüßte mich sehr freundlich auf deutsch und kümmerte sich um mich, als ob ich ein angemeldeter Gast sei.

Bohneneintopf, Wasser und ein Stockbett.

Er war äußerst beeindruckt, als ich meine Tagesetappe schilderte, und sorgte umgehend dafür, dass ich direkt dem Herbergsvater der benachbarten Pilgerherberge vorgestellt würde. Der kam nach einem kurzen Telefonat schon gleich auf mich zu und ich hatte überhaupt keine Gelegenheit, darüber nachzudenken, ob ich überhaupt in der Herberge einkehren wolle. Das haben die beiden für selbstverständlich angenommen. Nun ja, warum auch nicht. Der Herbergsvater bat mich in sein Büro, füllte einen Zettel aus und kassierte: Dortoir (irgendetwas mit schlafen) 9,- €, petit-dejeuner (etwas mit Essen) 5,- €, total 14,- €. Ich wollte 20,- € geben, hat er aber nicht genommen. Wir haben uns bei 15,- € geeinigt. Sofort organisierte er in der bereits geschlossenen Küche etwas zu Essen. Ein Wurstteller mit Tomaten, Salz, Pfeffer und viel Brot stillte schon mal den ersten Hunger. Dazu wurde ein großer Pott voller Wasser gereicht. Trinkt man hier nur Wasser, dachte ich bei mir, war jedoch zu genant, diese Frage laut zu formulieren. Wie gut hätte doch ein kühles Bierchen dieses Abendmahl unterstrichen. Eine Schale Obst wurde gereicht, und als ich die Mischwurstscheibe weggeputzt hatte, brachte mir eine Küchenmamsell einen großen Teller mit einem braunen, dampfenden Stampf.
Bei näherem Hinsehen entpuppte sich dieser als Bohneneintopf. War nicht schlecht und der immer noch hungrige Bauch tat ein Übriges. Er sog alles Essbare in sich hinein. Wenn es etwas zu dick wurde, musste der Krug Wasser herhalten und am Ende habe ich es tatsächlich geschafft, zu dem Eintopf auch den Krug leerzutrinken. Kaum hatte ich ausgegessen, war auch schon abräumen angesagt. In dem Moment kam auch ein Mann meines Alters auf mich zu und sprach mit mir in bestem Deutsch. Helmut, ein Hospitant, setzte sich zu mir und wollte bestätigt haben, dass ich heute tatsächlich

zwei Etappen gegangen bin. Dies hätte sich schon herumgesprochen unter den Brüdern, die hier Dienst tun. So entwickelte sich ein unterhaltsames Gespräch und ich erfuhr eine Menge über die Hospitaleros, die, von überall her, während der Pilgerhochzeit vierzehntägige Einsätze in verschiedenen Herbergen ableisten. Und schließlich gab er mir noch einige Tipps mit auf den Weg, die für mich jedoch nur von untergeordneter Bedeutung waren, da ich bald nach dieser Etappe, die Via Podiensis verließ, um nach Lourdes abzuzweigen. Anschließend wird er, Helmut, von seinen Mitbrüdern und dem jungen Mönch, der mich so nett empfangen hat, verabschiedet, da er am nächsten Tag die Heimreise antritt. Und während wir uns verabschiedeten, wurden auch schon die ersten Einkaufstüten herbeigebracht und siehe da: Hier gibt es sogar Ramazotti. Mit ein paar Stielaugen nahm ich wahr, wie hier Abschied gefeiert wird. Der Herbergsvater entfernte mich als stillen Beobachter heimlich und leise, indem er mich zu den Schlafgemächern bat.

Eine fast schlaflose Nacht

Drei von sechs Stockbetten waren jeweils oben noch frei. Ich entschied mich für das separat Stehende, in der Hoffnung, dass die zwei Meter Abstand etwas mehr Ruhe bringen als in der Reihe. Ich machte mich soweit schlaffertig, sodass ich später nur noch in den Schlafsack kriechen muss. Dann erkundigte ich noch ein wenig die Umgebung, in der Hoffnung, vielleicht doch noch eine offene Bar zu finden, wo ich einen kleinen Schlaftrunk zu mir nehmen konnte. Die Mitbewohner waren alle unterwegs und von einer ›Licht-aus-Zeit‹ war nicht die Rede. Nach zwei Gläsern Wein und einer Tasse Kaffee ging ich schlafen. Nur ein Bett war bereits belegt. Beim Hochsteigen über eine fünfsprossige Leiter hat das ganze Stockbett geknarzt. Das kann ja heiter werden, fuhr es mir durch den Kopf und es wurde heiter. Bis etwa ein Uhr dauerte es, bis alle Zimmergenossen da waren und ich spürte durch die Matratze hindurch jede Holzleiste, die mein Bett durchzog. Meine Fettpolster sind weitgehend abgeschmolzen und meine Knochen mögen keine Druckstellen. Na dann, gute Nacht.

33. Tag – Hier in Espalion beginnt der Süden

33. Tag – Der Herbergsvater im Kloster zu Conques notiert mich im Pilgertagebuch

34. Tag, -23. Juni 2009

Conques – Figeac, 9.00-19.00 Uhr
49 km

Wie in Herbergen üblich, wird schon um 7.00 Uhr das Frühstück serviert. Die meisten Pilger kommen schon fertig gepackt in den Saal. Nein, das ist nicht meine Zeit. Ich war froh, nach einer sehr unruhigen Nacht nochmals von halb sechs bis um sieben richtig tief geschlafen zu haben. Der Speisesaal war nahezu voll besetzt und Helmut hat offensichtlich einigen Pilgern erzählt, dass ich spät noch angekommen sei und zwei Etappen bewältigt hätte. Die Aufmerksamkeit mir gegenüber war jedenfalls sehr groß und man musterte mich von Kopf bis Fuß. Ja an meinen Waden, die inzwischen knackig braun und sehr muskulös ausgeprägt waren, hat sich manches Augenpaar festgezurrt. Manche wollten sogar Nahaufnahmen davon machen. Das Frühstück war einfach, aber ausreichend. Brot, Marmelade, etwas Butter und ein wenig Käse mundeten und zum Nachtisch einen Apfel! Man konnte sich auch für die ›Fahrt‹ etwas mitnehmen. Zwischen 40 und 50 Personen waren etwa zur gleichen Zeit beim Frühstück. Ich konnte ein paar Menschen besonders wahrnehmen, aber zu mehr hatte ich auch keine Lust. Viel zu laut war mir der Rummel in diesem Saal und es war ein undefinierbares Gemurmel, eine Mischung von mehreren Sprachen und die meisten davon verstand ich sowieso nicht.
Als einer der späteren startete ich eine erneute Doppeletappe um 9.00 Uhr. Zunächst ging es über die Natursteinpflaster steil hinab zum Fluss. Die kleine Stadt zeigte sich im morgendlichen Sonnenlicht von ihrer schönsten Seite.

Schweißtreibender Aufstieg

Jenseits der Brücke, die über den Dourdou führt, beginnt dann ein herzhafter Aufstieg. Meine griffigen Sandalen haben mir auf diesem Reiseabschnitt sehr gute Dienste erwiesen. Eine blühende Heidelandschaft mit lilavioletten Blüten erstreckte sich entlang des

steinigen Weges. Nach knapp einer Stunde war ich nass geschwitzt und musste mein Schweißtuch, das ich um die Stirn trug, zum ersten Mal an meinem Pilgerstab zum Trocknen aufhängen. Vor mir tauchten Sylvia und Francoise aus Straßburg auf, die ich beim Frühstück gesehen hatte und die vom Bergsteigen schon einmal genug hatten. Ein kleines Päuschen mit einem Schluck Wasser tut allen gut und mit einem Buon Camino verabschiedete ich mich. Eine viertel Stunde später erreichte ich eine Einzelpilgerin, die gemächlich ihres Weges zog. Agleh aus Brechterdingen hat sich zum wiederholten Mal auf mehreren Etappen Richtung Santiago vorgearbeitet. Mit abwechselnden Panoramabildern über die sonnenverwöhnte Landschaft hatte ich genügend Ablenkung und konnte mit zügigem Wanderschritt und kräftigem Stockeinsatz bald die Handels- und Gewerbemetropole Decazeville erreichen. Hier treffe ich unerwartet auf eine Umgebung, die ein völlig anderes Bild, ja sogar eine Gegensätzlichkeit zu Conques, abgibt. In der Kirche haben mich zwei modern verglaste Fenster fasziniert und selbst mit meiner kleinen Digicam ist es gelungen, diese Faszination einzufangen.
Moderne Villen mit großen Gärten zeugen von wohlhabenden Besitzern. Und im Tal erkennt man dazu die passenden Gewerbebetriebe und auf der gegenüberliegenden Talseite auch Plattenbauten, die vermutlich für die nicht ganz so betuchten Arbeiter gedacht sind. Die Stadt macht einen geordneten Eindruck und ich war schnell wieder weg. Livinhac-le-Haut war mein Zwischenziel nach 24 Kilometern. Erneut traf ich auf den Lot, der von einer langen Brücke überquert wird. Diese führte mich direkt in die Stadt. Doch gleich auf der anderen Seite des Flusses war rechter Hand eine Apotheke. Hier wollte ich eine Zwischenstation einlegen und Bestandsaufnahme machen, wie es um mich und meine Sanitätsausstattung stand. Zehn Kilogramm Lebendgewicht habe ich verloren und erinnerte mich an die Empfehlung von Dr. Le Pey, dass ich ab 65 Kilogramm darauf achten müsse, das Gewicht nicht weiter abrutschen zu lassen. Aber davon war ich noch ein paar Kilogramm entfernt. Zwei neue elastische Binden, ein Tape und ein Päckchen Blasenpflaster für den Notfall und weiter ging die Reise in die Innenstadt. Diese hat mich nicht besonders aufgehalten und ich setzte meine ehrgeizige Tour fort, um das Tagesziel im 25 Kilometer entfernten Figeac zu

erreichen. Über Montredon weiter nach St. Jean Mirabel, wo ich um 16.30 Uhr eintraf, verlief dieser zweite Marathon-Tag sehr gut. Viel Wasser, ich glaube fünf Liter waren es bisher, benötigte ich, um mein geplantes Ziel noch munter zu erreichen.

Geschafft

Die letzten 15 Kilometer verliefen im Wesentlichen auf einem Pilgerpfad in der Nähe der Landstraße D 2. Manchmal musste ich auch ein Teilstück auf dem Asphalt gehen. Jedenfalls stieg ich langsam aber sicher von Montredon (396 m) hinab in das Tal des Cele nach Figeac (195 m). Doch gleich beim ersten Hotel, Europ, erhielt ich eine Abfuhr. »Ausgebucht« – deutete mir die Dame an der Rezeption. Doch ganz in der Nähe entdeckte ich einen wunderschönen Biergarten, direkt am Fluss gelegen mit einem kleinen Hotelschild. Nächster Versuch – und hinter mir kamen noch drei Bewerber. Entweder hat meine Müdigkeit oder die Sympathie den Ausschlag gegeben, dass ich noch ein (letztes) Zimmer erhielt. Und ehrlich gesagt, nach zwei mal 49 Kilometer gestern und heute war ich auch fertig. Die Pilgerbeine haben nun auch eine Erholung verdient. Ein erstes Bier auf der noch sonnigen Terrasse gab wieder etwas Auftrieb und ich konnte mein Zimmer beziehen und gleich meine Wäsche waschen und aufhängen. Im Hotel des Bains war jedoch kein Abendessen zu haben und ich musste mich nochmals zu einem Spaziergang in die Stadt aufraffen. Der hat sich gelohnt. Auf einem sehr belebten Marktplatz mit unterschiedlichen, gastronomischen Angeboten war ein entspanntes, fröhliches Völkchen an diesem Dienstagabend unterwegs. Obwohl ich keinen Rucksack bei mir hatte, verfolgten mich doch zahllose Augenpaare, was ich nicht so richtig einschätzen konnte. Bei einem kleinen Einkehrschwung fragte mich dann tatsächlich ein Gast, der schon am Nachbartisch saß, auf französisch, ob ich ein pélerin auf dem chemin nach Compostela sei. Beim Hinsetzen nickte ich bejahend zu und fand, dass ich schon französisch kommunizieren kann. Der Fragende stand in dem Moment auf und wollte an meinen Waden eine Griffprobe machen. Na ja, gestand ich ihm zu und er bedeutete mir, dass ich mit diesen Beinen nur ein Pilger sein könne. Jetzt dämmerte mir auch, warum ich so gemustert wurde. In Stichworten erzählte ich über meine Marathontour und sein Erstaunen wandelte sich in grenzenlose Hochachtung. Er bezahlte mein Bier und ich ging auf die Suche nach etwas Essbarem. Beim Gang in die Stadt sah ich in einer kleinen Gasse das Restaurant de Crepes. Da wollte ich hin. Mit meinem großen Hunger werde ich bestimmt etwas Gutes und Nahrhaftes finden. Für neun Euro war eine Gr. Compagnarde im Angebot. Diese bestand aus einem großen braunen Teigboden, der mit unterschiedlichen Zutaten wie Schinken, Pilzen, Käse, Creme und anderem belegt war, dann wurden alle vier Ecken zur Mitte eingeschlagen und oben drauf noch ein Ochsenauge (Spiegelei) gelegt. Dazu wurde ein gemischter Salat serviert. Um die ganze Freude noch mit einem i-Tüpfelchen zu versehen, genehmigte ich mir zum obligatorischen Frischwasser noch einen Chateau Laulerie, ein 2007er Vin Blanc von Montravel in einer 0,375-Liter-Flasche zu zehn Euro. Dieser Wein kam schon fast an den Macon heran, den ich von vor 14 Tagen noch ganz gut in Erinnerung hatte. Und auch heute musste ich nochmals nachbestellen. Das letzte Glas Wein krönte ich noch mit einem Espresso, bezahlte 30,50 Euro, dazu ein wenig Trinkgeld, genoss den inzwischen kühlen Abend und ging schmerzfrei, aber mit müden Beinen, die nach der Sitzpause nicht mehr so recht wollten, hinüber über den Cele zu meinem Hotel, wo ein frisches Bett auf mich wartete.

34. Tag – Ein Kirchenfenster zum Innehalten

35. Tag, 24. Juni 2009

Figeac – Cajarc, 11.30-18.30 Uhr
30 km (total 1424km)

Heute ist die rechnerische Mitte meiner Pilgerreise. Als Maximum habe ich mir 70 Tage vorgenommen und meiner Schwiegermutter versprochen, dass ich auf alle Fälle zu Ihrem 89. Geburtstag am dritten August wieder zurück sein werde. Trotz des guten Abendessens habe ich mir heute Morgen angesehen, dass ich ziemlich dürr geworden bin. Zum Nachweis meiner Schlankheit habe ich ein Foto geschossen, das meinen knöchernen Oberkörper zeigt und um den Bauchnabel herum haben sich eigenartige Falten gebildet, die mit etwas Fantasie an eine Muschel erinnern. So sehen Pilger aus, dachte ich bei mir und nahm mir vor, in der nächsten Apotheke nochmals eine Kontrolle meines Körpergewichtes vorzunehmen. Die heutige Etappe mit 30 Kilometern ist überschaubar und ohne großes Risiko. Allerdings gibt es unterwegs keine Versorgungsmöglichkeiten und so machte ich mich nach dem Frühstück auf in die Stadt, um im Supermarkt einzukaufen. Auf dem Weg dahin besuchte ich zuerst das Internetcafé, um eine aktuelle Meldung an meine Heimatstadt abzusenden und den Bürgermeister über meine Reise auf dem Laufenden zu halten. Schließlich trug ich das Stadtwappen von Möckmühl mit mir, mit dem Auftrag, dieses möglichst bis an das Ende der Welt zum Kap zu bringen und dort zumindest eine Fotodokumentation zu inszenieren.
Gleich nach der Cele-Brücke gab es einen Supermarkt, wo ich meinen Tagesbedarf decken konnte. Zwei Pfirsiche, eine Banane, eine Karotte, einen Dreier-Pack Kaubonbons, ein Päckchen Babybell, Brot und zusätzlich zum Wasserbeutel im Rucksack eine Flasche stilles Mineralwasser. In meiner frischen Wäsche fühlte ich mich pudelwohl und nahm auch gleich den kernigen Aufstieg mit 200 Höhenmetern in Angriff. Am Cele war ein Stadtgärtner damit beschäftigt, einen alten Pferdewagen mit einer wunderschönen Blumendekoration zu versehen. Blau angemalt war der Wagen ein richtiger Hingucker. Nach einer halben Stunde war ich auf der Höhe angekommen und begegnete Seline aus Bern, die

ganz kaputt auf einer Steinbank saß. Heute hatte sie von Figeac aus den Pilgerweg nach einer längeren Pause wieder aufgenommen und wusste an dieser Wegkreuzung nicht mehr weiter. Ich konnte ihr helfen und zog wieder meine Straße weiter. Der GR 65 war zuverlässig bezeichnet und mit etwas Aufmerksamkeit konnte man sich hier nicht mehr verlaufen. Ein letzte Blick zurück auf die im Tal liegende Stadt Figeac und weiter geht es in südwestlicher Richtung über die Höhen um Béduerund Gréalou. Die Landschaft ist hier vorwiegend landwirtschaftlich genutzt, sodass immer wieder ein einzelnes Gehöft am Weg lag, von wo aus die umliegenden Wiesen und Getreidefelder bewirtschaftet wurden. In kleinen Dörfern traf ich hin und wieder auf neue Häuser mit größeren Grundstücken, ein Zeichen dafür, dass in dieser Gegend ein etwas höherer Wohlstand möglich ist als in den ärmeren Regionen der letzten Tage.
Hier saß eine Frau mit Ihrem Sohn bei der Arbeit unter einem großen Baum im Schatten. Hausaufgaben mussten gemacht werden. Lange, karstige Wege im Halbschatten verlangten den Füßen etwas mehr Gelenkigkeit ab als die weichen Waldwege. Den ganzen Tag schon brennt die Sonne vom wolkenlosen Himmel und mein Wasservorrat war bis auf einen kleinen Rest aufgebraucht. Lange schon hielt ich Ausschau nach einem Friedhof (dort gibt es üblicherweise Wasser) nach einem Wasserhahn oder einem Menschen in einem Haus oder Garten. Ich habe schon bedauert, die Frau mit ihrem Sohn im Garten nicht um Wasser gebeten zu haben, als vor mir unter der Haustür eine Frau stand, die ich um Eau Potable bat. Sehr gerne füllte Sie mir meine Flasche mit frischem, kühlen Trinkwasser und hörte sich kurz meine Reisegeschichte an. Sie verstand nämlich deutsch und teilte mir dann auch mit, warum sie deutsch versteht und spricht, ihr Mann war 13 Jahre ›beim Bosch‹. Weiter führte der Weg durch ewig lange alleenartige Wege, die von Wacholderbäumen und Eichen umsäumt waren. Jetzt tauchten vor mit drei zum Teil humpelnde Pilger auf. Das hat mich gleich motiviert, einen Zahn zuzulegen und diese schnell einzuholen. Auch die Drei waren froh, bei einem kleinen Schwatz etwas Luft holen zu können. Papa Kevin, seine Tochter Marie und der Sohn James, kommen aus Cork/Irland und sind vor 14 Ta-

gen in Le Puy gestartet. Ich bin seit Le Puy sechs Tage unterwegs. Aber, aber, Marie, etwas übergewichtig, hat beide Knie eingebunden, trug schwere Schuhe und war ganz schon rot im Gesicht. Die beiden Männer in langen Jeans sahen noch ganz relaxet aus.

Steintische aus uralter Zeit

Kurz nach Gréalou stieß ich auf die berühmten Dolmen. Dies sind riesige Steintische und waren zum Teil noch sehr gut erhalten. Manche waren auch schon stark verwittert und dem Zerfall ausgesetzt. Die Landschaft bekam schon fast ein italienisches Flair, als die ersten Zypressen auftauchten. Bald näherte ich mich Cajarc und erkannte im Tal die weitläufigen Schleifen des Lot. Auch hier durfte ich wieder in das Tal hinuntersteigen und treffe am Stadtrand auf eine lustige Frau namens Charlia. Kaum hatte ich die Frage nach einem Hotel gestellt und sie merkte, dass ich Deutscher bin, erzählte sie mir in einer seltsamen Mischung aus Schweizer- und Elsässerdeutsch mit starkem französischem Akzent unterlegt ihre Lebensgeschichte. Sie ist 88, seit 13 Jahren hier und stammt aus dem Basel-Elsass. »… und in dieses Hotel gehen Sie nicht. Das ist zu teuer. Gehen Sie am besten in die Apotheke da vorne, die können Ihnen sagen, wo es am Besten ist.« Salute, und ab geht es in die Stadt. Ehe ich zur Apotheke kam, fällt mir ›Chez Moulino‹ auf, wo ich auch ein Zimmer für 40 Euro fand. Der Abend wurde dann aber doch noch recht teuer, denn am nächsten Morgen kassierte der Chef des Hauses inklusive Zimmer satte 83.00 Euro von mir.

36. Tag, 25. Juni 2009

Cajarc – Cahors, 9.30-20.45 Uhr
57km

57 km! Ob ich das schaffe?

Viel Wasser und eine Grundausstattung an Obst und gesalzenen Erdnüssen habe ich im Supermarkt eingekauft. Unabhängig von Verpflegungsmöglichkeiten wollte ich heute versuchen, eine Doppeletappe von zusammen 57 Kilometern zu pilgern. Bis zum Berg Niol hatte ich etwa 200 Höhenmeter auf acht Kilometern verteilt. Das bedeutet keine besondere Anstrengung. So lasse ich wieder einmal den Lot hinter mir und erreiche bald die Limogne. Am Weg finde ich immer häufiger typische Aufmerksamkeiten für Pilger. Einfache Sitzgelegenheiten, die zur Rast einladen, sind mit Steinen und Brettern zusammengebaut. Heidelandschaften wechseln sich mit Hecken, Wiesen und Wäldern ab. Es ist gut, dass die Wolken etwas Schatten spenden, ohne gleich mit Donnergrollen Regen signalisieren. Am Vormittag passiere ich zwei Pilger, die kaum Notiz von mir nehmen und ich hatte auch das Gefühl, besser weiterzugehen als den üblichen Smalltalk zu eröffnen. Um die Mittagszeit treffe ich bei einem improvisierten Gartencafé die beiden Pilger, die von gestern auf heute im selben Hotel wie ich übernachtet hatten. Jetzt haben wir uns ein wenig unterhalten und als Montrealer sprachen sie perfekt Englisch. Der Gartenwirt reichte für einige Euro einen guten Kaffee und bot dazu süßes Gebäck. Man hätte hier, unter Schatten spendenden, hohen Bäumen, verweilen können, aber der Weg führt nur zum Ziel, wenn man ihn geht. Also Buon Camino und auf nach Varaire. Um 14.00 Uhr hatte ich die ersten 25 Kilometer geschafft. Bilder vom Weg und ein paar Landschaftsaufnahmen waren die einzige Ausbeute dieses Abschnitts.
Kaum war ich auf dem zweiten Abschnitt unterwegs, erreichte ich das kleine Dorf Bach. An der D 19 fotografierte ich das Ortsschild. Der Name des Ortes klang so nach Zuhause.

Die linke Hüfte schmerzt

Für die nun folgende Etappe waren laut Reiseführer alte Römerstraße angesagt, die offensichtlich nicht im allerbesten Zustand gehalten wurden. Am Nachmittag spürte ich, dass meine linke Hüfte zunehmend Schmerzen erzeugte. In der Früh war ich mit meinen Sandalen gestartet und konnte damit keine Einlagen tragen. Abhilfe schaffen, aber wie. Ich untersuchte meine Walkingschuhe, die für lange Märsche nicht geeignet waren, weil zu wenig Luft an die Füße gelangte und entschied, das Problem zu lösen. Mit meinem scharfen Schweizermesser trennte ich die bis oben angenähten Zungen seitlich ab. Die Seiten ließ ich geschlossen, damit die Einlagen einen guten Halt haben. Jetzt zog ich die Schnürsenkel so ein, dass die Zunge nach vorne klappt und, über dem Reihen nur lose gebunden, die Schnüre für Halt sorgten. Dies sah sehr lustig aus, weil die Zungen innen rot waren und umgeklappt deutlich leuchteten. Fast sahen die Schuhe jetzt aus wie die eines Clowns im Zirkus. Und ich hatte Recht. Genügend Luft zirkulierte in meinen Schuhen und die Einlagen machten sich schon nach 20 Minuten bemerkbar. Die Hüftschmerzen verschwanden wie sie gekommen sind. Auch die Lauffreude konnte ich steigern und auf den endlos langen, alten Römerstraßen richtig zulegen.

Riesige Steine und zum Teil frisch eingeschotterte Wegeabschnitte reduzierten meine Gehfreude zwischendurch erheblich. Nur nicht abknicken, war das höchste Gebot. Mit Pilgern ist auf diesem Abschnitt nicht mehr zu rechnen. Die einen pausierten in Varaire und die, die am Morgen dort gestartet sind, haben vermutlich ihr Ziel Cahors schon erreicht. Irgendwo auf dem langen Weg traf ich dann am späten Nachmittag doch noch auf ein verliebtes Pilgerpärchen. Er, groß und mächtig und sie, eher klein, zierlich aber sportlich, gingen händchenhaltend ihres Weges. Wir tauschten uns mit den üblichen Pilgerinformationen aus und gingen im gewohnten Takt weiter. Die beiden verliebt, ich zielorientiert. Seit gut einer Stunde haben sich die Wolken nach und nach verflüchtigt und es wurde am späten Nachmittag nochmals richtig heiß. Mitten in der Nachmittagssonne näherte sich langsam aber bestimmt ein seltsames Dröhnen. Jetzt erkannte ich einen zweimotorigen Flieger, der in

einem großen Bogen zu seinem Ausgangspunkt zurückflog, um das ganz noch einmal zu wiederholen. Ich konnte nicht erkennen, ob es ein Fracht- oder Personenflugzeug war, aber das vibrierende Motoren-Geräusch erinnerte mich an meine Kindheit. Und immer wenn es ganz grausam laut war, erzählte mir meine Oma, als 1945 die amerikanischen Bomber vom Kraichgau kommend über das Leintal hinweg die Stadt Heilbronn bis fast auf die Grundmauern kaputtgebombt haben. Seltsam, wie solche Erinnerungen auf einer Pilgerreise doch wieder bewusst werden.
Kurz vor 20 Uhr erreichte ich über immer noch unendlich lange, gerade Wegabschnitte die ersten Siedlungen von Cahors.

Achtung: weiße Taube

Eine lange Asphaltstraße führte an einer feinen Villengegend entlang. Vornehme Häuser in gepflegten Gärten reihten sich aneinander, aber die meisten waren hermetisch eingezäunt und nur bedingt einsehbar. Auf der gegenüberliegenden Straßenseite begann ein größeres Waldstück und ich ging davon aus, dass es sich hier um eine Promisiedlung handelt. Und siehe da! Etwa 300 Meter vor mir trat eine auffallend große, weiße Gestalt durch das halb geöffnete Metalltor auf den Gehweg und warf etwas in einen dort bereitstehenden Müllcontainer. Eine weiße Taube, hoppla, aufpassen. Ich erinnerte mich sofort an meine erste Begegnung mit dem flatternden Etwas und gleich fiel mir auch wieder die Stinkbude ein, wo ich jene Nacht verbrachte. Und schau an! Eine ganz in weiß gekleidete Dame verhielt sich auffallend abwartend, aber doch nicht offensichtlich, was denn da um diese Zeit noch herbeipilgert. Halb neugierig, halb verlegen ausweichend begegneten sich unsere Blicke. Die letzten Tropfen meiner Trinkflasche hatte ich schon beiläufig ausgeschüttet, um wirklich trocken bei ›ihr‹ anzukommen. Auf die letzten Meter bezog sie, etwas am Briefkasten rumklappernd, aufrechte Position, ohne verdecken zu können, dass sie nur auf mich wartete. Ich eröffnete die Begegnung mit: »Bonsoir Madame, is it possible to get some eau potable?« und streckte ihr verhalten meine Flasche entgegen. Ebenso verhalten nahm sie, Zustimmung nickend, die Flasche entgegen.

Donner und Doria, dachte ich, als ich dieser Wuchtbrumme in die Augen sah. Dunkle, große, glitzernde Augen, blickten mich fast schon herausfordernd an. Sie waren umgeben von einem gekonnten dreidimensionalen Gemälde. Dieses zog sich vom fast schwarzen Haaransatz auf der linken Seite, über die Augen und den Nasenansatz bis auf die andere Seite, wieder zum Haaransatz und von der Stirn, die mit reichlich Puder die an sich sympathischen Falten verdeckten, bis deutlich unter die Augen, wo ein Aquarell von Farben die kleinen Tränenfältchen kaschierte. Kein Wunder, dass das Haupt dieser Dame, das auf einem kräftigen Hals saß, wie ein Bollwerk auf einem kompakten Obelisken wirkte. Ein solch spontanes Studium war nur möglich, weil ich mich schon einmal mit einer ähnlichen Erscheinung beschäftigte. Sie drehte ab, ging zirka 25 Meter zum Haus und ich konnte mich wieder sammeln. Den groß beschrifteten Briefkasten mit den Namen von MR et MME und der Hausnummer fotografierte ich flugs. Denn ein Foto von ›ihr‹ zu machen, habe ich mich nicht getraut. Hinter einer großen Glasfront saß ein gescheiter, hagerer Mann, vermutlich der ihrige und war mit Schreiben oder Lesen beschäftigt. Jedenfalls nahm er keine sichtbare Notiz von dieser Begegnung. Und nun, MME kam mit meiner gefüllten Trinkflasche in der rechten Hand und einem großen Trinkbecher in der linken Hand zu mir ans Tor zurück. Sie zelebrierte mir diesen Becher so gekonnt, dass ich fast glaubte, sie überreicht mir einen Liebestrunk und funkelte mich dabei so an, dass ich bei normaler Blässe ein leichtes Erröten wohl nicht hätte vermeiden können. Aber, einem braun gebrannten Pilger sieht man so etwas natürlich nicht an.
Auf Englisch erzählte ich ihr die Eckdaten meiner Reise und trank dabei den halben Liter, zum sofortigen Durst löschen, leer. Sie wollte nochmals nachfüllen, was ich jedoch sehr dankend ablehnte. Meine Flasche überreichte sie mir auch sehr stilvoll, mit beiden Händen und ich wollte mich in aller Form verabschieden: Ein Händedruck, untermalt mit Merci bien, merci bien, bon courage und au revoir. Und sie, parler, parler (hab's leider nicht verstanden) Buon Camino – Merci – Au revoir.
Cahors, eingebettet in eine große Fluss-Schlaufe des Lot wirkt fast wie eine Halbinsel. Zunächst war weit und breit kein Hotel zu se-

hen. Dann war mir ein junger Mann sehr behilflich und führte mich durch zwei schmale Gassen direkt vor eine kleine Hoteltür, wo ich auch gleich unterkommen konnte. Unterwegs, dahin, sah ich ein großes italienisches Restaurant, zu dem ich nach der täglichen Wäsche zurückkehrte. Bis zum späten Abend genoss ich draußen, auf einem schönen Platz, gute italienische Küche und einen leichten Sylvaner.

36.Tag – Ruhebank – Service für den Pilger

37. Tag, 26. Juni 2009

Cahors – Montcuq, 11.30-20.00 Uhr
33 km

Da ich am liebsten bei offenem Fenster schlief, wurde ich um 5.00 Uhr unsanft aus dem Schlaf gerissen. Direkt unter meinem Zimmer stand ein Müllauto, in das der Müll der umliegenden Gaststätten und Hotels eingeladen wurde. Die Müllwerker dachten dabei keineswegs daran, dass in unmittelbarer Nähe noch manche Leute gerne schlafen würden. Um sechs Uhr habe ich das Fenster geschlossen und konnte dann doch noch eine Stunde schlafen. Um acht gab es Frühstück und danach legte ich mich nochmals für eine halbe Stunde aufs Bett. Die 57 Kilometer von gestern sind doch nicht ganz so spurlos an meinen Beinen vorbeigegangen. Ich fühlte nur, dass ich sie noch einmal hochlegen sollte. Und es tat sehr gut. Aus einem kleinen Dämmerschlaf stand ich um 9.00 Uhr auf und fühlte mich wieder recht fit. Jetzt öffneten die Läden in der Stadt und ich konnte meine Verpflegung für den Tag besorgen. Zudem wollte ich mich mit Kartenmaterial eindecken, um den geplanten Abstecher nach Lourdes vorzubereiten. Im zweiten Fachgeschäft ist mir das auch gelungen, wobei ich feststellte, dass die bei uns zuhause üblichen Wanderkarten in Frankreich überhaupt nicht existierten. Die wuchtige Kathedrale von Cahors war ein Besuch wert und verschaffte bereits in den Morgenstunden etwas Abkühlung. Bei der Touristinformation erstand ich für ein paar Euro einen neuen Pilgerpass und erhielt auch einen wunderschönen Stempel, der die Kathedrale in der Muschel zeigt. Der erste Pass war längst voll gestempelt.

Von der Cathedrale St-Etienne führten zwei Wege weiter. Der eine, den ich gekommen war und der andere, den ich hätte jetzt gehen sollen. Eine kleine Unaufmerksamkeit beim Studium des Stadtplans hatte zur Folge, dass ich die falsche Richtung einschlug. So verließ ich die Stadt wieder auf der Brücke, über die ich gekommen war, und stellte dann fest, dass ich mir diesen Kilometer hin und zurück hätte ersparen können. Ich wählte dann den Weg am Lot entlang und kam dann zu der alten Steinbrücke Pont Valentré (err.

1308), die zu den schönsten noch gut erhaltenen mittelalterlichen Brücken zählt. Genau an dieser Brücke führte dann der Weg auf einer steilen Treppe hinauf auf die Hochebene. Ich bin mal gespannt, ob dies der letzte Aufstieg aus dem Lottal war, oder ob mir dieser Fluss noch öfter begegnet. Der Aufstieg brachte mich gut auf Touren und kurz vor zwölf traf ich bei Les Mathieux auf ein Orientierungsschild mit diesen Hinweisen:
Geneve / Le Mathieux 690 km
Le Puy-en-Velay / Le Mathieux 350 km
Les Mathieux / Santiago 1.153 km
Seit acht Tagen bin ich jetzt von Le Puy aus unterwegs und habe in dieser Zeit die 350 Kilometer zurückgelegt, ein guter Marathonschnitt pro Tag. Insgesamt habe ich 1.500 Kilometer hinter mir, und wenn ich die Route über den Camino France gehen würde, könnte ich in etwa 26 Tagen, 22.7. in Santiago sein. Das würde noch zum heiligen Fest des St. Jakobs reichen. Jedoch, ich hatte mit meinem eigenen Camino noch etwas mehr vor und das bedeutet immer wieder ›Geh deinen Weg, schau nur nach vorne, nicht zurück‹!
Die erste Tagesetappe führt nach Lascabanes und ist mit 23 Kilometern angegeben. Heute habe ich zwar auch eine Doppeltour ins Auge gefasst, war mir aber darüber im Klaren, dass das eng werden könne. Und ich lies es auch ein wenig ruhiger angehen als gestern. Die Hochebene lud auch dazu ein, immer wieder die weite Landschaft mit Sträuchern, Wiesen und Getreidefeldern in sich aufzusaugen. Dann tauchen vor mir zwei Pilger auf, die schon sehr gemächlich unterwegs sind. Nach wenigen Minuten habe ich sie eingeholt und ein wenig international geplaudert. Irgendwie hatten die »Gras gefressen«, beide waren völlig unfröhlich und so machte ich mich wieder auf die Socken. Große Hofgüter und sehr anspruchsvolle Privatvillen lassen darauf schließen, dass die Region nicht mehr so arm ist, wie ich das in den letzten Wochen zum Teil erlebt habe. Heute war einmal mehr ein Tag der Grillen. Bei schönem Wetter werde ich von links und rechts stereo beschallt. Da heißt es, einfach abschalten. Die alten Römerstraßen mit völlig unterschiedlicher Substanz waren knochentrocken. Vorbeifahrende Trecker wirbelten mächtig Staub auf und inmitten einer

solchen Wolke taumelt eine der Grillen, mit letztem Zirpen, halb ohnmächtig, oder schon gleich tot, vor mir auf die Erde. Da man diese Tierchen nicht so oft zu sehen bekommt, schoss ich schnell noch ein Foto. In Lascabans begegnete mir bei der Touristinfo Enna aus Oberbayern und klärte mich über das Gite-System in der Stadt auf. Sie kannte sich ganz genau aus und erzählte mir auch noch einen Großteil ihrer Lebensgeschichte.
Zwischen reifen Kornfeldern, auf denen bereits die Mähdrescher unterwegs sind, taucht kurz vor dem Waldrand in unmittelbarer Nähe des Weges ein Steinhaus auf, das ganz aus Natursteinen selbsttragend aufgesetzt ist. Neugierig, wie ich bin, musste ich natürlich einen Blick in das Innere werfen und ich musste staunen, welche Menge an Steinen hier zu einer Schutzhütte aufgestapelt waren und noch erstaunlicher für mich: Es war keinerlei Vandalismus zu erkennen! Ein Denkmal, aus längst vergangener Zeit.

Lascabans war schnell vergessen und es stellte sich die Frage, noch einen Gewaltakt mit 23 Kilometern nach Lauzerte zu versuchen, dann hätte ich die Doppeletappe mit 46 Kilometern geschafft. Aber nein, heute sollte ein wenig Regeneration, auch für die Füße und Beine, wirken und ich beschloss hinüber nach Montcuq, ungefähr zehn Kilometer, zu gehen und dort nach einer Bleibe zu suchen. Die Aussichten waren lt. Reiseführer nicht schlecht bestellt. Um 19.30 Uhr erreiche ich Montcuq und bin erstaunt, welches Flair diese Kleinstadt ausstrahlte. Gleich erinnerte ich mich an eine Städtereise, die ich mit meiner Frau und Freunden vor einigen Jahren zum ersten Mal in die Toskana gemacht hatte. Eine, im wahrsten Sinne des Wortes, Altstadt mit seiner dominanten Kirche war wirklich einen Abstecher wert. (Eine alternative Pilgerroute lässt diese Stadt aus und führt auf verkürztem Weg nach Lauzerte.)

Halbpension

In der Stadtmitte fand ich ein Hotelrestaurant, wo eine Übernachtung mit Abendessen zu einem Pauschalpreis angeboten wurde. Ich akzeptierte, bezog mein Zimmer und begab mich zum Essen.

Zunächst wurde eine Gemüseschale mit Brot serviert. Mir schmeckte das ganz ordentlich, ich war ja auch ziemlich ausgemergelt. Dazu verspeiste ich schon mal zwei große Scheiben Brot, wer weiß, was noch kommt. Dann aber wurde eine große Suppenschüssel bereitgestellt, in der sich viele Geflügelteile befanden. Ja, das war schon gewöhnungsbedürftig. Am Nachbartisch saßen einige Abo-Gäste. Die meisten von ihnen stocherten ebenso lustlos im Geflügel herum wie ich. Doch letztlich fand ich an einem Knochen doch noch einen Happen Hühner- oder Entenbrust. Dazu noch ein Stück Brot und zum Ablöschen ein Glas Wein und ich war reif fürs Bett.

37. Tag – Ankunft in Cahors, 10 kg leichter

38. Tag, 27. Juni 2009

Montcuq – Moissac, 9.45-18.30 Uhr
41 km

Ein reiner Arbeitstag

Viel Sonne und deutlich über dreißig Grad hieß, viel Wasser mitnehmen.

Zügig startete ich meine Reise nach Lauzerte (13 km), um dann noch eine Etappe nach Moissac (+28 km) dranzuhängen. Es war mein Wetter, um auch schon am Morgen richtig in die Gänge zu kommen. Weit und breit keine Pilger, vermutlich ist dieser Streckenabschnitt für die Etappenpilger nicht attraktiv genug. Ich genoss die flimmernde Hitze, hin und wieder nur begleitet vom endlosen Zischen der Grillen. Viele Grillen im Verbund ergeben ein ganz anderes Geräusch, als wenn nur eine Grille ihre Flügel vibrieren lässt. Die Landschaft bot auch in dieser südfranzösischen Region immer wieder Überraschungen. Goldgelbes, dürres Getreide wartet auf die Ernte. Eine einzelne Sonnenblume steht mitten im Weizen und dreht ihren gelb strahlenden Blütenteller genüsslich der Sonne entgegen, nimmt die Strahlen auf, wandelt die Energie in süßen Duft um, der die Bienen massenweise anzieht. In einem Roggenfeld direkt neben einer Fahrstraße steht ein Auto mit eingedrücktem Dach und zerfetzten Scheiben. Aha, hier wurde zu schnell gefahren und dann hat die Reaktion in der Nacht nachgelassen und die Karosse flog über die Böschung mit einem Aufprall und Überschlag gute 15 Meter hinein in das Feld. Zwischen den Wiesen erspähe ich ein Feld mit vielen gemischten Wiesenblumen. Es sieht ganz so aus, als ob es sich hier um eine besondere Aussaat handelt, sonst könnten wohl so viele verschiedene Blumen nicht in der Menge zu sehen sein.
Lauzerte, auf einem steilen Hügel gelegen, erreiche ich um die Mittagszeit. Ich fülle meine Wasservorräte nochmals auf und begebe mich auf den nächsten Abschnitt. Es erwartet mich eine sehr dünn besiedelte Wald-, Wein- und Wiesenlandschaft. Auch Obst-

anlagen mit Hagelschutznetzen treffe ich hier vereinzelt. Die niedrigen Rebstöcke sind maschinell zurückgestutzt und stehen da wie frisch geschnittene Hecken. Auch hier wird Qualität dadurch gefördert, dass schon im grünen Zustand eine ganze Menge Trauben abgeschnitten und einfach zu Boden geworfen werden. Blühende Buschpflanzen in unterschiedlichen Rot-und Blautönen säumen meinen Weg. Ab Lauzerte habe ich den alten Pilgerweg gewählt. Möglich, dass hier noch weniger Pilger unterwegs sind als auf der Route des GR 65. Dieser tangiert auch öfter mal eine Ansiedlung oder ein kleines Dorf. Gegen 15.00 treffe ich auch wieder auf den GR 65 und treffe in einem kleinen, gepflegten Wohnanwesen auf einen Freizeiter, der sich im Strandlook im Garten aufhält. Gerade war meine Trinkflasche leer und ich nutzte die Chance, nochmals nachfüllen zu lassen. Bereitwillig bediente er mich und wir verabschiedeten uns mit Buon Camino. Vergleichsweise früh erreichte ich um 18.30 meinen Zielort Moissac. Beim Einzug ins Städtchen fiel mir ein Hotelhinweis an einem etwas lädierten Haus auf. Kann ja nicht so teuer sein, dachte ich und schnäpperte an der wackligen Haustür. Es passierte nichts und ich wollte schon abdrehen.

Und wieder eine weiße Taube

Doch dann hörte ich klopfende Geräusche, die auf Holztreppe und Holzschuhe schließen ließen und siehe da: Das Schloss wurde entriegelt, die Tür ging auf und in einem dunklen Loch stand eine kleine, weiß gekleidete, zirka fünfzig- bis sechzigjährige und hieß mich willkommen. Wieder eine weiße Taube?! Sie hatte jedoch die Ausstrahlung einer ältlichen Bardame. Ein weißer, knallenger BH ließ die Brüste überquellen und schnürte am Rücken so ein, dass überflüssige Pfunde nur so aufquollen. Das ganze Kunstwerk wurde von einer hauchdünnen Bluse mehr oder weniger reizvoll kaschiert. Es war nur von Vorteil, dass ab dem Schwimmring über dem Gürtel nach unten keine Reizwäsche mehr zu sehen war. Ein langer, weißer Rock verdeckte das Fahrgestell. Lediglich die hochhackigen Holzklöpfer, die der Dame mindestens zehn bis zwölf Zentimeter mehr Höhe verschafften, waren noch zu sehen. Was

wird hier wohl geboten, fragte ich mich im Stillen. Pilger jedoch sollten stets auf Überraschungen gefasst sein. Eine Haushalt-, Theken-, Küchen- oder Etagenhelferin mit wenig Zähnen und davon noch einige schwarz zeigte mir mein Schlafgemach. Stundenhotelmäßig, war mein erster Eindruck. Doch dann, die Wäsche war frisch gebügelt und die Flurtoilette sauber. Sonst war auch niemand auf der Etage unterwegs und ich hatte ein Fenster direkt hinaus auf den Markplatz. Das hatte etwas sehr Positives.
Zum Abendessen wählte ich eine andere Gaststätte, ein paar Gehminuten bei der Kathedrale. Ich konnte noch draußen sitzen und den Samstagabend zufrieden und fröhlich ausklingen lassen.

38. Tag – Kathedrale in Moissac

39. Tag, 28. Juni 2009

Moissac – Miradoux, 9.30-18.30 Uhr
39km (total 1.594 km)

Und zuhause flossen Tränen.

Ich muss es doch erzählen. Gestern Abend nach einer ausführlichen Dusche stand ich frisch und fit vor einem Spiegel. Struwwelpeterhaare und einen gut sichtbaren, gekräuselten Bart bis hinunter zum Hals, waren die herausstechenden Merkmale meines Kopfes. Ich fühlte mich wohl und probierte meiner Frau einen bebilderten Gruß per Mobiltelefon zu senden. Gesagt getan. Eine halbe Stunde später wollte ich mich vergewissern, dass das Bild auch ankam und was war passiert? Meine Frau nahm schluchzend das Telefon ab und stammelte mir durch den Äther: »Du bist das gar nicht mehr.« und weinte unaufhörlich. Durch meine Stimme, die noch dieselbe war, konnte ich sie dann doch wieder etwas beruhigen und versprach, zuhause mein altes Erscheinungsbild wieder herzustellen. Einen Bart, lange, wilde Haare und 15 Kilogramm weniger auf den Rippen, verändern schon ein wenig das Erscheinungsbild eines ehemaligen Schlipsträgers. Familienangehörige trösteten meine Frau und sie erholte sich in wenigen Tagen wieder. Heute, am Sonntagmorgen, wurde ich durch allerhand Lärm geweckt. Ich sah aus dem Fenster und blicke auf eine kleine Stadt von unzähligen Marktständen, die schon in aller Frühe auf dem Marktplatz aufgebaut wurden. Der Platz war bis auf die Gehwege komplett zugestellt und es kamen immer noch mehr Marktteilnehmer mit Ihren Lieferwagen an. Es war sehr unterhaltsam, diesem geschäftigen Treiben zuzusehen.
Kurz vor Acht gab es Frühstück und ich gesellte mich zu der fröhlichen Schar von Marktleuten, die schon an der Kaffeebar versammelt waren. Einer nach dem Andern wurde von meiner Wirtin, heute im schwarzen, festlichen Tüll gekleidet, zum Frühstück in der Kneipe begrüßt. Offensichtlich findet hier so etwas häufiger statt. Alle kannten sich und erzählten unendliche Geschichten, die ich jedoch überhaupt nicht verstehen konnte. Mir gefiel die ent-

spannte Atmosphäre und ich machte mich so nach und nach reisefertig. Beim Gang über den Markt kaufte ich noch etwas frisches Obst. Seit heute habe ich das französische Zentralmassiv wirklich hinter mir gelassen und konnte mich nun auf eine flache, zum Teil sogar topfebene Region einstellen. Die kleinen lang gezogenen Hügel waren nicht der Rede wert.

Drei deutsche Eselspilger

Am Bahnhof vorbei erreichte ich bald den Tarn-Seitenkanal. Kerzengerade zog er gen Westen zwischen einer Pappelallee sehr schön angelegt. Außer einigen Sonntagsradlern war niemand unterwegs. Zwischendurch konnte man auch den Tarn und die Garonne erblicken. Dort war heute lebhafter Segelverkehr. Um die Mittagszeit tauchte dann doch auf der rechten Seite des Kanals eine Lagerstätte auf, die ich zunächst nicht erkennen konnte. An einem Rastplatz, an dem der Kanaldamm breit ausgebuchtet war, haben sich drei Pilger mit ihren drei Eseln zur Rast niedergelassen. Ein ganz eigener Geruch wurde von den Sechs ausgestrahlt. Der jüngere Mann hat dann auch in dem braunen, fast stehenden Kanalwasser ein Bad genommen und gleichzeitig dabei auch seine Kleider gewaschen. Er sprang nämlich in voller Montur, mit Hemd und Hose ins Wasser. Der Ältere und seine Begleiterin, offensichtlich ein Paar, hätten eine Dusche oder Wäsche auch gut gebrauchen können.
Sie erzählten mir eine komische Story und sind schon seit nahezu zwei Jahren unterwegs. Über Santiago wollen sie zurück durch Spanien, Frankreich, nach Italien und möchten 2011 zu Ostern mit allen Eseln dieser Welt an einem Segnungstreffen beim Papst im Vatikan teilnehmen. Ich musste weiter und hatte bald den Punkt erreicht, wo ich den Kanal erneut überqueren und dann nach Süden bis St-Antoin abzweigen konnte. Wer kommt denn da in praller Sonne angeklimpert? Ein junger Mann, ich nenne ihn Hans, aus einer Gemeinde im Großraum Stuttgart, war mit seiner Klampfe unterwegs und hat bereits den Rückweg zum Bahnhof in Moissac angetreten, um mit dem Zug wieder nach Hause zu fahren. Er fährt von Zeit zu Zeit irgendwo an den Jakobsweg, verbringt dort einige Tage und

fährt dann wieder zurück. Immer hat er sein Instrument dabei und macht damit sich und andere glücklich und fröhlich und sehr gut singen kann er auch. Nach Espalais überquere ich auf einer hohen Brücke die Garonne und erreichte die hübsche Kleinstadt Auvillar. Ansonsten gab es auf der Strecke nur totenstille kleine Nester. In der Ferne qualmen die großen Kühltürme eines Kernkraftwerks. Mit nahezu vierzig Grad Hitze hat mich die Gascogne empfangen. Entsprechend hoch war der Wasserverbrauch und ich war froh, am Abend Miradoux zu erreichen. Gleich am Ortseingang saß in einem urigen Vorgärtchen Birgit aus Salzbergen. Sie hat Unterschlupf bei einer etwas seltsamen älteren Dame gefunden, während ihr Freund weiter zog und Richtung Lourdes unterwegs war. Birgit trocknete ihre frisch gewaschenen Haare in der Luft und bald kam auch die Gastgeberin um die Hausecke und lud mich zu einem kleinen Bier ein.
In ihrer Stube hingen eigenartige Dinge an der Wand. Alles war wie eine mystische Unordnung. Auf dem Tisch stand ein riesiger Korb mit Obst. Alles war für mich und zaghaft griff ich zu. Sodann erklang aus ihrer leicht verr(a)uchten Kehle ein französischer Choral. Dabei machte sie empfangende Hände und tanzende Bewegungen. Auch Tigrib wusste nichts damit anzufangen. Noch ein kleines Glas Bier wurde gereicht und meine Suche nach einer anderen Herberge begann. In der Nähe der Stadtmitte sollte eine weitere Herberge sein. Schnell fand ich die richtige Hausnummer und klingelte. Ein Holländer, der hier mit seiner Lebensgefährtin wohnt, öffnete mir und bat mich hinein in eine sehr gepflegte Empfangshalle. Er gab mir sogleich seine Preise bekannt und bot ein gemeinsames Abendessen an. Zwei weitere Pilger, der Feuerwehrkommandant aus einer westfranzösischen Stadt mit seiner Frau waren schon früher angekommen. Wir trafen uns um 20 Uhr zum gemeinsamen Abendessen auf der großen Terrasse des ehemaligen Gutshauses, wo von dem Gastgeber bei einem traumhaften Abend ein Fünf-Gänge-Menü serviert wurde. Mit Hilfe der Holländer als Dolmetscher konnten wir uns ganz gut unterhalten. Ein großes Schlafzimmer mit einem komfortablen Polsterbett lud mich zur Ruhe und Entspannung ein. Auch wenn es etwas teurer war, ich habe diesen Komfort sehr genossen. Ein sauberes, strahlendes Bad

lud zu einer Verwöhndusche ein. Gleich habe ich meine Wäsche fertiggemacht und freute mich, morgen wieder frisch und munter starten zu können.

39. Tag – Drei Eselspilgerauf dem Weg nach Santiago – seit 2 Jahren unterwegs

40. Tag, 29. Juni 2009

Miradoux – Lectoure – Auch, 9.00-21.00 Uhr
51 km

Gemeinsam mit dem Ehepaar aus der Bretagne und der Besitzerlebensgemeinschaft habe ich es mir am umfangreich gedeckten Frühstückstisch gut gehen lassen. Verschiedene selbst gebackene Brotsorten, fünf selbst eingekochte Marmelademischungen und Joghurt im Glas, waren die Superhäppchen neben Wurst, Käse und einem sehr guten Kaffee. Die Franzosen waren schon etwas früher gestartet und ich verabschiedete mich vom Hausherrn um 9.00 Uhr am blau lackierten Eingangsportal, das mindestens eine Höhe von vier Metern hatte. Das überschaubare Örtchen mit Wasserturm und Burgruine lag bald hinter mir und ich marschierte an jeweils zwei Pilgern vorbei zügig Richtung Lectour. Unterwegs durchkreuzte ich nur ein einziges Dorf mit teilweise baufälligen Häusern. Kein Mensch war zu sehen, nur die frischen Blumen an den Häusern ließen darauf schließen, dass diese noch bewohnt sind. Unendliche Felder mit Getreide und blühenden Sonnenblumen wechselten sich mit Wiesen und kleinen Wäldern ab. Um die Mittagszeit erreichte ich die alte Stadt Lectour. Auf dem kleinen Sträßchen in die Stadt kam ich an einem Kindergarten oder Tagheim vorbei. Ich musste reinschauen und sah durchs Fenster, wie die Kinder in einem sehr ärmlich eingerichteten Raum gerade ihre Mittagsmalzeit bekamen. Ich glaube, zuhause würden wir unseren Kindern einen solchen Raum nicht zumuten. Aber die Gesellschaft lärmte fröhlich und es gab keinerlei Anzeichen von Depression. Vielleicht sind wir auch ein bisschen zu anspruchsvoll geworden und müssen uns doch vielleicht einmal umbesinnen, mit etwas weniger Pomp auszukommen. Ein seltsamer Turm, der knapp 50 Meter hoch ist, lenkt die ganze Aufmerksamkeit auf sich. Er soll 90 Meter hoch gewesen sein, als er fertig war. Kriege und Zerstörungen haben aus dem ganzen Kathedralanwesen ein sehr eigenartiges Ensemble werden lassen. Bei näherem Hinschauen kann man die zweitausendjährige Geschichte der Siedlung nachvollziehen.

Nach einem ausführlichen Gespräch in der Touristinformation und kleinen Einkäufen, um für eine lange ›Fahrt‹ gerüstet zu sein; dann Geldbeschaffung am Bankautomaten und es konnte nun losgehen, den Jakobsweg hinter mir lassend, auf eigene Faust nach Lourdes zu marschieren. Am Kirchplatz diente ich einem deutschen Touristenpaar noch als Pilgeroriginal. Sandalen, braun gebrannte Beine und mein Pilgerstab mit Muschel wurden jeweils in Nahaufnahme fotografiert. Zunächst folgte ich dem Wegzeichen gelb / roter Balken mit Bezeichnung PR6. Schon die Mitarbeiterin im Touristenbüro gab mir den Rat, die N21 zu nehmen. Landstraßen, die wie mit dem Lineal in die Landschaft gebaut wurden, hatten für mich keinen besonderen Reiz und ich versuchte auf den Nebenwegen zu bleiben. Bald merkte ich jedoch, dass die Wegzeichen sehr spärlich sind und bald sah ich mich am Zaun einer Freizeitanlage, wo jeder Weg endete. Schon die große Camping- und Freizeitanlage zu umgehen war eine unnötige Zeitverschwendung. Ein deutsches Ehepaar auf der anderen Seite des Zaunes war auf Erkundungstour unterwegs. Wir besprachen unsere jeweiligen Ziele, konnten uns aber keine Hilfe leisten. Mithilfe der Sonne und meinem Kompass versuchte ich nun, möglichst direkt in Richtung Süden voranzukommen. Bei der nächsten Straßenkreuzung musste ich entscheiden, wohin ich will. Zum Glück war nach ›links‹ richtig und ich erreichte die Zwischenstation Fleurance.
Ohne Halt eilte ich weiter, das Ziel einer größeren Stadt im Auge. Auch (gesprochen Osch) sollte mein mögliches Tagesziel markieren, aber das waren immerhin noch 25 Kilometer. Ich blieb stur auf der N 21 und hatte neben der prallen Sonne auch noch mit der Hitzerückstrahlung vom Asphalt umzugehen. Jeder Baum oder jede Waldpassage, die etwas Schatten spendeten, war eine Erholung. In Montestruc füllte ich meine Wasservorräte nochmals auf und aß etwas Obst. Ein kleiner Laden hatte auch Erdnüsse und Kaubonbons. Jetzt fühlte ich mich wieder etwas erholt und dachte bei mir: Wenn sich keine andere Gelegenheit bietet, schaffst Du Auch. Es könnte jedoch ein sehr langer Tag werden. Am Straßenrand entdeckte ich mehrere Hinweise zu Campingplätzen, aber nie sah ich einen. An einer Abzweigung mit Campingbeschilderung verließ ich die Straße und folgte dem Schild. Kurz nach einer Wegbiegung kam ich

zu einem Heimwerker, der mit der Erstellung eines Zaunes an seinem Grundstück beschäftigt war. Er sprach mit mir Englisch und versuchte, den Campingplatz per Telefon ausfindig zu machen. Fehlanzeige. Er reichte mir etwas zu trinken und stellte mich seiner Frau vor. Dass ich schon 40 Kilometer zu Fuß am heutigen Tag hinter mir hatte, wollten zuerst beide nicht glauben. Sie boten an, bei Ihnen auf einer Matratze zu schlafen, was ich jedoch dankend ablehnte. Nach dem kleinen Zwischenaufenthalt in einer Grünanlage für Hühner – kleine, frisch geschlüpfte Kücken hüpften überall herum – meinte der Freizeitfarmer, dass es bis Auch noch zirka neun Kilometer wären. Ich nahm meine letzten Kräfte zusammen und ging zurück zu N 21. Es war nicht mehr ganz so heiß, aber meine Sohlen waren heiß und ich musste aufpassen, keine Blasen zu bekommen.
Weinfelder und Getreide links und rechts der Straße sorgten für wenig Abwechslung. Traktoren mit mannshohen Vorderrädern donnerten immer wieder an mir vorbei, mit großen Containeranhängern, in denen meist Getreide für einen Silo- oder Mühlenbetrieb geladen waren. Sonst nur PKW und LKW am laufenden Band.

Micheline kam vorbeigedüst.

Vor mir in weiter Ferne erkannte ich am Straßenrand ein stehendes Auto. Näher kommend sah ich, dass um das Fahrzeug herum weiß-rote Pylonen stehen. Es dauerte über eine Stunde, bis ich mich dieser Stelle näherte. Die Straße war bolzgerade und nur in leichter Wellenform der Landschaft angepasst.

Ich hatte noch etwa 300 m bis zum Auto und es war kurz vor 9.00 Uhr abends. Mir entgegen kam ein Fahrzeug, das direkt vor dem Pannenwagen anhielt. Jetzt sollte also dieses Vehikel abgeschleppt oder in Stand gesetzt werden. Jedoch weit gefehlt. Aus dem Auto stieg eine schwarzhaarige Frau mit weißer Bluse, kruschtelte noch etwas von ihrem Rücksitz hervor und ich kam zwischenzeitlich bei Ihr an. Sie machte mit zwei gespreizten Händen voller Obst einen Schritt auf mich zu und sprach sinngemäß: »Nimm lieber Pil-

ger dieses Obst, es soll dir und deinen müden Beinen Kraft geben und Freude spenden.« Ich bedankte mich sehr artig, nahm meinen Rucksack ab und aß zuerst von den süßen Früchten, allzu viel geht jedoch nicht, um nicht das Risiko auf Durchfall einzugehen. Mit vielen unverständlichen Worten versuchte ich den Grund für diese Pilgerverwöhnung herauszufinden. Micheline, ich nenne sie die schwarz-weiße Taube von Auch, war gut eine halbe Stunde vorher an mir vorbeigefahren und hatte den Eindruck, dass ich nicht mehr allzu flott auf den Beinen war. Sie fuhr nach Hause, wusch das frische Obst und kam wieder zurück, um es mir zu überreichen.
Problem: Ich konnte das alles gar nicht in meinem Rucksack verstauen und sie wegzuschicken, ohne das Obst anzunehmen, geht auch nicht. Ich fragte Micheline, ob Sie ein Chambre d´hotes betreibt, was sie verneinte. Sie war also aus rein fürsorglicher Einstellung zu mir gekommen, um zu helfen. Ich sagte Ihr, dass ich auf Empfehlung meines Kleinfarmers im Ibis übernachten werde. Daraufhin wollte sie mich unbedingt dort hinbringen, um mir dann das restliche Obst übergeben zu können. Ausnahmsweise willigte ich ein und sie fuhr mich über zwei Verkehrskreisel hinweg direkt vor das Hoteltor. In fünf Minuten waren wir da. Sie gab mir zwei Tüten mit Obst und ich bat sie, mir ihre Adresse aufzuschreiben, damit ich mich zu einem späteren Zeitpunkt bedanken kann. Dies werde ich mit einem Pilgerbuch dann tun. Ein freies Zimmer war noch vorhanden und in dem kleinen Restaurant gab es genügend Auswahl für ein gutes Abendessen.

Danke, Micheline, schwarz-weiße Taube von Auch

40.Tag – Hier in Lectour verlasse ich die Via Podiensis (die Pilgerroute) und schwenke nach Süden ab gen Lourdes

40. Tag – Lectour-Blick in einen Kindergarten zur Mittagszeit

40. Tag – Auf der endlosen N21 Richtung Auch- Lourdes

41. Tag, 30. Juni 2009

Auch – Mirande, 13.30-19.30 Uhr
32 km

Stadtbummel

Trotz der positiven Begegnung mit Micheline gestern Abend saß mir die 51-Kilometer-Tour noch mächtig in den Knochen. Nicht dass ich Schmerzen gehabt hätte, nein, ich fühlte mich irgendwie nicht frisch. Im Hotel habe ich sehr gut geschlafen und habe mir während des Frühstücks meine restliche Tour nach Lourdes zusammengestellt und eine Einteilung für die nächsten Tage vorgenommen. In Lourdes hat mein Sohn vor einer Woche ein Hotel für Freitag vorreserviert, damit er nach dort einen aktualisierten Reiseführer für die Küstenroute in Spanien per Post hinschicken konnte. Dieser ist erst nach meiner Abreise herausgegeben worden und ich konnte ihn gut gebrauchen, um eine exakte Tourenplanung für den spanischen Teil meiner Reise vorzunehmen. Von Auch bis Lourdes sind über den italienischen Camino etwa 100 Kilometer zu bewältigen. Das müsste unter allen Umständen zu machen sein. Nach der gestrigen Asphalttour hatte ich von der Straße schon die Nase voll und es kam mir sehr gelegen, dass in Auch der GR 653 vorbeiführt und über die Vorpyrenäen nach Pied-de-Port führt. Zuerst besuchte ich ein Intersportgeschäft, wo ich mir außer sonnenfesten Energieriegeln auch Griffbänder für Tennisschläger eingekauft habe. Diese Bänder wickelte ich um die Griffe meiner Walking-Stöcke, weil diese vom Schweiß der Hände und der ständigen Beanspruchung schon deutlich abgewetzt waren. Damit hatte ich einen deutlich besseren Griff und konnte so den Vortrieb besser unterstützen. Vom Gewerbegebiet, in dessen Nähe auch mein Hotel stand, führte ein langer Weg in die Innenstadt, entlang an einem trüben, braun eingefärbten Fluss oder Kanal. Die Stadt Auch bestand aus zwei Teilen, der Unterstadt und der Oberstadt. Oben am Berg stand auch die wuchtige Kathedrale, in der ich auf jeden Fall einen Besuch machen musste. Sehr aufwändige Kirchenfenster zieren den Hauptchor. Bei großer Hitze von nahezu 40 Grad im Schatten war doch in

den schattigen Gassen viel Betrieb. Zwischen vielen Touristen waren auch Pilger oder Wallfahrer zu sehen, die vermutlich auf dem Weg nach Lourdes waren oder den italienischen Weg nach Santiago gewählt haben.
In einer Buchhandlung fand ich dann noch etwas Kartenmaterial für die Pyrenäenregion, um von Lourdes aus an die Küste zu gelangen. Beim Postamt gab ich noch ein Paket auf, damit die Unterlagen, die ich bisher von der Via Podiensis gesammelt habe, zuhause bis zu meiner Rückkehr aufbewahrt werden konnten und ich für neues Material Platz zur Verfügung hatte. Zuhause kam jedoch nicht alles an und was mich am meisten schmerzte, war, dass der Reiseführer, den ich unterwegs mit sehr vielen Notizen vollgeschrieben hatte, verloren ging. Beim letzten Gang durch die schöne Altstadt entdeckte ich an einer Bar einen jungen Mann, neben dessen Stuhl ein Rucksack lag. Ich näherte mich ihm, grüßte und hörte sogleich, dass er Österreicher war. Er aber kam mir zuvor und fragte, ob ich Karlo sei und schon war uns beiden klar, dass Tigrib aus Salzbergen wohl mit ihm telefoniert haben muss. Er war ihr Freund und zwischenzeitlicher Sologänger Richtung Lourdes. Da ich reisefertig war und auch wieder den Drang verspürte, Land zu gewinnen, saß ich nicht zu ihm sondern startete die Italienische Route auf dem Weg nach Mirande. Ich war schon froh, von der viel befahrenen Straße N 21 weg zu sein und genoss die Ruhe auf den langen Wegen durch endlose Weizenfelder, die mit parallel verlaufenden Reifenspuren zum Teil sehr interessant gezeichnet waren. In kleinen Waldgebieten mit schattigen Wegen konnte ich mich von der ansonsten gnadenlosen Sonne gut erholen.
Gegen 17.00 Uhr erreichte ich das erste Dorf auf diesem Pilgerabschnitt, Barran. Es gab frisches Wasser bei der kleinen Kirche aus einem Trinkwasserhahn, sonst aber war kein Mensch zu sehen. Hin und wieder kläffte ein Hund durch den Zaun und verbellte mich, bis ich außer Sicht war. In dieser unendlichen Kornkammer waren noch zwei kleine, leblose Dörfer anzutreffen. Auf den Feldern hörte ich hin und wieder das Brummen eines Mähdreschers und das Zwirren der Grillen. Zwirren nenne ich eine Mischung aus zirpen und schwirren, weil die Grillen ihren eindringlichen Ton mit den vibrierenden Flügeln erzeugen. Am Stadtrand von Mirande

begrüßte mich eine stolze Französin, die mit aufrechter Haltung und freundlichem Lächeln mit ihrem fahrbaren Rasenmäher durch eine parkähnliche Anlage fuhr, die seltsamerweise zur Straße hin nicht eingezäunt war. Sie fuhr gerade in Richtung zu mir, was mich veranlasste, meine Kamera klar zu machen. Als sie sah, dass ich sie schießen wollte, verdoppelte sie ihr Lächeln und war ob meiner Aufmerksam so erfreut, dass sie den Fuß vom Gas nahm und grüßend vor mir einen langsamen Bogen fuhr, dann aber wieder in der Gegenrichtung verschwand. Ich tat dasselbe und kam gegen 20 Uhr durch eine kleinere Straße direkt in der Stadtmitte von Mirande an. Eine auffallend andere Kirche beherrschte das Stadtbild. Ein Turm mit drei Spitzen wurde gestützt von giebelähnlichen Mauerverbindungen, die Gewölbe und Tore bildend, bis über die Straße reichten. Nach zwei Fehlversuchen fand ich am östlichen Rand der Innenstadt ein kleines, schickes Privathotel, das von einem deutsch-französischen Paar bewirtschaftet wurde. Ein sehr sauber und chic eingerichtetes Zimmer hat schon auf mich gewartet. In einer angrenzenden, parkähnlichen Anlage konnte ich meine Wäsche zum Trocknen aufhängen. Mangels Restaurant, es gab nur Frühstück, machte ich noch einen kleinen Spaziergang in die Stadt und fand am Marktplatz die Pizzeria La Squadra, wo ich bei einer Tagliatelle, Carbonara und einer Karaffe italienischem Rosé den Tag ausklingen ließ.

41. Tag – Wunderschöne Kirchenfenster in Auch

41. Tag – Kirche in Mirande mit 3 Spitzen und großem Torbogen

42. Tag, 01. Juli 2009

Mirande – Rabastens-de-Bigorre, 12.00-18.30 Uhr
29 km

Interview mit Zeitungsreporter

Nach einem sehr guten deutsch-französischem Frühstück, serviert von der Dame des Hauses, L`Hotel du Prince, machte ich mich fertig, nach einer Altstadtrunde die nächste Etappe Richtung Lourdes anzugreifen. Die Frage war, Straße N 21 benutzen, oder gibt es zuverlässige Wege. Der italienische Jakobsweg führte weiter Richtung Westen, während ich eine Route Richtung Süden suchte. Das kleine Tourismusbüro wusste keine Lösung und ich stellte mich darauf ein, die Straße zu nehmen. Zuvor besuchte ich noch einen Fotoshop, um meine Bildersammlung, die inzwischen auf einem Chip auf fast 1500 angewachsen waren, herunterkopieren zu lassen, damit diese auf alle Fälle gesichert sind, sei es, dass Wasser oder eine Unachtsamkeit die Bildersammlung in Gefahr brächten. Dieser Prozess dauerte jedoch länger als gedacht. Und während ich auf meine Kamera und die CD wartete, kam der Reporter der örtlichen Zeitung Jean-Charles Lartique in das Geschäft und interviewte mich auf englisch. Er erzählte, dass Mirande seit 15 Jahren Partnerstadt von Korntal-Münchingen sei und sich eine lebhafte Verbindung zwischen beiden Städten entwickelt hat. Gemeinsam besuchten wir den Jumelage-Gedenkstein, wo er mit mir einige Fotos fertigte. In der ganzen Stadt waren großen Werbetafeln für ein bevorstehendes Countrymusic-Festival aufgestellt, zu dem jährlich bis zu vierzigtausend Besucher erwartet werden. Kurz vor Mittag setzte ich dann meine Reise fort, nachdem ich in einem neuen Lidl-Markt meine Verpflegungs- und Wasserreserven aufgefüllt hatte. Der Kassenzettel liest sich so: Eau Gazeifiee 1,5 Liter, 0,87 €; Melange Jus de Fruit, 0,69 €; 0,184 kg Bananes, 0,24 €; 0,334 kg Peches 0,66 €; 250 G Cocahuete 0,55 €; Dessert Lacté Fruits 0,49 €; Mentos x 4, 1,63 € Total 4,84 € (31,75 FRF). Damit war ich für heute und die nächsten zirka 30 Kilometer gerüstet. Mehr muss es heute nicht sein, denn morgen schaffe ich es auf jeden Fall, Lourdes zu erreichen, wo mich im Hotel schon spannende Post erwartet.

Und wieder diese ewig langen Straßen.

Auf dem Wag nach Rabastens hat die N21 nur etwa eine Hand voll Biegungen oder Ortsumfahrungen. Dazwischen ist die Straße zwischen fünf und zehn Kilometer kerzengerade in die Landschaft gebaut. Bei gutem Wetter konnte ich bis zum Horizont die Straße verfolgen. Die einzige Abwechslung waren landschaftsbedingte leichte Wellen, hinter denen schon ein LKW für kurze Zeit verschwand, um dann als Riesenmonster wieder vor mir aufzutauchen und kurz danach an mir vorbeizudonnern. Sobald ich merkte, dass Gegenverkehr auf meiner Höhe zusammentreffen könnte, zog ich es vor, seitlich in den Bankettrasen zu treten und die Karawane an mir vorbeiziehen zu lassen. Manche Fahrer bedankten sich dafür, ihnen einen Bremsvorgang erspart zu haben und als langjähriger Autofahrer konnte ich mich als schwieriges Hindernis sehr gut einschätzen. Am Nachmittag erreichte ich bei Bruthitze von oben und unten einen Parkplatz, an dem ein kleiner Kiosk aufgebaut war. Ich querte die Straße und machte es mir auf einem der Bistrostühle bequem. Ein deutscher Fahrer mit einem LKW aus Aachen, für Danone auf dem Weg, saß am Nebentisch und hatte noch etwas Zeit, mit mir zu plaudern. Ich entwickelte unterwegs eine Idee, die ich mit ihm besprechen konnte. Wenn ich einige Tage vor Monatsende Juli in Santiago und am Kap ankomme, möchte ich mir noch einen extra Wunsch für die Rückfahrt erfüllen. Per Truckstop wollte ich nach Deutschland zurück, um zu erkunden, inwiefern die Straßenpilger bei den LKW-Fahrern zu Stress führen und was die Kapitäne der Landstraße von solchen Hindernissen halten.
Wir plauderten noch etwas über seinen Job und seine Arbeitsbedingungen und setzten dann unsere Reise fort. Er mit dem Sattelzug und ich zu Fuß. Um 18.00 Uhr habe ich Rabastens-de-Bigorre und damit das Departement des Hautes-Pyrénées erreicht und in der Tat, im Süden waren die ersten Gletscher der Pyrenäen zu erkennen. Eine Apotheke auf dem Weg in die Stadt nutzte ich, um eine Gewichtskontrolle vorzunehmen. Bei 70 Kilogramm war ich soweit stabil geblieben und habe es damit geschafft, die Energie, die ich verbrauche, auch wieder zuzuführen. Im Hotel L´AMBASSY fand ich für 38 Euro eine preiswerte Unterkunft und buchte für sechs

Euro noch die Halbpension dazu. Rabastens-de-Bigorre hat mit seiner alten, teilweise gut erhaltenen Stadtmauer einen besonderen Eindruck bei mir hinterlassen. Weil ich heute früher als sonst am Ziel ankam, hatte ich genügend Zeit, mich auf den Einmarsch in Lourdes vorzubereiten.

42. Tag – Von Auch über Tarbes zu den Pyrenäen

43. Tag, 02. Juli 2009

Rabasten-de-Bigorre (10.00) – Lourdes (19.00)
38 km (total 1.744)

Pilger trifft auf Wallfahrer

Der Tag beginnt mit Suddelwetter. Im Wettertagebuch steht: 30 % Sonne, 70 % bedeckt mit zwei halben Stunden Nieselregen. Dieser begleitete mich schon vom ersten Schritt an. Wieder ging es hinaus auf die N21, schnurgerade nach Tarbes, der letzten Zwischenstation vor Lourdes; dort werde ich hoffentlich gesund und munter heute Abend ankommen. Die N 21 war in dieser Region deutlich schmäler als in den letzten Tagen und ich hatte nicht den Eindruck, dass der Verkehr geringer wurde. Am Fahrbahnrand gab es neben dem Begrenzungsstreifen nur noch 20 Zentimeter Asphalt und daneben eine holprige Grasnarbe, die zum Gehen untauglich war. Jetzt kommt der Nieselregen dazu und jedes Fahrzeug, das meistens ungedrosselt an mir vorbeizischte, zog eine mehrere Meter lange Wassergischt hinter sich her, sodass ich auch davon laufend eingenebelt wurde. Am Horizont, wo die Straße winzig schmal nicht mehr als solche zu erkennen war, mündete sie geradewegs in die dichten Regenwolken. Bis kurz vor Tarbes wurde ich in einem Waschgang vernebelt und bespritzt. Am Stadtbeginn konnte ich die Hauptstraße verlassen und auf Nebenstraßen in die Stadt pilgern. Dort stieß ich auf dem Parkplatz vor dem großen Markt auf das zweite deutsche Kfz-Kennzeichen, seit ich auf der Straße unterwegs bin. Regidür war mit seinem Wohnmobil unterwegs und machte gerade Halt in Tarbes.

»Guten Tag, wie geht es?«, eröffnete ich die Begrüßung, wohl annehmend, dass es sich bei dem Mann um einen Deutschen handelt. Wohlstandsbäuchlein und Erscheinungsbild ließen den Schluss zu. So entwickelte sich ein zwanzigminütiger Gedankenaustausch; dabei habe ich ein paar Dinge erfahren, die bezüglich der Essgewohnheiten und landesüblichen Zurichtung einiger Speisen schon sehr interessant waren. Sehr viel Gebrauch von diesem Zusatzwissen konnte ich jedoch nicht machen, weil ich weder selbst kochte noch in der Lage war, nach diesen Spezialitäten zu fragen. Mit Buon Camino und Tschüss verließ ich diesen Treffpunkt, um mich noch ein wenig in der Stadt umzusehen. Altenkirchen (R.F.A.) ist die Partnerstadt von Tarbes, was auf einem großen Schild weithin sichtbar dokumentiert ist. Das Wetter wurde besser und mein Drang, Lourdes endlich zu erreichen, nahm mit zunehmender Sonneneinstrahlung zu.

Kommt ein »Vogel« geradelt

Auf der D 921 verlasse ich Tarbes. Von hinten kommt ein Franzose auf dem Rad angefahren, stoppt neben mir und lädt mich zu einer Konversationsrunde ein. Er wird wohl ein wichtiges Anliegen haben, dachte ich bei mir, als er begann, eine Liste von Städten aufzuzählen. Dies war wohl der geplante Reiseverlauf über Lourdes nach Santiago. »Oui!«, sagte ich und erklärte ihm, dass ich über Irun den Camino del Norte gehen werde. Er: »Oui!« Mit viel Gestik wollte er nun wissen, wie alt ich bin. Mit einem kleinen Fingerspiel gestaltete ich die Zahl 61. Er ist schon 68 und mit dem Fahrrad auf großer Tour nach Santiago über den Camino France unterwegs. Buon Camino – gute Reise, er bestieg seinen Drahtesel und stieg in die Pedale. Beim Wegfahren denke ich noch, dass er seine Satteltaschen recht schlampig am Gepäckträger befestigte und das Fahrrad hat mir auch nicht gerade einen Eindruck hinterlassen, mit dem man so einfach 1000 oder mehr Kilometer herunterradelt. Langsam an Tempo zulegend fuhr er auf der schnurgeraden Straße, bis ich ihn aus den Augen verlor. Zu dieser Zeit ging ich ungefähr ein gutes Sieben-Kilometer-Tempo. Nach etwa zehn Minuten fällt mir ein Mann mit Hemd auf, der sich gerade auf der gegenüberliegenden Straßenseite an einem Wohnmobil beschäftigt. Das Hemd erkannte ich sofort wieder, es kam vorhin per Rad von hinten angeflattert und umhüllte die Schultern eines dynamischen 68ers. Dieser Angeber, dachte ich, zog meine Kamera und hielt fest, wie er gerade seinen Drahtesel auf dem Ständer am Heck eines Wohnmobils festzurrte. Über die Schulter hinwegschauend, sah er mich ankommen. Verlegen streckte er mir sein Hinterteil zu, machte noch einen

Knoten zu Ende und verschwand, peinlich berührt, hinter seinem Vehikel. Für einen Moment überlegte ich, ob ich nochmals ›Hallo‹ sagen sollte. Aber nein, ich muss doch diesen armen Angeber nicht auch noch provozieren.
Einige Kilometer Richtung Süden stieß ich wieder auf die N 21, die in einem großen Bogen um den Stadtkern herumführte. Der Seitenstreifen war jetzt deutlich breiter angelegt und ich konnte gefahrlos auf der linken Seite, gegen den Verkehr, deutlich mehr Tempo machen als zuvor. In einem Außenbezirk von Lourdes traf ich auf einen sehr großen Obstmarkt. Alles, was unter Obst eingeordnet werden kann, war hier zu haben. Die meisten Käufer haben kistenweise ihren Bedarf gedeckt. Offensichtlich handelte es sich um einen Großmarkt für jedermann. Gerne hätte ich auch große Mengen eingekauft, weil alles, was ich probieren durfte, sehr gut geschmeckt hat, jedoch mein Rucksack ließ das nicht zu. Ich beschränkte mich auf gut transportfähige Äpfel und Orangen, dazu einige Bananen und auch einmal Erdnüsse in der Schale.

Lourdes erreicht!

Nach 1.744 Kilometer bin ich heute am 43. Tag meiner Pilgerreise in Lourdes angekommen. Ich war sehr gespannt, was mich hier erwartet. Kurz nach 18.00 Uhr erreichte ich das Ortsschild und dokumentierte stolz meine Ankunft. Stöcke und Rucksack wurden am Schild aufgehängt oder abgestellt und ich brachte meine selbst auslösende Kamera in Stellung, um mich selber mit dem heimatlichen Stadtwappen vor dem Schild in Position zu bringen. Es waren einige Versuche notwendig, bis endlich ein brauchbares Bild dabei herauskam. Gleich danach stand ein großes Schild mit dem Hinweis auf die Städtepartnerschaft Lourdes/Czestochowa, Pologne. Jetzt waren es nur noch wenige Minuten, bis ich in der Stadtmitte ankam und dort auch ohne große Umwege auf mein vorreserviertes Hotel stieß. Neugierig auf die Post von zuhause war ich natürlich und siehe da, das Paket war wohlbehalten angekommen und wurde mir beim Einchecken sofort ausgehändigt. In meinem Zimmer war genug Platz, um den Rucksack einmal wieder komplett auszuräumen. Am meisten interessierte mich der Reiseführer für den Küstenweg. Schließlich war heute der zweite Juli und bis Ende des Monats wollte ich in Santiago sein, auf einer Route, die bisher in diesem Tempo noch nicht gegangen wurde. Nun war es aber auch Zeit, nach einem guten Abendessen Ausschau zu halten und ich suchte wie üblich einen Italiener auf. In der Pizzeria LE SEVEN am Place Jeanne D`Arc trank ich für den ersten Durst ein Bier, ließ mir eine Lasagne zubereiten und trank dazu noch einen frischen Weißwein. Und siehe da: DD, eine weitere deutsche Autonummer fuhr per rotem Golf direkt vor meinem Tisch in einen freien Parkplatz. Mit einem kurzen Hallo begrüßte ich die Neuankömmlinge, die sich aber sehr schnell aus dem Staub machten und auf Hotelsuche gingen. Um 21.00 Uhr schlenderte ich gemütlich zum Hotel und pflegte meine Beine und Füße. Beim Studium des Reiseführers wurde mir klar, dass die weitere Reise sehr präzise geplant und eingehalten werden muss, um die restlichen 1.200 Kilometer sauber auf die Reihe zu bekommen.

44. Tag, 03. Juli 2009

Lourdes – Arudy, 12.00-21.15 Uhr
42 km

Lourdes muss (nicht) sein.

Einen halben Tag Aufenthalt in Lourdes habe ich eingeplant. Nach dem Frühstück erkundigte ich mich bei der Touristinformation über den weiteren Verlauf eines möglichen Camino. Ich erhielt insoweit Auskunft, dass bei der Grotte mit dem Heiligen Wasser der Pfad nach Compostelle ausgeschildert ist. Die Stadt selber hat bei aller Wertschätzung eine so hohe Touristendichte, dass die Wallfahrt kaum mehr sichtbaren Platz hat. Meine Recherchen haben ergeben, das Lourdes, nach Paris, die Stadt mit den zweithöchsten Übernachtungszahlen ist. Massenweise schieben sich Gruppenwallfahrer und Reisepilger durch die Straßen und Gassen dieses Wallfahrtsortes. Alles ist kommerzialisiert. Plastik und Klimbim säumen die Straßen und animieren die Besucher, hier ihr Geld auszugeben. Die Restaurants sind zum Teil so schreierisch aufgemacht, dass man sich direkt nach München in das Hofbräuhaus versetzt vorkommen kann. Für einen Pilger wie mich ein Erlebnisbruch, zumal ich diese marktschreierische Stimmung hier nicht erwartet hätte. Da lobe ich mir Taize. Die Kathedrale in der Stadt war der einzige Ort, wo etwas Ruhe und Besinnung spürbar war. Ich machte bei der Post noch ein Päckchen mit erledigtem Kartenmaterial für zuhause fertig und versuchte, eine Verlustmeldung für den Inhalt der letzten Sendung aufzugeben, bei der mein Reiseführer mit vielen Notizen verloren ging. Fehlanzeige, das Paket war nicht versichert. Nachforschungsmöglichkeiten gibt es nicht und Ansprüche gegen die Post sind ausgeschlossen.
Durch die Stadt zieht sich ein blaues Band, auf der Straße und den Gehwegen aufgemalt. Wer diesem Weg folgt, kommt zur Quelle, um die sich viele Sagen ranken. Ein dauerhafter Missions- und Messebetrieb zieht die scharenweise herbeigekarrten Menschen magisch an. Dazwischen schieben und ziehen Schwestern, Helfer, Pfleger und Betreuer in eigenartigen dreirädrigen Karren Kranke,

Behinderte und zum Teil schwer entstellte Menschen über einen riesigen Platz von der Grotte zur Edelstahl glänzenden Klinik oder umgekehrt. Viele bedauernswerte Menschen werden nach meiner Ansicht hier zum Spielball von Interessen und teilweise sträflich missbraucht. Der Ort und das Drumherum werden mir zunehmend unheimlich und ich verlasse die Stadt um die Mittagszeit im Schnürlesregen Richtung Westen. Ich habe keine Ahnung, was mich heute noch erwartet. Arudy ist weit und dazwischen gibt es laut Karte nur kleine Nester, die mit Touristen oder Pilgern nichts zu tun haben. Ich folge dem Gave de Pau, einem Fluss, der aus den Pyrenäen über Lourdes nach Pau und weiter gen Westen fließt. In einer sumpfigen, feuchten Uferregion gerate ich unversehens in einen Stechmückenschwarm. Auf einem schmalen Pfad, der schon etwas sumpfig und stinkig war, trat ich auf einen Ast, der unter Laub verdeckt war. Die Hebelwirkung durch eine Krümmung am Ast hob den anderen Teil etwas in die Höhe und ein Mücken- und Fliegenschwarm schoss, aufgeschreckt, wie Schrotkugeln an meine bloßen, unbedeckten Körperteile an den Armen und Beinen.
Mehr als 50 Stiche zählte ich später, als ich aus dem Sumpfloch heraus wieder in sicherem Gebiet angekommen war. Lange Zeit habe ich mich täglich mit Fliegenschutz eingesprüht, heute nicht. Bis ich mein Spray aus dem Rucksack fischte, war alles zu spät. Um 14.00 Uhr erreiche ich Lastelle-Bétharram, ein fast ausgestorbenes Dorf, zumindest was die Menschen anbelangt. Hundegebell begleitete mich durch die Siedlung, die schon etwas mehr Aktualität und Leben ausstrahlet, als die Dörfer, die ich im Zentralmassiv durchkreuzt habe. An einem älteren Haus steht die Türe auf. Meine Neugierigkeit sagt, kuck mal rein. Ich tat es und entdeckte eine wunderschöne Rosette am unteren Ende (Bild) eines hölzernen Treppengeländers. Hier muss Handwerkskunst zuhause sein. Am Ende des Dorfes stand ein wild beschildertes Anwesen mit Speiseangeboten. Ich könnte jetzt wirklich was gebrauchen und setzte mich in den angrenzenden Biergarten. Aufmerksam hat der Wirt meine Ankunft verfolgt und stand schon gleich ›Gewehr bei Fuß‹, um meine Bestellung aufzunehmen. Die Karte konnte ich nicht lesen und war deshalb gespannt, was ich bestellt habe. Ein sehr feiner Toast mit Käse überbacken wurde mir serviert. Dazu die ob-

ligatorische Flasche frisches Wasser. Sicherheitshalber bestellte ich mir dann noch eine 0,5er Karaffe Weißwein. Jetzt war ich wieder hergestellt. Der Wirt konnte mir auf meiner Karte zeigen, wie ich am besten mein Ziel erreiche. So stieg ich wieder kräftig in die Eisen und erreichte kurz vor 17.00 Uhr Bruges. Jetzt war zumindest absehbar, dass ich meinen Zielort Arudy noch schaffen kann. Womit ich zu diesem Zeitpunkt noch nicht gerechnet habe, waren die zum Teil mächtigen Hügel der Vorpyrenäen.
In meinen Reisenotizen sind für diese Abendstunden noch 400 Höhenmeter registriert und die hatten es in sich. Nicht nur der steile Aufstieg bei voller Sonneneinstrahlung, sondern auch die langen Asphaltsträßchen, die in Serpentinen zum nächsten Tal führten, waren anstrengend. Nach 42 Kilometern erreichte ich Arudy am späten Abend. In der Mitte des Dorfes saßen einige junge Männer beim Feierabendplausch mit einem Bier zusammen. Kaum nahm ich Kurs auf die jungen Leute, flitzte mir schon einer entgegen und deutete mir, dass er mich zu einer Unterkunft bringen könne. Er ging eilend voraus und winkte mich, kräftig gestikulierend, hinterher zu kommen, als ob er für meine Vermittlung eine Bonuszahlung zu erwarten hätte. An der Tür eines unscheinbaren Hauses klopfte er. Heraus trat eine notdürftig mit einer Art Bademantel bekleidete, alte Frau. Sie brachte mich 80 Meter weiter zu einem anderen, schon etwas größeren und schöneren Haus. Dort empfing mich ein Mann und bat mich gleich in seinen naturbelassenen Garten. Dort saß ein weiterer Gast, Leo, ein Pilger aus Holland und hatte schon das Dessert nach dem Abendessen vor sich, dazu eine kleine Katze, die sehr vertraut vor ihm auf dem Tisch saß. Dies war nicht meine Wunschidylle, aber vielleicht bekomme ich hier Unterkunft und Verpflegung. Mit Leo konnte ich ausgezeichnet sprechen und er besprach das Notwendige mit dem Hausherrn. Ich glaube, in einer pastoralen Einrichtung gelandet zu sein. Die beiden Männer sind sehr vertraulich miteinander umgegangen. Als ich die Story über meine Reise und meine Tagestour im Einzelnen geschildert hatte, standen beide wortlos auf und begaben sich ins Haus. Ich saß trocken auf dem Gartenstuhl und kämpfte mächtig gegen die aufkommende Müdigkeit. Mangels Alternative trank ich den letzten Rest Wasser aus meinem Rucksackbeutel.

Jetzt kamen die beiden Männer und servierten mir das Allerlei aus Arudy, mit zwei Spiegeleiern überbacken. Zwei Katzen strichen unter dem Tisch um meine Beine, als ob sie mir eine Streichelmassage verabreichen müssten. Ich konnte mich nur bedingt dagegen wehren und freute mich schon, nachher eine ausgiebige Dusche nehmen zu können. Nach dem Essen zeigt mir der Hausherr eine Liege in einem mit Büchern beladenen Zimmer dieses Hauses. Dort richtete ich mich häuslich ein und holte für die Nacht meinen Schlafsack heraus. Die Sanitäreinrichtung war für die ganze Etage bestimmt. Mein Mitbewohner war schon frisch gestylt und ich konnte nachher die Dusche ausgiebig nutzen. Zu einem gemeinsamen Glas Wein saßen wir noch eine halbe Stunde im Garten und beobachteten mehrere Fledermäuse, die mit der hereinbrechenden Dunkelheit auf Jagd gingen und mit ihren typischen Flugbewegungen für Unterhaltung sorgten. Leo ist Frühaufsteher und plant, schon um sieben Uhr zu starten.

44. Tag – Die perfekte Show

44. Tag – Kathedrale in Lourdes, einziger Ort der Stille

45. Tag 04. Juli 2009

Arudy (10.00) – Oloron-Ste-Marie (15.00)
21 km.

Unerwartete Begegnung

Nach dem Frühstück im Pfarrhaus waren Spülen und Abtrocknen angesagt. Ich nahm mir auch noch die Zeit, mich etwas im Haus umzusehen und die zum Teil eigenwilligen Möbel- und Dekorationsstücke zu fotografieren. Als da waren: Holzstühle in vielen Variationen, mit unterschiedlichen Polstern und allen erdenklichen Stilrichtungen. Zwei rotbackige Büsten, der Mann mit Baskenmütze und rustikaler Nasen-Augen-Partie, die Frau mit Strickmütze, schmalem Mund, kräftiger Nase und eher kleinen Äuglein. Auf einem ovalen, antiken Nussbaumtisch stand das Kofferradio aus den 60ern, drum herum Bücher und Spiele. Auf einem weißen Unterschrank stand ein alter Mikrowellenherd, daneben zehn Flaschen mit allem möglichen Inhalt, von Rotwein bis Ketschup. Im Flur, auf einer Kommode, stand Handgemachtes aus Ton, eine Figur könnte einen Pilger darstellen, daneben ein Tonkrug und eine Standuhr, dazu verschiedene, farbige Vasen. Alles in allem ein lebendiges, kleines Antiquariat. Um Zehn war ich mit der Küche fertig, hatte gepackt, bekam vom Herrn Pastor noch meinen Pilgerstempel mit quittiertem Datum und zog über die Landstraße D 920 durch verschiedene Dörfer in westlicher Richtung weiter. Ein trüber Vormittag, die Sonne war von Hochnebel verdeckt, ließ keine große Freude aufkommen. Um die Mittagszeit löste sich der Nebel und schon um 15 Uhr, ich hatte gerade den letzten Hügel vor Oloren erklommen, lag mir die Stadt zu Füßen. Nicht in Schönheit, aber auf eine besondere Art wirkte diese, mir zuvor völlig unbekannte Stadt auf mich. Hier mache ich Pause, entschied ich beim Abstieg in die Stadt hinein. Bürotag mit Email nach Hause und Waschen waren angesagt und dringend notwendig.
In der Stadtmitte prägt eine gut erhaltene Kathedrale mit einem stolzen Turm das Gesamtbild. Ohne zu wissen warum, bog ich halb links in eine Straße, die zur Brücke über den Fluss Oloron führt.

Kurz davor entdecke ich rechter Hand ein kleines, aber auffallend anders hergerichtetes Hotel. Der Hoteleingang war verschlossen und die Tür konnte nur mit Zahlenkombination geöffnet werden. Daneben führte eine Tür direkt in eine Bar, die offensichtlich zum Hotel gehörte. An der Theke angekommen eröffnete ich mit ›Pilger Karlo aus Möckmühl‹ meine Vorstellung. Eine junge Dame hinter der Theke stehend, reagierte mangels Verständigung überhaupt nicht. Dafür aber kam die Überraschung von hinten links, wo eine andere Person gerade Gläser in eine Vitrine einräumte. Sie sagte: »Petra Vogt aus Baden-Baden.«. Hups, dachte ich und in diesem Moment dreht sich die Chefin des Hauses weg vom Gläserschrank und wandte sich mir zu. Zwei strahlende Augen blitzten mir entgegen und man sah, dass durch diese zwanglose Vorstellung doch eine nette Überraschung gelungen war. In badisch-schwäbisch habe ich ein paar Stichworte zu meiner Tour abgegeben und Petra zeigte mir ein sehr schön hergerichtetes Hotelzimmer. Natürlich war ich neugierig, wen ich hier warum getroffen habe. Mit ein paar Eckpunkten ihres Lebens erklärt sie mir, warum sie hier ihre Wahlheimat gefunden hatte. Bei einem Glas Bier schilderte sie mir dann die aktuellen Highlights von Oloron und machte mich auf das Jazz-Festival aufmerksam, das gleich jenseits des Flusses auf einem Freigelände stattfindet. Dort verbrachte ich einige Stunden, aß beim Pizzabäcker zu Abend und ging frühzeitig zu Bett. Nach der Pilgerherberge von gestern habe ich dieses wunderbare Zimmer mit einem fast neuen Polsterbett und guter Matratze besonders schätzen gelernt. Zuvor habe ich noch einen Bericht per Email an meine Heimatstadt geschrieben, damit die vielen Bürger, die mich in Gedanken begleitet haben, wieder auf den neuesten Stand gebracht wurden.

45. Tag – Oloron

45. Tag – Oloron, das Kleinod in den Pyrenäen

46. Tag, 05. Juli 2009

Oloron (10.00)-Col d´Osquich (20.30)
43 km

Gut ausgeschlafen, die Wäsche frisch, den Rucksack reisefertig, so begab ich mich zum Frühstück am Sonntagmorgen. Petra, die Chefin, hat selbst angerichtet und serviert. Badisch, abwechslungsreich und vielseitig war das Angebot. Obwohl das Wetter nicht sonderlich gut war, ist bei mir Urlaubsstimmung aufgekommen und ich dachte so bei mir: ›Hier könnte ich ein paar Tage Urlaub machen‹. Aber nein, nur der Weg führt zum Ziel, wenn er auch gegangen wird. Um halb zehn verabschiedete ich mich von den drei übrigen Hotelgästen, die auch etwas von meiner grandiosen Reise mitbekommen haben, und sagte auch zu Petra ›Lebe Wohl‹. Oloron würde ich gerne bei einer späteren Städtereise erneut besuchen und ein wenig mehr Zeit einplanen, ein wirkliches Kleinod. Meine Straßenkarte gab wenig Auskunft über die Streckenansprüche und so startete ich gut ausgerüstet nach L´Hopital-St-Blaise. Die Dörfer auf dem Weg dahin waren an diesem Sonntagmorgen menschenleer und wirkten wie ausgestorben. Noch nicht einmal Kirchgänger oder Glockengeläute habe ich an diesem Morgen vernommen. Zwischen zwei dieser Dörfer kam dann eine weitere Überraschung. Der ganze Tag war stark bewölkt mit unverdächtigen Wolken am Himmel. Dann aber auf freiem Feld, ohne Schutz und Unterstehmoglichkeit, brach ohne Vorwarnung ein zwanzigminütiger Wolkenbruch auf mich herab. Selbst ein Baum, den ich in dieser Phase als Schutz aufsuchte, bot mir keine Hilfe mehr gegen diesen Starkregen und den damit einhergehenden Wind.
Oben herum war ich gut abgeschirmt, die langen Hosen wollte ich jedoch vermeiden, da es nicht so kühl war. Bald lief aber das Wasser an den nackten Beinen herunter in die Schuhe und das wurde zunehmend unangenehm. Nasse Füße sind erheblich Blasengefährdet. Glücklicherweise hörte es wieder auf und ich konnte mit dem Trocknen beginnen. Die nassen Teile legte ich über den Rucksack, band sie notdürftig fest und ließ den Wind hineinblasen. So wurde nach und nach alles wieder trocken. Nach über vier Kilometer

Umweg im Außenbereich von Oloron erreichte ich um 15 Uhr mein erstes Zwischenziel. L´Hopital-St-Blaise, ein uraltes Kloster mit Pilgerhospital, einem Weltkulturerbe. Von dort folgte ich der D 25 über 16 Kilometer bis nach Mauléon-Licharre, um kein Umwegrisiko mehr einzugehen. Hier hätte ich pausieren können und saß in der Stadtmitte bei kurzzeitig schönem Wetter in einem Café. Mit einem jungen französischen Pärchen kam ich ins Gespräch, weil es sich sehr für meine Reise interessierte. Die junge Frau gab mir dann in gutem englisch den Tipp, in dem Hotel auf dem Col d´Osquich zu übernachten. Sie ist dort bekannt und sei sich sicher, dass ich ein Zimmer bekommen würde. Das heißt, auf geht´s! Während des Tages ging ich in meinen Trecking-Sandalen, damit meine Schuhe wieder trocknen können. Kurz vor 18.00 Uhr legte ich ab und traf außerhalb der Stadt auf den Piemonteser Jakobsweg nach Compostelle, der als nächstes Ziel Pied-de-Port ansteuert. Ohne präzise Karte war es jedoch nicht möglich, diesem Weg zu folgen, wobei dieser ebenso über den Pass führt, den ich jetzt als Tagesziel definiert habe.

Auf der Route du Fromage auf den Col d´Osquich

Ein paar kleine, saubere Dörfer durchwanderte ich, der Route du Fromage folgend. Offensichtlich wird hier mit gutem Käse gutes Geld verdient. Käsegenossenschaften und Molkereien waren in perfektem Zustand am Rande der Straße anzutreffen. Am Sonntagabend ließ der Ausflugsverkehr nach und ich konnte gut auf der Straße meinem Ziel folgen. Am Fuße der Pass-Straße, die ich um 19.30 Uhr erreichte, gab es große auffallende Hinweisschilder für Radfahrer, besser gesagt Rennradler. Die aktuelle Höhe über dem Meeresspiegel war mit 230 angegeben und der Col d´Osquich liegt auf knapp 500 Meter über dem Meeresspiegel, die Strecke dort hin ist mit fünf Kilometern angegeben. Jetzt habe ich meine Reifen wieder gewechselt und die Schuhe mit den Einlagen angezogen. Sie haben inzwischen auch ihren Namen bekommen. Air Ätsch, ein praktischer Schuh. Durch die herausgetrennte, rote Zunge, sind die Schuhe schneller getrocknet. Sie hatten zudem eine komfortab-

le Luft- und Gelfederung vorwiegend im Absatz. Dies ergab eine angenehme Dämpfung beim Auftreten. Daher der Name Air. Die rote, herausgebundene Zunge sagt: »Ätsch, ich bin schön!« So bekam dieser Designerschuh seinen Namen. Er wurde von Pilgern, Touristen und anderen Passanten häufig fotografiert. Nach jedem Kilometer stand eine Tafel mit den Steigungsangaben zur Strecke. So konnte ich auch feststellen, dass ich nur noch ein knappes Fünfer-Tempo ging. Die Entfernung war überschaubar, an der Steigung konnte ich nichts ändern, also passte ich mich an und machte es mir bequem. Auf dem Gipfel angekommen stellte ich allerdings fest, dass hier zwar ein Restaurant steht, jedoch kein Hotel. Bei genauerem Hinsehen merkte ich, dass es sich nicht um das mir empfohlene Hotel handeln konnte, also marschierte ich weiter.
Den Pass habe ich nach einer guten Stunde überquert und damit hatte ich auch die Steigung hinter mir. Noch eine Weile ging es auf der Passhöhe geradeaus weiter und nach einer starken Linkskurve entdeckte ich das Hotel, schon wieder an der leicht abfallenden Straße. Ich stellte mich bei einem Mitarbeiter vor, der schon von mir wusste. Das Pärchen vom Städtchen hat mich angemeldet. Im großen Saal des Hotels ist gerade eine Hochzeitsfeier zu Ende gegangen. Der Küchenchef machte ein bisschen Dampf und ich stellte nur meinen Rucksack ins Zimmer, legte meine Kleider ein wenig auseinander und ging gleich zum Abendessen. Bis um 11 Uhr konnte ich an einer windgeschützten Stelle draußen sitzen und einen schaurig-schönen Sonnenuntergang beobachten. Eine wieder erstarkte Sonne schob sich zwischen schwarzen Wolken immer wieder in Position, ermöglichte mir sehr schöne Aufnahmen und machte meinen Aufenthalt wunderschön. Das Essen war mittelmäßig, die Getränke und das Zimmer gut und ich hatte eine gute Ausgangsposition, in den nächsten zwei bis drei Tagen die spanische Grenze zu erreichen. Der höchste Pyrenäenabschnitt stand mir noch bevor.

47. Tag, 06. Juli 2009

Col d´Osquich – St.Martin – d´Arossa, 9.30-19.30 Uhr
41 km

Die Kurve nach St-Jean-Pied-de-Port

Auf meiner Straßenkarte habe ich einen Strich gezogen vom Pass, wo ich übernachtet habe, hinüber an die spanische Grenze zur Stadt Irun. Könnte ich mich an diesen Strich halten, hätte ich die kürzeste Route. Dafür müsste ich jedoch, noch mehr als bisher, über Stock und Stein steigen, kriechen und auch noch Flüsse durchwaten. Die Alternative war, Wege und Nebenstraßen, die so dicht wie möglich am Strich lagen, auszusuchen. Zuerst erwartete mich nun ein herber Abstieg. Zirka neun Kilometer ging es auf der Asphaltstraße hinunter nach Bunus und zwar immer steil. Die 400 Höhenmeter von gestern Abend stieg ich nun wieder ab. Meine rechte Wade begann, zu rebellieren. Bei jedem Schritt schmerzte sie, wie bei einem starken Muskelkater. Normalerweise gewöhne ich mich daran und der Schmerz lässt mit der Zeit nach. Besser wurde es erst, als ich auf der Talsohle ankam, und geradeaus weitergehen konnte. Immer wieder habe ich die Karte zur Hand genommen und mir den Umweg über Pie-de-Port angesehen. Als Schmelztiegel für Pilger sollte ich diese bekannte Stadt nicht umgehen. Und als ich dann an der D 933 angekommen bin und nach Irissarry weiter gehen wollte, sah ich ein Schild mit den Wegzeichen weiß-rot des GR 65, aus Le Puy kommend und den Angaben St-Jean-Pied-de-Port 1h30. Ich entschied, dem Schild zu folgen und einen Abstecher in PdP zu machen. Gepflegte Wege, hübsche Privathäuser und großzügige Weiden, unterbrochen von großen Maisfeldern, bestimmten das Bild in dieser sehr bergigen Pyrenäenregion. Offensichtlich eine etwas reichere Gegend. Von Elend und ausgestorbenen Dörfern keine Spur. Um 15.00 Uhr erreichte ich St-Jean-Pied-de-Port, streifte durch die Marktstände am Rande der Innenstadt und begab mich zum Pilgerbüro. Ich war großer Hoffnung, dort noch eine qualifizierte Hilfe für die Routenplanung der nächsten drei Tage zu bekommen. Wieder Fehlanzeige. Nahezu alle Pilger, die nach Pied- de-Port kommen,

gehen den Camino France über Pamplona. Die einzige Möglichkeit, einer beschilderten Route zu folgen, wäre der GR 10 gewesen. Er wird von französischen Pilgern benutzt, die aus der Gegend um Biarritz und Westfrankreich kommen und auf den Camino France einsteigen wollen. Der GR 10 ist sehr lang und schlängelt sich im Bereich der spanisch-französischen Grenze durch die Bergwelt der Pyrenäen. Zwei zusätzliche Tage wollte ich nicht riskieren, saugte die Eindrücke von Pied-de-Port in mir auf. Ganz lustig fand ich eine Musterherberge in der Innenstadt, die bei offenem Fenster zeigt, wie in einem kleinen Raum drei Stockbetten platziert waren und sich die vielen Touristen ein Bild davon machen konnten, wie die Pilger zum Teil untergebracht sind. Aus Wiener Neustadt sind gerade fünf Pilger eingetroffen, die hier in den Camino France einsteigen und die Pilgerautobahn nach Santiago gehen. Unterwegs werden wir uns wohl nicht mehr begegnen. Aber mutig und unternehmungslustig waren die Fünf schon. Nach meiner Einschätzung hatte jeder mindestens 20 bis 30 Kilogramm Übergewicht und dazu noch jeweils einen schweren Rucksack. Vor dem Abmarsch um 17.30 Uhr kaufte ich noch Voltaren für den Pilgerfuß und genehmigte mir noch ein Bier. Im Pilgerbüro hat man mich auf Unterkünfte in St-Martin d´Arossa hingewiesen.
Meine Karte zeigte eine Entfernung von 11 Kilometern. Das müsste in zwei Stunden zu schaffen sein. Die Straße war breit genug, um gefahrlos darauf zu pilgern, doch obwohl sie die meiste Zeit dem Verlauf des Nive-Flusses folgte, waren doch manche Höhenmeter zu bezwingen. Schon die Nebenstraße, die ich anfangs benutzte, führte gleich über den Pic d´Arradoy und mündete erst später in die D 918. Die Wadenschmerzen haben nachgelassen und gegen 19.30 Uhr erreichte ich das Hotel-Restaurant Eskualduna in St-Martin. Kurzer Schock. Die Bar beim Eingangsbereich zum Hotel war gleichzeitig Rezeption. Endlich, nach einem anstrengenden Tag gut angekommen, stellte ich meinen Rucksack in die Ecke und setzte mich an die Bar zu den übrigen Gästen, die vermutlich mit zwei großen Bussen gekommen sind und hier untergebracht waren. Erst bestellte ich ein Bier und fragte dann nach einem Zimmer. Das Bier kam, die Zimmer alle ausgebucht, war der Hinweis der hübschen Juniorchefin. Ruhig Blut, erst mal das Bierchen trinken, weiter su-

chen macht hier keinen Sinn. Entweder ich muss mich auf eine Nachtwanderung einstellen, die nur der Straße hätte folgen können oder ich hoffe und glaube. Hoffen und glauben hat sich gelohnt. Nach einer Rücksprache mit dem Senior, vermutlich ihrem Vater, wurde sie zur blonden Taube und bot mir ein aushäusiges Zimmer in einem Gästehaus an. Ich stimmte sehr dankbar zu und begann schon langsam zu entspannen. Frau Wirtin bot mir dann an, am Abendessen der Bustouristen teilzunehmen. Das war mir recht und ich bekam einen schon gedeckten separaten Tisch zugewiesen. Während des Essens lernte ich dann Raimund und Charlotte kenne, denen ich aufgefallen bin, weil ich einen besonderen Wein ausgewählt hatte, ein XURI aus dem französischen Baskenland.
Das Menü war exzellent, zur Vorspeise eine Suppe, dann Stangenspargel, sehr fein zubereitet und danach einen kräftigen, gemischten Braten mit grünen Bohnen und anderem Gemüse. Ein kleines Süßes rundete das Ganze ab und Kaffee gab's zum Schluss aus der großen Kanne. Um halb elf brachte mich der Senior hinauf auf den Hügel zu einem Haus, wo ich wirklich in einem sehr gut hergerichteten Notzimmer untergebracht wurde. Es hatte keine Fenster nach außen und nur eine Art Oberlicht. Die Größe und Einrichtung entsprach jedoch einem vollwertigen Hotelzimmer mit sauberer Sanitäreinrichtung. Mein leicht geschwollener Fuß musste unbedingt eine Sonderbehandlung haben. Er muss gehegt und gepflegt werden. Er ist mein teuerstes und wichtigstes Körperteil bei diesem Pilgerunternehmen. Ein langes Bad wirkte Wunder, danach eine Maske aus bester Gesichtscreme und eine sanfte Massage für die Waden mit ein wenig Körperöl, welches im Bad bereitstand. So schlief ich auch in diesem Notzimmer sehr gut, mein Bein kann sich auch erholen.

48. Tag 07. Juli 2009

St.Martin d´Arossa – Ainhoa, 9.30-19.00 Uhr
24 km

Auf einer Teilstrecke des GR10 durch die Pyrenäen

Nach allen Informationen, die ich aus meinen Reiseunterlagen entnehmen kann, steht mir heute ein harter Tag bevor. Mein Blick schweift nach Westen und ich entdecke hohe Berge, deren Gipfel in Wolken gehüllt sind. Zunächst glaube ich einfach nicht, dass ich dort oben drüber muss, und starte vergnügt mit vorsichtshalber gebundener Wade in den Tag. Das Frühstück war reichlich und vielseitig. Mein Wahlmüsli mit vielen Nüssen und Jogurt gibt extra Power. Von den Haselnüssen habe ich mir noch eine Hand voll in die Hosentasche rollen lassen, ein besonderes Schmankerl für unterwegs. Und zum Abschied kredenzte die blonde Taube noch ein Glas Champus. Wenn das Bein mitmacht, kann nichts schief laufen, aber bei nächster Gelegenheit muss ich schon einen Arzt aufsuchen. So stieg ich nun über Bidarray und den GR 10 in die Gebirgswelt der Pyrenäen ein. Zunächst folgte ich dem Rio Urizate Bastan, einem kleinen Nebenfluss des Nive bis zur spanischen Grenze. Davon war jedoch in den Schluchten der Pyrenäen nicht viel zu sehen. Der Col de Méhatché rechts von mir und links der Pic d´Iguzki waren um die 850 Meter hoch. Das Tal der Nive lag gerade einmal 80 Meter über dem Meeresspiegel. Und es kam noch besser. Der GR 10 war mit etwas Aufmerksamkeit nicht zu verfehlen und ich konnte ihm heute fast bis Ainhoa folgen. In den Felsen des Arzamendi (926 m) war eine Kletterschule unterwegs, die sich abseits des Weges in einer Steilwand hängend nach oben nagelte. Schade, dass keine Zeit blieb, den Kletterkünstlern zuzuschauen. Zu meinem großen Erstaunen gab es auf dieser Höhe riesige Farnwälder mit Pflanzen, die bis zu 2.50 Meter hoch aufragten. Seltene Gräser und blühende Gebirgsblumen säumten den schmalen Pilgerpfad. Zwischendurch führte der Weg hinab in ein Hochtal, wo ein größerer Hof angesiedelt war.

Bald war die andere Seite erreicht und der Weg führte über ein

Bachbett wieder steil nach oben. Hier muss es in den letzten Tagen geregnet haben, denn das Wasser schoss regelrecht zu Tal, und ich musste immer aufpassen, schön von Stein zu Stein zu steigen. Ich trug nur meine Sandalen an den nackten Füßen. Die Sole dieser Treckingsandalen war ausgezeichnet und selbst auf nassen Steinen fand ich einen guten Halt. Die Stellriemen musste ich etwas nachziehen, damit der Fuß einen guten Halt hatte und nicht seitlich abkippte. Das war besonders wichtig für meinen lädierten Rechten. Um die Mittagszeit hatte die Sonne Oberhand und die Temperaturen stiegen auf knappe 30 Grad. Ein Vitamin- und Calciumstoß tut bestimmt gut, und ehe ich in den nächsten Sattel einstieg, mixte ich mir eine solche Mischung. In den Gebirgsregionen, wo ich jetzt angekommen bin, konnte ich Gebirgsziegen und Böcke beobachten, die ich jedoch nicht näher bezeichnen kann. Bei einem Blick rückwärts konnte ich das Nivetal erkennen, von dem ich heut früh aufgebrochen bin. Jetzt bin ich etwa auf den Graten, die ich heute Früh von unten ausgemacht habe. Auf einem kleinen Zwischenplateau begegnet mir eine sechsköpfige Gruppe Spanier, die sehr lustig mit mir plauderten. Die einzige Frau unter ihnen sprach gut Englisch. Bass erstaunt waren sie alle, als sie erfuhren, dass ich seit etwa sieben Wochen unterwegs bin, und fast 2000 Kilometer zu Fuß zurückgelegt habe. Sie waren von Westen nach Südosten auf dem GR 10 bei einer mehrtägigen Bergtour unterwegs.
Vom Atlantik im Westen zogen jetzt immer dickere Wolken auf und es roch schon nach Regen. Da begegnet mir das nächste Pärchen, Jean aus Frankreich und Amanda aus England. Die beiden sind vor zwei Tagen in Hendaye gestartet und testen ihre Gebirgsliebe im Zelt. Beide machten einen guten Eindruck und waren mächtig verliebt. Über einen schmalen Grat unterhalb der Spitze schaffe ich es, noch trocken die letzte Kuppe zu erreichen, ehe ich den Abstieg nach Westen beginnen kann. Direkt auf dieser Kuppe, wo ich dem starken Westwind schutzlos ausgesetzt war, treffe ich auf eine französische Großfamilie mit zwei Kindern. Irgendwie kam es zu einem kurzen Gespräch und die Neugierde über, woher und wohin war sehr groß. In Stichworten erklärte ich mein Ziel und musste mich dann mit Buon Camino verabschieden, um nicht auszukühlen. Ich war in knielangen Hosen und im T-Shirt unterwegs. Die

Franzosen waren alle in Windjacken gehüllt. Wenige Minuten hatte ich gegen den Wind anzukämpfen und konnte dann schon wieder den Abstieg in windgeschützten Hängen beginnen. Zwischen aufgerissenen Wolken hatte ich eine traumhafte Fernsicht und konnte im Westen mit etwas Fantasie schon den Atlantik erkennen. Die Gebirgszüge zwischen mir und dem Atlantik waren deutlich niedriger und ich hoffe, dass ich morgen Abend den heutigen Horizont erreichen werde.
Eine Vielzahl unterschiedlicher Pferde leben in diesen unwirtlichen Höhen zwischen Wiesen, Farnwäldern und Krüppelkiefern. Es passiert, dass neben dem schmalen Pfad zwischen mannshohem Farn plötzlich ein Pferdekopf auftaucht, der beim Fressen des Farns nicht zu sehen ist. Weiter vorn laufen im leichten Galopp zwei schwarzweiß gefleckte Tiere über eine kahle Wiese und verschwinden hinter Sträuchern. Am Nachmittag, als es schon leicht anfing zu nieseln, begegne ich einer jungen Familie, die schon seit Stunden mit schwerem Gepäck unterwegs ist. Sie sind in Ainhoa gestartet und mit Baby und Zelt und Verpflegung unterwegs. Lancelord der kleine Junge wird von Mama Anne in einem Kombirucksack auf dem Rücken getragen. Eduard hat den übrigen Haushalt auf dem Rücken. Ein kleiner Schwatz unter Berglern, ein Erinnerungsfoto und Buon Camino. Kurz nach dieser Begegnung wird der Regen stärker, ich halte an, ziehe meinen Anorak über und setze meinen Pilgerhut auf. Durch den großen Rand des Hutes sind meine Brillengläser geschützt und bleiben länger klar. Die Brille trage ich gerne gegen den zugigen Wind, der ansonsten meinen Augen zusetzen würde. Jetzt beim Abstieg, Richtung Ainhoa, kann ich die Küste in Wirklichkeit erkennen. Die Wolken haben aber nach kurzer Zeit wieder die Sicht getrübt. Um 18.30 Uhr habe ich die Talsohle erreicht, der Starkregen ließ nach und um 19.00 Uhr fand ich Unterkunft im einzigen Hotel, das ich hier angetroffen habe. Es war sehr schick und sehr teuer. Wichtig ist jedoch, dass ich meine Beine und Füße pflegen und meine ausgelaugten Zellen wieder auffüllen kann. Das Pyrenäenhoppping mit insgesamt 1600 Höhenmetern heute hat schon seine Spuren hinterlassen. Bei der Hotelsekretärin erkundigte ich mich nach einem Arzt. Im elf Kilometer entfernten Espelette hätte ich die nächste Praxis gefunden, aber dieser Weg nach Nordosten

kam für mich überhaupt nicht infrage. Dass ich hätte mit einem Taxi dorthin fahren können, darauf bin ich überhaupt nicht gekommen, so tief war ich inzwischen in meinem Pilgerdasein versunken. Ein herrliches Zimmer mit einer großen Badewanne war genau das Richtige, um einen Wellnessabend einzulegen.
Danach genoss ich das angebotene Drei-Gänge-Menü, das in Form einer Designerüberraschung serviert wurde. Ein Gruß der Küche: Feiner Schinken auf eine mürbe Teigstange gerollt, dazu ein grünes Etwas im Glas beträufelt mit panierten Walnüssen und das ganze auf einem schwarzen Holzbrett serviert. Die Vorspeise wurde auf einer quadratischen, links und rechts nach unten gebogenen, Porzellanschale gereicht. Darauf befand sich ein Gemälde aus feinem Gulasch, Kartoffeln, panierten Gemüsescheiben und Feldsalat. Die wenigen Soßetropfen wurden designgerecht, als optischer Bilderrahmen, aufgeträufelt. Als Hauptspeise gab es ein Fischfilet auf weißen Bohnen, im grünen Sud serviert und mit weiß-rosa Blütenblattern umlegt, eine krossige, braune Gewürzmischung bedeckte das Filet. Das Ganze auf einem runden, fast planen Porzellanteller serviert. Von der umfangreichen Weinkarte wählte ich noch einen regionalen Tropfen, der das Menü voll zur Geltung brachte. Nach dem Sternemenü hat mir die Sekretärin noch die Möglichkeit eingeräumt, den PC an der Rezeption zu benutzen, um zu Hause über die letzten, erlebnisreichen Tage zu berichten.

… nur, wenn man geht, auch wenn es wehtut.

48. Tag – gehörnte Ungeheuer

48. Tag – Wildpferde in den Bergen

48. Tag – Die Pyrenäen

48. Tag – Dort, am Atlantik, werde ich morgen Abend sein

49. Tag, 08. Juli 2009

Ainhoa/F – Hondarribia/E, 9.30-19.30 Uhr
38 km (total 1953 km)

Sehr gut erholt bin ich aufgewacht und genoss das schöne Ambiente meines Zimmers. Füße und Beine bekamen eine Sonderbehandlung für die weite Reise nach Irun. Eine Bergkette muss ich noch bezwingen, ehe ich den Atlantik dann ganz nah vor Augen habe. – Und dort will ich heute hin. Beim Abschied gab mir die nette Sekretärin noch den Hinweis, dass ich eventuell in Sare, dem nächsten Ort, Richtung Westen, einen Arzt finden könne. Pünktlich um 12.00 Uhr kam ich in Sare an, sichtete auf der linken Straßenseite die Praxisschilder einer Ärztegemeinschaft, klingelte ohne Erfolg und studierte die Tafeln: Sprechstunde erst ab 17.00 Uhr. In der City-Pharmacia traf ich auf eine Apothekerin, die sich meinen Fuß anschaute und mir riet, die Praxis am andren Ortsende aufzusuchen. Auf die Bitte, mir dort einen Termin zu verabreden, beteuerte Sie, dass auf alle Fälle jemand da sei. In der Apotheke durfte ich meinen Rucksack deponieren und ging zu Fuß einen guten Kilometer zur beschriebenen Praxis. Der Eingang zum Wartezimmer stand wagenweit offen. Zuerst setzte ich mich auf einen Stuhl und wartete geduldig. Die heutige Post lag auf einem Stuhl vor der Praxistür. Dann läutete ich erfolglos. Ich klopfte heftig an die Tür. Keine Reaktion. Dann rief ich mit dem Mobiltelefon die Praxisnummer an. Keine Verständigungsmöglichkeit. Meine Gesprächspartnerin legte einfach auf. Ich umrundete das Ärztehaus, in welchem vermutlich nur eine Küchenmamsell anwesend war. Nochmals ein Versuch durch stürmisches Klingeln, bei gleichzeitigem Klopfen an die Praxistür. Ich bin jetzt schon hierher gelaufen und will jetzt wissen, was mit meinem Bein los ist. Die Küchenperle kam und palaverte mich an, dass niemand da sei und dass ohne Termin sowieso Nichts geht.

So konnte ich also wieder umkehren und zurück zur Apotheke eilen. Am sonnigen Marktplatz machte ich eine kurze Pause, ein kleines Mittagessen nahm ich zu mir und telefonierte mit meiner Frau, um eventuell eine Anregung für Medizin zu bekommen, die ich sicherheitshalber einnehmen kann. Ein Muskelkater hätte längst weg sein müssen. Die Schwellung hat in Ruhestellung immer nachgelassen und ich nahm wieder Fahrt auf. Der GR 10 führte mich hinauf auf den Sattel zwischen dem Ihicelaya und dem La Rhune direkt an der Grenze. Dort verkehrt ein Museumszug und hatte viele Touristen in den offenen Wagen sitzen, die von einer Zahnradlok gezogen wurden. Über den Mgne de Ciboure (411 m) und den Col d´Ilbardin Mendale (317 m) führte der Weg zum Teil sehr steil hinunter nach Hendaye. Von den Bergen war bei guter Sicht die Entfernung zum Atlantik verführerisch nahe, je weiter ich nach unten kam, umso weiter rückte der Meeresstrand wieder von mir weg.

Spanien ist erreicht

Um 17 Uhr überschritt ich den Grenzfluss La Bidassoa auf der Pont Saint-Jacques oder spanisch Puente de Santiago von Frankreich nach Spanien. Etwa zwei Drittel meiner Pilgerreise habe ich jetzt hinter mir, und wenn nichts mehr dazwischen kommt, werde ich auch meinen Zeitplan nach Santiago einhalten können. Jetzt war ich in Irun und wurde bei sonnigem Wetter von dem bronzenen Stadtgründer Luis Mariano, auf einem Stuhl sitzend, leger begrüßt. Der nette freundliche Herr, etwa in meinem Alter, studierte meine mitgebrachte Karte, hielt meine Wanderstöcke fest und bat zu einem kleinen sit in. Gesagt getan, ein Fotoshooting mit Prominenz und weiter führte mich der beschilderte Weg durch die Stadt Irun. Wenige Kilometer waren es nur noch bis Hondarribia und seltsamerweise dachte ich nicht mehr an mein Bein. Vielleicht haben die Tabletten geholfen und ich bin auf dem Weg der Besserung.

Hondarribia: Wunderschöne Altstadt

Bald erreichte ich Hondarribia, eine Stadt, deren Name ich zuvor nie gehört habe. Zuerst marschierte ich durch eine einfache, graue Vorstadt, bis ich schließlich über einen Steg, der hoch über die Hauptstraße führte, die Altstadt auf einem Berg erreichte. Eine alte Stadtmauer sorgte für Spannung, bis ich eines der kleinen Tore durchschritten hatte und sich links und rechts der gepflasterten Straßen ein Kleinod an das andere reihte. Herrliche Häuser mit hölzernen Veranden und einem lebhaften Gewimmel von Touristen und Einheimischen erzeugten eine magische Stimmung, weil alles so heimelig wirkte. Gleich beim großen Platz in der Mitte bei der Burg fand ich ein kleines Hotel, wo ich auch etwas zu Abend essen konnte. Ein Spitzenkellner namens George zelebrierte mir den ersten Sidre, bot mir aber zum Essen einen feinherben Zakoli an, ein Weißwein einer kleinen, berühmten Lage an der spanischen Küste. Gegen 11 Uhr bekam ich als Betthüpferle noch eine Dessertmischung aus Kaffee-Vanilleeis und einem Schuss Likör.

… und mir tat nichts mehr weh.

49. Tag – Hallo und Smal Talk mit dem Stadtgründer von Irun

50. Tag, 09. Juli 2009

Hondarribia – Orio, 9.30-22.00 Uhr
40 km – 900 Höhenmeter

Die Spanier halten von Frühstück nicht viel. Sie kommen in die Bar, trinken einen Kaffee und rauchen Zigaretten, wie bisher. An der Theke steht ein Korb mit Croissants und Schnecken. Der Kaffee wird tassenweise bestellt, serviert und berechnet, die Teigwaren sowieso. Während ich meinen schwarzen Kaffee schlürfe und ein Croissant mit Butter und Marmelade genieße, kommt ein ausländisches Ehepaar auch zum Frühstück, setzt sich an einen Tisch und wartet. Zunächst passiert nichts. Nach einer Weile fragt die Frau nach einer Karte. Fehlanzeige. Hm, was nun? Irgendwie wird in der Küche ein Continentalfrühstück zusammengebastelt und serviert. Lustlos mampfen er und sie an dem Gebäck herum und wissen nicht so recht, was sie damit anfangen sollen. Ja, andere Länder- andere Sitten. Eher unlustig beenden die beiden das Frühstück und verschwinden. Da alle Küstenstädte auf Meereshöhe liegen, sind auch die angrenzenden Hügel mit 300 bis 500 Metern immer eine kleine Herausforderung. Ich habe mich psychisch darauf vorbereitet und startete, nicht ohne vorher meine Reserven zu füllen. Obst, Getränke und Energieriegel müssen über den Tag helfen. Zunächst folgte der Weg über zwei Kilometer den Serpentinen einer schmalen Landstraße. Mein Reiseführer schlägt vor, die erste Etappe nach San Sebastian zu gehen. Bis dahin sind es 28 Kilometer. Dazu kommen ein paar hundert Höhenmeter, die dieser Etappe bestimmt einen besonderen Reiz verleihen. Das erste Zwischenziel gilt dem Jaizkibel auf 550 Meter Höhe. Der schmale Trampelpfad führt über magere Wiesen, dichtes, stacheliges Buschwerk steil in die Höhe. Mit jedem Schritt gewinne ich mehr Höhe und erlebe dabei eine Fernsicht, wie ich sie mir nicht schöner wünschen könnte. Die letzten Tage waren schon ungemein eindrucksvoll, als ich über die Pyrenäen kam, aber diese Landschaft schlägt alle Rekorde.

Kätzchenstory

Am Vormittag treffe ich auf ein junges Paar, dem eine kleine Katze nebenher läuft. Irgendetwas stimmt nicht, als ich die beiden passierte. Eine Unterhaltung kam nicht in Gange, weil ich mich nicht aufhalten wollte. Als ich wieder etwas Abstand gewonnen hatte und mich halb nach hinten drehte, sah ich, dass mir die Katze gefolgt ist. Jetzt wusste ich, warum sich die beiden so komisch verhielten. Die wollten das Kätzchen mir anhängen, was ihnen auch gelungen war. Ich zog weiter, das Kätzchen immer neben oder hinter mir. Aber was soll ich mit dem Kätzchen. Nachdem ich deutlichen Vorsprung herausmarschiert hatte, nutzte ich eine Grundstückseinfahrt, um das Kätzchen dort hineinzuführen. Irgendwie wird sie neuen Anschluss finden. Sie sprang in der Einfahrt ein ganzes Stück voraus und ich konnte mich mit einem Sprung die seitliche Böschung hinauf außer Sichtweite bringen und dann auf der Straße meinen Weg fortsetzen.

Links das Land – rechts das Meer

Der Jaizkibel bekommt die Erlebnisnote 1. Bei herrlichem Wetter genieße ich Fernsehen in natura. Rechts unter mir die Gischt der Wellen, die sich am Uferfelsen zerschlagen, links das Pyrenäenmassiv und dazwischen eine lebendige, fruchtbare Auenlandschaft mit Städten und Dörfern, großen Lagern oder Gewerbehallen und wegen der Entfernung nichts zu hören, Autos und Züge wie in einer Bilderbuchlandschaft. Der Gipfelpfad verläuft direkt auf einem schmalen Grat. Auf beiden Seiten gibt es genügend Sicherheit durch Geländer oder Zäune.
Doch auf jeden Berg folgt wieder ein Tal. Der Camino führt sehr steil hinunter nach Pasajes, vorbei an einer Wiese, auf der etwa zwanzig riesige Gänsegeier ihren Start- und Landeplatz haben. Nie habe ich in der freien Natur solche Riesenvögel gesehen. Der Abstieg war schon sehr, sehr steil und ich war froh, gutes Schuhwerk mit griffigen Sohlen zu tragen. Auf halber Höhe über dem Dorf musste ich sogar einen Fangzaun gegen herabfallende Felsen überwinden.

Dieser wurde ohne Rücksicht auf den Weg auf eine Länge von zirka 30 Metern am Fels mit riesigen Stahlseilen verankert und die Stahlstützen einbetoniert. Ein Hinweis auf Umgehung dieser Sperre war nirgends zu finden. Das zweiteilige Dorf erreichte ich ganz unten über eine ganz steile Rutsche, die mit losen Steinen wenig Halt bot, dafür aber an der Seite ein Sicherungsseil befestigt war. Jetzt war ich wieder auf null, folgte der Kaimauer bis ins Dorf und entdeckte nach einer ersten Frage an einen Bewohner die Anlegestelle für eine kleine Fähre, die diesen Minifjord nach Bedarf überquert. Hier gelangt man ohne großen Umweg vom Ortsteil San Juan nach San Pedro. Beide Ortsteile sind regelrecht in diese Bucht hineingezimmert. Selbst die einzige Straße ist an einer Stelle mit Häusern überbaut, sodass ein niedriger Tunnel entsteht, wo lediglich noch Pkws durchfahren können. Bunte Veranden erinnern an die Häuser von Hondarribia. Auf der gegenüberliegenden Seite treffe ich gleich wieder auf die Wegbeschilderung und werde über eine sehr steile Steintreppe direkt an der Steilküste wieder nach oben geführt. Zwei Hügel mit 120 bis 150 Meter Höhe müssen überquert werden, um den Blick frei zu bekommen hinunter nach San Sebastian.
Auf dieser etwa zehn Kilometer langen Strecke habe ich eine Flora und Fauna erlebt, wie ich sie auf der ganzen Tour noch nicht in dieser bunten, geballten Form gesehen habe. Leider kenne ich die Namen der Blumen nicht. Paradiesisch diese Eindrücke. Unter mir liegt die zerklüftete Atlantikküste mit kleinen Buchten, Vogelfelsen und manchmal auch lauten Tummelplätzen von Möwen. In den steilen Felsen sind Überreste von alten Aquädukten zu erkennen. Draußen auf dem Meer segeln oder düsen vereinzelte Boote. Hier ist die Welt wirklich noch in Ordnung und hoffentlich sind die Pilger so vernünftig und bewahren diese herrliche Landschaft auch für unsere Nachkommen.

San Sebastian

Um 16.00 Uhr blicke ich zwischen Stauden und Büschen auf die Badebucht von San Sebastian. Hier kommt richtiges Urlaubsfeeling auf, jedoch ich muss zuerst wieder runter auf null. Nach wenigen

Minuten überquere ich die Uferstraße und folge dem langen Sandstrand auf dem angrenzenden Gehweg. Zufällig stoße ich auf die vier schönsten Frauen der Stadt, die mich seltsam interessiert bestaunen. Viele Pilger kommen hier offensichtlich nicht vorbei. Eine von den Schönen zückte eine Kamera und ich deutete, du mich und ich dich. Die Zeichensprache funktioniert, die vier Schönen gehen in Position und ich schieße ein Bild. Ich positioniere mich am Geländer und werde reihenweise abgeschossen. Doch eine Seltenheit, so ein haariger Pilger!
Der Strand verläuft direkt parallel zu den sechs- bis achtgeschossigen Stadthäusern von San Sebastian. Hotels, Geschäfte und Wohnungen wechseln sich mit sehr unterschiedlichen Baustilen auf der gegenüberliegenden Seite ab. Ein Supermarkt im Zentrum lädt zum Einkaufen ein. Meine Vorräte sind verbraucht und bei tollem Wetter entscheide ich, noch eine Etappe dranzuhängen. Sie ist mit 13 Kilometern bis Orio angegeben. Im Supermarkt beschäftigen sich drei junge Frauen mit einem Gemeinschaftseinkauf. Blond, rötlich und brünett, dazu helle, deutsche Schülerinnenhaut und bei genauem Hinhören eindeutig Deutsche. Theresa, Aylin und Lisa sind auf dem Weg zur Jugendherberge und wollen in San Sebastian auf einige Etappen starten. Es war nett, euch kennen gelernt zu haben und Buon Camino. Bei der letzten Eisbude kaufte ich drei Kugeln, setze mich auf einen der einbetonierten Stühle und lege meinen leicht angeschwollenen Fuß auf den Rucksack, damit er sich nochmals etwas erholen kann, bis ich dieses Eis geschleckt habe. Bei herrlichem Wetter verlasse ich um 18.30 Uhr San Sebastian am zweiten großen Strandabschnitt, der heringsdicht belegt ist. In zwei Abschnitten stehen mir jetzt nochmals 300 Höhenmeter bevor, ehe ich mit dem steilen Abstieg nach Orio meine erste spanische Etappe beenden kann. Um 20 Uhr treffe ich auf einen Stein am Wegrand, der auf eine gute Wasserquelle hinweist. Mein mitgeführtes Wasser ist heute schon lauwarm geworden. Hier konnte ich nochmals frisch auftanken. Und es war nicht zu viel versprochen. Das Wasser schmeckte sehr gut. Über Igeldo, auf 300 Metern Höhe, komme ich jetzt zügig voran.
Schon entdecke ich kurz vor 21 Uhr den breiten Zufluss des Rio Ona ins Meer und glaube, gleich da zu sein. Diesmal nicht. Ich

lande in einer Großbaustelle der Autobahn und finde keinen Umweghinweis. Also gehe ich auf Verdacht talwärts, treffe später auf ein Schild mit dem Hinweis, drei Kilometer Orio. Also los. Stopp. Umkehren Bauzaun, jetzt wohin? Im Reiseführer steht etwas von Unterführung der Neubaustrecke. Ich gehe so lange entlang der Neubaustrecke, die bereits befahren wird und deshalb nur sehr schwierig überquert werden kann, bis ich auf eine Unterführung treffe. Dort gibt es erste Straßenschilder nach Orio und es sind nochmals drei Kilometer dorthin. Im Straßengewirr hält plötzlich ein weißer Golf neben mir, besetzt mit fünf jungen Männern. Sie wollen mit dem Auto nach Orio und finden nicht den richtigen Weg. Ich gab ihnen einen Tipp, beantwortete die Standardfragen und Buon Camino. Einen letzten kleinen, aber steilen Hügel aufwärts musste ich noch packen und entdecke die ersten Siedlungshäuser von Orio. Um 22 Uhr kam ich, nach liebevoller Hilfe durch einen Passanten, bei einem Hotel am andern Ende der Stadt an. Man hat mir angesehen, dass ich nun doch langsam an meine Grenzen stoße. Gleich wurde ich bekocht, bekam eine gute Nudelsuppe und einen reichlich bestückten Vesperteller mit einigen Wurstsorten und etwas Käse. Gegen 23.30 Uhr war ich satt, zufrieden, aber mit einem geschwollenen Knöchel nicht ganz gesund. Die Gastgeberin, Chefin des Hauses stellte mir ein hausgemachtes, schmalzgebundenes Schmiermittel zur Verfügung, mit dem ich, nach einem ausgiebigen Bad, meine Beine verwöhnen konnte. Morgen gibt es vor 9.00 Uhr kein Frühstück. Einverstanden – Gute Nacht!

50. Tag – verträumte Bucht – fast senkrechter Abstieg

50. Tag – Wilde Schönheit im Wald an der Küste

50. Tag – Sommermodenschau auf der Flaniermeile in San Sebastian

50. Tag – das war wirklich ein guter Tip

51.+ 52. Tag, 10. Juli 2009

Orio – Zarauz, 10.00-14.30) Uhr
(5 km)

Frau Doktor schreibt mich krank

In Frankreich waren die Frühstücksangebote meist recht mager. Heute bin ich den zweiten Tag in Spanien und muss feststellen, dass es hier nicht besser ist. Gestern Abend wurde ich bestens versorgt, die Salbe für meine Beine zeigt bereits Wirkung, aber vor neun Uhr bewegt sich in diesem Hotel am Freitagmorgen nichts. An der Theke begrüße ich die Hotelchefin. Sie reicht mir eine Tasse Kaffe und zeigt beiläufig auf einen Brotkorb. In diesem befinden sich kreuz und quer durcheinander kleine Biskuits, Schneckennudeln, halb zerquetschte Blätterteigtaschen und Croissants. Zwei Teilchen habe ich ausgewählt und zu meinem schwarzen Kaffee verspeist. Meine Rechnung wurde mir so beiläufig auf die Theke gelegt. Ich bezahlte und bedankte mich mit einem doppelten Muchas gracias und Adiós. Nächste Station war die Apotheke in der Stadt. Schon gestern Abend habe ich das leuchtende Transparent gesehen und ich musste nur wenige Minuten dorthin gehen. Deutlich spürte ich, dass heute zum ersten Mal die Schwellung nicht so zurückging wie in den vergangenen Tagen. Der Knöchel war richtig dick geschwollen. Leichte Schmerzen verspürte ich nur in der rechten Wade. Jetzt habe ich mir doch vorgenommen, in der Apotheke nach einem Arzt zu fragen, vielleicht habe ich hier mehr Glück als in Ainhoa.
Die Frau Apothekerin richtete einen Blick auf meine Schwellung und empfahl mir mit Nachdruck, gleich eine Praxis aufzusuchen. In halb Englisch vergewisserte ich mich, ob dort auch jemand anzutreffen sei. Sie versicherte mir glaubhaft, dass dies kein Metzgersgang geben wird, ging mit mir zur Ladentür und zeigte auf ein großes Haus, am Ende der breiten Straße, mit Landhauscharakter. Diese 300 Meter werde ich dann noch riskieren können, marschierte mit Hab und Gut zur Praxis. Im ersten Stock konnte ich mich anmelden, meine Versicherungskarte, als Personalidentifizierung, reichte aus und ich wurde ins Wartezimmer geschickt.

Eine schwangere Frau wurde gerade zur Behandlung aufgerufen, eine weitere wartete noch vor mir, sodass ich mich etwas in Geduld üben musste. Eine gute Dreiviertelstunde verging, bis ich aufgerufen wurde. Frau Dra. Aramburu Lazcano gab sich große Mühe und erkannte wohl auch, dass ich ein Problem hatte. Jedoch ich kein Spanisch, sie kein Englisch, geschweige denn Deutsch, machte es notwendig, einen Dolmetscher zu organisieren. Sie rief eine junge Kollegin, die nach kurzem Check gleich noch einen Arzt hinzuzog. Meine Pilgerreise war sehr spannend für die beiden und sie verstanden, dass ich doch möglichst bald weiterziehen möchte, doch nach abschließender Dreierkonferenz erklärte mir die jüngere Ärztin Dra. Carvajal Goikoetxea sehr nachdrücklich, dass ich drei Tage Pause einlegen müsse. Eine fortgeschrittene Infektion kann nur mit Ruhigstellung und Antibiotika wirksam behandelt werden.
Am bevorstehenden Wochenende ist Stadtfest in Orio und beide Ärztinnen hatten große Befürchtungen, überhaupt ein Zimmer zu finden. Und so war es. Selbst in meinem Hotel von heute Früh war alles über das Wochenende ausgebucht. Die Mitarbeiterin der Touristinformation versuchte bei drei Vertragshotels eine Direktbuchung durchzuführen, jedoch ohne Erfolg. Sie drückte mir ein Hotelverzeichnis der Umgebung in die Hand, ich setzte mich auf eine Steinmauer und telefonierte der Reihe nach die Hotels ab. Nach einer knappen Stunde wurde ich fündig und erhielt eine telefonische Zusage vom Hotel Karlos Arguinano in Zarauz. Jetzt besorgte ich mir in der Apotheke die Antibiotikapillen. Alle acht Stunden regelmäßig eine Tablette und das sieben Tage lang, war die klare Ansage der Apothekerin. Für 1,30 Euro brachte mich ein Bus der Gesellschaft EUSKOTREN zirka vier Kilometer nach Zarauz, ganz in die Nähe des Hotels. Ein 4-Sterne-Zimmer mit großer Terrasse war natürlich als Pilgerlazarett nicht ganz billig. Ich fügte mich, bezog meinen Salon und genoss den herrlichen Ausblick zum Meer.

›Du sollst nicht übertreiben‹

Von 100 auf null bedeutet beim Auto stark abbremsen. Das ist jetzt auch mit mir passiert. Hatte ich doch in den letzten sieben Tagen die Etappe von Lourdes über die Pyrenäen und den gewaltigen Einstieg in die Küstenroute, 250 Kilometer mit etwa 4.800 Höhenmetern bewältigt und immer noch einen Tagesschnitt von 35 Kilometer geschafft, so musste ich jetzt in die Eisen steigen und auf null herunterbremsen. Schon meine Oma hat mich als Kind immer wieder mit den Worten ermahnt: »Bua übertreibs net.« Irgendwie hatte ich den inneren Drang, wenn etwas gut lief, noch eins draufzusetzen.

Während meiner Pilgerreise sind mir doch auch Grenzen aufgezeigt worden, die nicht direkt mit den Zehn Geboten zu tun haben, aber doch eine gewisse Bedeutung für mich bekommen haben. ›Du sollst nicht übertreiben‹ passt vielleicht zu ›Du sollst den Feiertag heiligen‹. Jetzt bin ich von Frau Dra. ins Bett geschickt worden und werde erst einmal das Wochenende pausieren. Meine beiden Frauen Doctoras waren schon sehr gut zu mir und haben eine Überweisung zum Nachbarhospital in Zarauz ausgestellt. Und das alles, ohne dass ich dafür etwas bezahlen konnte. Niemand wollte von mir Geld haben. Nun verbrachte ich zwei wunderschöne, ruhige Tage, legte meine Füße einige Stunden schlafend auf das Bett oder ich lag auf meiner Liege auf der Terrasse, kippte sie nach hinten und schlief auch dort sehr komfortabel. Der Sonnenuntergang im Westen bereitete mit viel Freude, weil ich mit meiner Digitalkamera viele Einstellungen in aller Ruhe probieren konnte und es sind mir auch herrliche Bilder gelungen. Der Strand war kaum 50 Meter vom Hotel entfernt und ich konnte zwischendurch das ganze Treiben beobachten. Das Rauschen der Wellen, insbesondere bei Hochwasser, vermischte sich mit dem lebhaften Getöse der Kinder und dem unaufhörlichen Klicken der Skateboardfahrer an einer doppelten Pipe. Hier hatte ich Muße, die letzten Wochen vorbeiziehen zu lassen und mich dann mehr oder weniger auf den Endspurt vorzubereiten. 51 Tage liegen hinter mir, in 21 Tagen möchte ich, so Gott will, das Ende der Welt, das Kap erreicht haben.

Das Hotel Karlos war im Gebäude einer ehemaligen Festung untergebracht und war von Außen überhaupt nicht als solches zu erkennen. Fenster und Türen wurden stilgerecht renoviert. Im Hause selber gab es dreierlei gastronomische Angebote. Die Badegäste wurden an einer Abholstation mit Burgern und Getränken versorgt, ein preiswertes Restaurant mit umfangreicher Karte bot mir genügend Auswahl. Für den Gourmet kocht Karlos persönlich und serviert im Premiumambiente bei ›Karlos‹.

52. Tag, Samstag 11. Juli

Um halb zehn bin ich aufgewacht. In der Nacht musste ich einmal Antibiotika einnehmen und hatte meinen Handywecker gestellt. Das hat meine Nachtruhe etwas durcheinandergebracht. Zum Frühstück verbrauchte ich alle meine Mitbringsel, wie Obst, Jogurt und die restlichen Erdnüsse. Dann ging ich zum nächsten Laden und besorgte mir Quark. Damit machte ich Umschläge um meine Waden und Knöchel, damit ich bald wieder fit werde. Zusätzlich löste ich Vitamin C im Wasser und trank alle paar Stunden ein Glas. Um 17.00 Uhr ging ich langsam zum Strand, badete meine Füße im Salzwasser, und genehmigte mir auf dem Heimweg, bei einem kleinen Abstecher an der Hotelbar, ein Bier. Am Abend erlebte ich wieder einen wunderschönen Sonnenuntergang und legte mich um zehn Uhr schlafen, in der Hoffnung, dass morgen alles wieder gut ist. Um ein Uhr musste ich eine Tablette nehmen und bin bald wieder eingeschlafen.

53. Tag, 12. Juli 2009

Zarauz – Deba, 11.00-19.00 Uhr
22 km

Werde ich wieder gesundgeschrieben?

Schöner konnte der Vormittag für mich nicht beginnen. Das Frühstücksbuffet war vielseitig und hat sogar eine breite Müslimischung parat. Nüsse und Rosinen sind meine Lieblingsbestandteile, dazu etwas Jogurt und Flocken drüber. Von den Haselnüssen lasse ich gerne eine Hand voll in die Hosentasche gleiten. Sie verlaufen nicht und bieten so den ganzen Tag eine kleine Abwechslung zu Obst und Wasser. Auf gut Glück mache ich mich auf zum Centro de Salud de Zarautz. Nach einer kurzen Wartezeit werde ich in das Sprechzimmer gebeten und durfte mich gleich auf einen Behandlungstisch legen. Sorgfältig umstrich eine Ärztin mein Bein und stellte fest, dass die Behandlung gut angeschlagen hat. Das Bein war fast identisch mit dem gesunden, eine Schwellung, Rötungen und Wärme waren nicht festzustellen, sodass in mir die Freigabe keimte, bald starten zu können. Sicherheitshalber wurde noch die Körpertemperatur gemessen und ich hörte so etwas wie ›Paletti‹. Mit dem Hinweis, regelmäßig die Tabletten einzunehmen, bis die Schachtel leer ist und der Aufforderung, einen Kompressionsstrumpf zu tragen, wurde mir ein Rezept in die Hand gedrückt und sehr freundlich Buon Camino gewünscht. Muchas gracias und adios. Mit einem hüpfenden Herzen und einer Pirouette verließ ich das Sprechzimmer und freute mich über diesen herrlichen Sonntagmorgen.

Rasmundo, der Auswanderer

Kaum hatte ich auf dem Rückweg die Uferpromenade erreicht, fiel mir ein seltsames Gefährt auf, das mitten auf dem Gehweg stand. Ein überdimensionaler Handwagen mit Planen, Töpfen und allerlei Undefinierbarem beladen, ließ meine Neugierde anschwellen.

An der Seitenwand waren verschiedene Nationalflaggen aufgemalt, darunter eine Deutsche. Neben dem Wagen saß sein Besitzer, den ich mit einem freundlichen Hallo begrüßte. Erst stellte ich mich vor und so nach und nach erzählte mir Rasmundo seine Geschichte. Von Deutschland hätte er genug, begründete er seine Entscheidung auszuwandern. Sein nächstes Ziel ist Portugal, wo er künftig zu leben gedenkt. Und wenn das auch nicht funktioniert, ziehe ich weiter nach Afrika, gab er optimistisch zum Besten. Er zog seinen Malkasten aus einer Ecke des Handwagens, kramte Papier aus einem anderen Versteck und skizzierte mit dem Bleistift das gegenüberliegende Strandpanorama. Mit solchen Gemälden verdient er offensichtlich genug, um gerade zu überleben. Die Räder an seinem Wagen befinden sich in einem sehr desolaten Zustand. Nur mit Flicken und Improvisieren kommt er damit nicht sehr weit. Zwischendurch ließ er seinen Blick in eine unendliche Ferne schweifen, als ob er nach etwas suchen würde. Er wirkte auch ein wenig müde und seine leicht gebeugten Schultern ließen auch nicht gerade auf ein strotzendes Selbstbewusstsein schließen. Weil wir die gleiche Muttersprache beherrschten, sprachen wir noch ein Viertelstündchen über alles und jenes. Ich verabschiedete mich mit einer Spende, die ich in sein aufgestelltes Bettelkünstlerkörbchen warf und wünschte Buon Camino.
Meine vorläufige Reservierung im Hotel konnte ich nun aufheben. Die netten Damen an der Rezeption, die sich auch schon nach meiner Pilgerreise erkundigt hatten, machten mir die Abrechnung fertig, bis ich meinen Rucksack fein säuberlich gepackt hatte. Mit meiner Kreditkarte war der Zahlvorgang schnell erledigt und ich konnte meinen Sonntagsspaziergang beginnen. Frau Doctora hat zehn Kilometer für heute genehmigt und ab morgen könne ich langsam steigern. Von Zarautz nach Zumaia sind es ungefähr zehn Kilometer, die ich auf alle Fälle munter und ohne Beschwerden schaffen konnte. Mit einem kleinen Spaziergang durch das hübsche Fischerdorf Getaria unterbrach ich nach einer Stunde meine Tour und setzte mich auf ein Bier und einen Toast in eine kleine Bar. Hier hatte ich zum ersten Mal den Eindruck, dass es doch eine ETA geben muss. Eine Wand dieser Kneipe war mit großen Plakaten beklebt, die nach meiner laienhaften Einschätzung Werbung für

die ETA beinhalteten. Den größten Teil des Baskenlandes habe ich schon hinter mir und habe von politischen Auseinandersetzungen überhaupt nichts mitbekommen. Ein reger Touristenbetrieb war in diesem Fischerdorf zugange und der Wirt hatte gut zu tun, Erfrischungsgetränke zu servieren. Zwei mächtige Hügel, die mir bis Zumaia im Wege standen, nötigten mir am heißen Sonntagnachmittag 300 Höhenmeter ab.

Hallo Stuttgart ...

... rief ein junger Mann vom Sandstrand zu mir hoch, als ich den ersten Strandabschnitt von Zumaia erreichte. Ich hielt an und erkannte die jungen Deutsch-Spanier, die mich vor Orio nach dem Weg fragten. Währen der kurzen Begegnung erklärte ich, von der Region Stuttgart zu kommen und sie brachten sogleich den VfB ins Gespräch. So wurde ich eben mit ›Hallo Stuttgart‹ begrüßt. Sie prosteten mir mit Bier zu und ich nahm einen Schluck Wasser dagegen und verabschiedete mich mit Adios. Kurz vor 16.00 Uhr traf ich in Zumaia ein und folgte dem Camino durch einen schattigen, ruhigen Park. Hier war kaum jemand unterwegs. Vermutlich sind die ganzen Bewohner zum Baden an die Strände der Umgebung gefahren.

Tamsali und Tamsadi

Ein Ehepaar, er ein kräftiger Zweimetermann und zwei Köpfe kleiner, eine südländisch wirkende Frau an seiner Seite, kamen auf mich zu, als ich an einer Parkbank einen kurzen Stopp einlegte, um etwas Obst zu essen und meine Hosentasche wieder mit Erdnüssen zu bestücken, damit ich zwischendurch etwas zu Nagen habe. Beide sprachen gutes Englisch und horchten aufmerksam meiner Kurzfassung der Pilgerreise zu. Sie waren begeistert, stellten sich mit Ihren Namen vor und baten mich, beim Eintreffen in Santiago an der Kathedrale ein Opfer von ihnen einzulegen. Tamsali, sie und Tamsadi, er, übergaben mir zusammen vier Euro, die ich treuhänderisch zu verwalten habe. Die beiden Algerier gingen nach dieser kurzen Begegnung weiter, ich inspizierte meine Beine und Füße und fand, dass alles in bester Ordnung ist. Bei hochgelegten Beinen ruhte ich etwa eine halbe Stunde aus, führte dann das Zwiegespräch mit den Pilgerfüßen und entschied, nochmals zwölf Kilometer bis Deba in Angriff zu nehmen. Gerade als ich aufbrechen wollte, kamen drei junge, dürre Mädchen mit Rucksäcken daher und waren verzweifelt auf der Suche nach Essen und Unterkunft. Ich zitierte den Weg zur Herberge aus dem Wanderführer und verteilte meine restlichen Erdnüsse und je ein Kaubonbon. Entlang des Pilgerweges beobachtete ich ganze Familien beim Sonntagsausflug. Auf einer großen Wiese, unter Bäumen standen kleine Zelte, waren Feuerstellen aufgebaut und viele Kinder tollten herum, während sich die Erwachsenen auf Liegen, Teppichen und Luftmatratzen gemütlich gemacht hatten. Einen direkten Zugang zum Meer konnte ich nicht ausmachen. Aber lustig war es allemal, diese Sonntagsstimmung mitzuerleben.

Polizist als Zimmervermittler

Vom letzten Hügel kommend näherte ich mich langsam der Stadt. Jetzt habe ich doch noch 22 Kilometer geschafft, war aber an einer Leistungsgrenze angekommen und verspürte etwas Muskelkater. Oberhalb der Häuser führte der Jakobsweg an der Hangkante entlang und vor mir tauchten eigenartige Türme auf. Als ich schon fast davor stand, erkannte ich, dass es sich hierbei um öffentliche Aufzüge handelt, die eine bequeme Verbindung zur Unterstadt herstellten. Gerade kam ein Passant, der den Aufzug herbeidrückte. Ich fragte, so gut ich konnte, ob ich mitfahren darf. Der nette Herr ließ mir den Vortritt und ich konnte so bequem das untere Niveau erreichen. Treppen sah ich weit und breit keine. Beim Einsteigen entdeckte ich sogar, dass die bemuschelte Pilgerroute den Aufzug mit einbezog. Nach wenigen Schritten war ich schon in der Stadtmitte angekommen, sah jedoch weit und breit kein Hotel. Ein Verkehrspolizist im Dienst erkannte mein Problem, winkte mich zu sich. Er vergewisserte sich mit einer eindeutigen Handbewegung, ob ich ein Hotel suchen würde, und ging mit mir im Schlepp in eine kleine Büronische im Erdgeschoss eines Eckhauses an der großen Kreuzung. Er griff dort gleich zum Telefon und malte mir eine Skizze auf einen Schmierzettel, schrieb den Namen des Hotels dazu und schickte mich gegenüber, geradeaus, weiter. Kurz vor 20 Uhr erreichte ich die Pension Zumardi, wo man schon auf mich gewartet hat. Zum Abendessen musste ich jedoch nochmals durch den kleinen Park in die City und fand dort ein überaus reichliches Angebot. Ich wählte wieder einen Italiener und konnte mit einem hoch gelegten Bein auf dem Stuhl neben mir den Tag gemütlich ausklingen lassen. In meinem Quartier beschäftigte ich mich noch mit der nächsten Etappe, pflegte meine Füße und wusch die Kompressionsstrümpfe, die mir heute sehr gute Dienste geleistet haben. Meine Füße waren topfit.

52. Tag – Pilgerfußpflege

54. Tag, 13. Juli 2009

Deba – Gernika-Lumo, 10.00-21.00 Uhr
48 km (total 2063)

Nach einem reichhaltigen Frühstück hatte ich in der Stadt noch einige Besorgungen zu machen. Eine kleine Sendung nach Hause mit den verbrauchten Landkarten und angefallenen Belegen gab ich bei der Post auf. Gestern Abend habe ich eine Grobplanung gemacht, um festzustellen, wie ich meine Tagestouren nach dem zweitägigen Aus einteilen muss, um doch noch pünktlich, bis Ende des Monats, das Kap zu erreichen. Ergebnis: Der Tagesschnitt muss auf gut 45 Kilometer angezogen werden. Heute begann der Tag mit Wolken am Himmel und es roch nach Regen. Mein Handbuch bot drei Etappen an, die zusammen 48 Kilometer ausmachten. Das Problem dabei war, dass zwischen den Etappenzielen kaum Unterkünfte zu finden sind. Mit genügend Wasser, Obst, Nüssen und Käse zog ich um 10.00 Uhr los. Die erste Begegnung heute galt einem großen, schwarzen Hirschkäfer. In meiner Jugend war es eine Sensation, wenn man ein solch großes Zangentier zu Gesicht bekam. Gleich ein Schnappschuss und weiter geht die Reise. Der Weg ist heute sehr schlecht gekennzeichnet und es dauerte nicht sehr lange, dann hatte ich die durchgängige rot-weiße Markierung verloren. Auch die Beschreibungen im Handbuch passten nicht so richtig zu den Wegen, die ich zur Wahl hatte.

Duch den Stacheldraht wieder auf den richtigen Weg

In einer waldreichen Gegend um Olatz und Larruskain hätte ich umkehren müssen, weil die Pfade immer schwieriger wurden. Vor mir Richtung Westen sah ich jedoch einen Bergkamm, den ich auf jeden Fall überqueren musste. Mithilfe der Sonne und später, weil sie nicht mehr zu sehen war, mit dem Kompass, nahm ich den direkten Weg durch den Wald. Zuerst konnte ich noch Holzwege benutzen, bis diese wieder in die Gegenrichtung abbogen. Die letzten 200 Höhenmeter ging ich dann quer durch das Unterholz an und erreichte, nachdem ich drei Stacheldrahtzäune überwunden hatte, tatsächlich den Kamm. Dort verlief ein Verbindungsweg und ich hatte einen Überblick über die Umgebung, sodass ich meine Zielrichtung in etwa bestimmen konnte. Pünktlich um 12 Uhr saß am Wegesrand Etti Girb aus Köln und mampfte ihre mächtige Stulle aus einer Papiertüte. Wenige Minuten tauschten wir uns aus. Sie war jedoch nur über die katastrophalen Zuständen in den spanischen Pilgerherbergen am Schimpfen und wollte nur noch wenige Kilometer weiter gehen. Ich zog wieder los und genoss die eher kühlen Temperaturen um etwa 20 Grad. Meine einzige Befürchtung war, dass es heute noch regnen könnte. Nach erfolgreicher Bewältigung der ersten 600 Höhenmeter kam ich an einem einsamen Bauernhof vorbei. Dort stand eine massive, schwere Holzbank und gerade kam die Sonne durch. Ein kurzer Stopp tut gut, die Sonne verwöhnte mich ein paar Minuten und ich schälte mir eine Banane und aß einen Apfel. Mit einem alten Auto kam der Bauer angefahren und setzte sich wenige Minuten zu mir. Er lebt alleine auf diesem verlassenen, alten Hof, der nur notdürftig gerichtet war. Beim Abschied beschrieb er mir den weiteren Wegverlauf und ich fühlte mich wieder auf dem richtigen Pfad. Wegzeichen waren jedoch immer noch keine zu sehen. Wunderschöne Pfade führten weiter durch eine sehr waldreiche Gegend und zwischendurch konnte man einen herrlichen Ausblick genießen. Und siehe da; mitten im Unterholz treffe ich auf eine sehr charmante, junge Pilgerin, allein auf weiter Flur. Alle Achtung signalisierte ich. Wir wechselten ein paar Worte, sie genehmigte ein Erinnerungsfoto und erzählte mir, dass sie aus Minnesota gekommen sei, um eine größere Etappe des Küstenweges zu machen. Nächstes Jahr will sie die Reise fortsetzen und nach Santiago pilgern. Um 15.30 durchkreuzte ich Markina, genehmigte mir ein Bier und einen Kaffee in einem Straßenkaffee, wo ich drei älteren Damen beim Kartenspielen zuschauen konnte. Einzelne Pilger waren hier auf dem Marktplatz unterwegs und haben vermutlich hier ihre Tagesetappe abgeschlossen. Ich wollte weiter, um ein wenig Vorsprung herauszuarbeiten. Und jetzt stehen nochmals fast 600 Höhenmeter bis nach Gernika an. Viereinhalb Stunden war ich in einer sehr einsamen Gegend unterwegs, bis ich um 20.45 Uhr Gernika erreichte. Was mich aber am Abend doch noch einholte, war ein dreistündiger Nieselregen. Passanten empfahlen mir das Hotel Bolina, wo mir eine junge Mitarbeiterin sehr spontan ein spezielles Pilgerangebot unterbreitete. Hier hatte ich den Eindruck, dass auch dieses Hotel auf Pilger eingerichtet ist. Das Zimmer war einfach, aber völlig ausreichend. Der Chef selbst war Koch und zauberte ein hervorragendes spanisches Essen aus seinen Töpfen. Der Service war perfekt und ein guter Tropfen aus der hiesigen Region, Castillo de Arteaga, rundete das Abendmahl auf das Feinste ab. All inklusive bezahlte ich dann 46 Euro und bekam dafür auch noch ein ausreichendes Frühstück. Strümpfe und T-Shirt waschen war noch Pflicht und dann kam noch die Fußpflege. Gute Nacht.

55. Tag, 14. Juli 2009

Gernika-Lumo – Bilbao – Portugalete, 10.00-20.30 Uhr
49 km

Gernika ist eine Reise wert

Die Stadt hat eine besondere Identität. 1937, während des Spanischen Bürgerkriegs, wurde sie bei einem schweren Bombenangriff durch deutsche Hilfstruppen, der Legion Condor, unter Franco nahezu dem Erdboden gleichgemacht. Um so erstaunlicher ist es, dass die Stadt ein sehr sauberes und gepflegtes Bild vermittelt. Wunderschön angelegte Parks bieten zwischen quirligen und lebhaften Geschäftsstraßen Ruhe und Entspannung. P. Picasso hat mit seinem Werk ›Guernica‹, eines der berühmtesten Werke des 20. Jahrhunderts, der Vernichtung der Stadt gedacht. Offensichtlich habe ich einen besonderen Tag erwischt, weil in der ganzen Stadt Schulklassen unterwegs waren. Auffallend war, dass alle Klassen einen selbst gemalten Banner, an einer farbigen Stange befestigt, mit sich trugen. Zudem gingen alle Kinder in geschlossenen Gruppen und hielten sich mit einer Hand an einem farbigen Seil fest. Jede Klasse hatte für Bannerstange und Seil eine eigene Farbe. Das Bild der Stadt wird stilistisch von Bauten geprägt, die eine eigenartige Mischung aus Jugendstil und Moderne darstellen. Die Eingangsfassade der Kathedrale wirkt zwischen den übrigen Gebäuden wuchtig und alt.
Durch gepflegte Vorstadtsiedlungen verlasse ich die Stadt mit gefülltem Rucksack für einen weiteren langen Tag. Seit ich gestern Morgen Deba verlassen habe, führte mich der Camino immer weiter durch das Landesinnere. Um die Städte Bermeo, Mungia und Pletzia macht der Küstenweg einen großen Bogen und erreicht erst wieder über Bilbao und Portugalete die Küstenregion am Atlantik. Die Wegmarkierungen waren heute wieder deutlich besser zu sehen und ich hatte weniger Steigungen als gestern und konnte so ein gutes Tempo machen. Am frühen Nachmittag erreichte ich das Ortsschild von Goicolegea – Larrabezua. Es war mit einem sehr aufwändigen Wappen versehen und erregte deshalb meine Aufmerksamkeit. Wenig später sah ich den Namen dieser beiden

Orte mit blauen Emaillekacheln an einer Hauswand mit eingebaut. Beim Gang durch die Ortsmitte kam ich an aufwändig gebauten Sandsteinhäusern vorbei, die zum Teil mit verblendeten Veranden gestaltet waren. Als Brüstung wurden weißblaue Keramikstützen verwendet, eine sehr kostbare und seltene Variante, die mir sonst nicht begegnet ist. Wenige Schritte weiter blicke ich in den Gastraum einer Bar, wo sich Männer aller Altersklassen zu einem Glas Wein getroffen haben, und das mitten am Tag.
Wenige Meter daneben haben sich fünf junge Frauen zu einem Kaffeekränzchen getroffen. Ich überlegte und war mir sicher, dass heute ein normaler Werktag ist. Fast schon war ich vorbei und wollte nun aber doch wissen, ob es eventuell einen regionalen Feiertag gibt, weil hier alle Menschen, die ich wahrnehmen konnte, so vergnüglich beisammen waren. Die Männer drinnen, die Frauen draußen. Ich ging wenige Schritte zurück zum Damenkränzchen und fragte auf Deutsch und Englisch nach dem Grund für diese heitere Zusammenkunft und ob heute ein Feiertag wäre. Alle lachten, als ob sie mich verstanden hätten und erklärten, dass sie hier gemeinsam ihre Mittagspause halten. Klar wollten sie wissen, woher ich komme und wohin ich gehen will. Nach einem kurzen Kauderwelsch musste ich leider diesen fröhlichen Ort wieder verlassen. Der Weg nach Bilbao, und wenn möglich nach Portugalete, war noch weit.

Bilbao

Über Zamudio, wo ich ebenfalls auf ein ausgefallenes Ortsschild stieß, erreichte ich um 17.00 Uhr die Stadt Bilbao. Ein heißer Tag mit viel Wasserbedarf wurde allmählich etwas angenehmer. Bilbao, eine Weltstadt, hat sehr viel zu bieten und ich habe mir vorgenommen, auf alle Fälle noch einmal hierher zu kommen, mir ein wenig mehr Zeit einzuplanen, und die wunderschönen Bauwerke und die Stadt mit ihrem besonderen Ambiente zu genießen. Doch ein Pilger erreicht nur sein Ziel, wenn er geht. Für ein Erinnerungsfoto vor der Kathedrale fand sich gleich eine Passantin, doch leider war die Pforte zu. Selten, dass eine Kirche oder Kathedrale um diese Zeit geschlossen ist.

Guggenheim-Museum

Vorbei an einem mächtigen Kopfbahnhof folgte ich dem Rio de Bilbao. Kurz vor der Ponte de la Salve ragt eine Stahlbeton-Skulptur in die Höhe und bildet mit den Stützpfeilern für die Hängebrücke und dem danach folgenden Guggenheim Museum ein kunstvolles Gesamtwerk of Modern Art. Über Kunst und Schönheit wird schon seit Menschengedenken gestritten und diskutiert. Eines muss man dem Museum zugute halten. Von außen ist es unübersehbar. Man muss hinschauen, ob man will oder nicht und die Kombination aus Beton und Stahl ist wohl einmalig. Viele Menschen bewegen sich um das Museum herum, was die architektonischen Dimensionen erst richtig zur Geltung bringt. Statische Feinheiten und leicht wirkende Massen lassen das Auge nicht mehr los. Reinschauen werde ich ein andermal. Ein sehr lebhaftes Völkchen begleitet mich hinaus aus der Stadt. Ältere Menschen haben sich am Flussufer zu einem abendlichen Schwatz auf einer Bank niedergelassen. Ein Stück weiter fällt mir ein knallbunter Kinderspielplatz auf. Viele Kinder und erstaunlich viele Eltern sind anwesend und beschäftigen sich auffallend häufig mit ihren Kindern. Fast überlaufen wirkt das Getümmel auf dieser überschaubaren Parzelle. Ich drehe jetzt bis zum Anschlag hoch, damit ich doch noch die restlichen zwölf Kilometer bis Purtugalete schaffe. Um 21 Uhr habe ich es geschafft. Die Pilgerherberge war schon geschlossen, was mir nicht unrecht war und nach einigem Zögern stieg ich zu akzeptablen Pilgerkonditionen im Grandhotel ab. Es lag direkt unterhalb der Stadtmitte am Fluss Nervion. Eine gute Küche im Hotel bescherte mir auch noch ein köstliches Abendessen, sodass ich nicht mehr aus dem Haus musste. Ein Internetplatz war nach dem Essen auch noch frei und ich konnte die neuesten Nachrichten nach Hause übermitteln.

55. Tag – Stadthaus in Gernika – Lumo

55. Tag – Das Guggenheimmuseum in Bilbao

56. Tag, 15. Juli 2009

Portugalete – Islares, 11.00-20.00 Uhr
35 km

Heute will ich es ein wenig ruhiger angehen lassen. Zarauz, wo ich am Wochenende die Beine hochlegen musste, liegt bereits 119 Kilometer hinter mir. Ich fühle mich gesund und munter und möchte so gerne die letzten 14 Tage bis nach Santiago und die restlichen 650 Kilometer auch noch überstehen. Bei der Touristinformation holte ich mir einen Pilgerstempel und besuchte die Hängebrücke, um aus nächster Nähe die Bauweise und Technik ein wenig kennen zu lernen. Auf beiden Seiten des Flusses standen zwei Stahlrippentürme. Diese tragen eine Konstruktion aus Stahlelementen, die sich über den gesamten Fluss spannt. Diese Konstruktion ist begehbar und hat an der Unterseite Schienen montiert, in denen ein langer Wagen läuft und vermutlich per Seilzug angetrieben wird. An diesem Wagen hängt an langen Stahlseilen die eigentliche Fähre, die genau auf Straßenniveau aufgehängt ist. Personen und Pkws können hier problemlos übersetzen. Das Ganze ist höher als die achtgeschossigen Gebäude, die hier am Ufer stehen. Mit dem Schrägaufzug, vergleichbar einer Rolltreppe, lasse ich mich mit den übrigen Fußgängern zur Stadtmitte hochziehen. Dort angekommen, entdecke ich auch schon die Bronzemuscheln auf den Gehwegplatten. Hier gilt, den Strahlen zu folgen und nicht dem Muschelkopf. Noch einmal versuchte ich, in die Auberge zu gelangen, um ein Interview mit Mitarbeitern oder Pilgern zu führen. Fehlanzeige, die Herberge war um 10.00 Uhr wieder dicht verschlossen. Laredo habe ich als nächstes Ziel angepeilt. Da ich nun wieder an der Küste angelangt bin, gibt es zwischendurch immer wieder Möglichkeiten, ein Quartier zu finden. Die letzten Übernachtungen waren durchweg im Premiumbereich, sodass ich heute auch einmal wieder eine einfache Herberge benutzen könnte. Zudem wollte ich mir ein wenig mehr Zeit für Begegnungen nehmen.
Von Portugalete bis La Arena führt ein neuer, rotschwarzer Fuß- und Radweg. Vermutlich wurde dieser mit dem Bau der neuen Autobahn A 8 errichtet, um dem Rad- und Fußgängerverkehr eine

gefahrlose Trasse anzubieten. Der Verkehr war rege und schon entdeckte ich am Rande des Weges unterhalb einer Autobahnbrücke, die Hütte eines Einsiedlers. Sein Stückle war komplett eingezäunt und mit sonderbaren Skulpturen dekoriert. So drehte sich eine Fahrradfelge, auf einer Stange befestigt, leise surrend, vom Wind angetrieben. Als er merkte, dass ich meine Kamera schussbereit hielt, deutete er mir esperar, esperar (warte!), holte seinen Sonnenhut und stellte sich mir in kurzen Jeans, als Model, mitten in den Weg vor seine Hütte. Gleich darauf kam Raffa vorbei, der als Pensionist seinen täglichen Marsch auf diesem Caminoabschnitt unternahm. Er begleitete mich über etwa fünf Kilometer bis zum nächsten Ort und erzählte mir den Großteil seiner Lebensgeschichte. Zum Teil konnte ich folgen, zum Teil stimmte ich pauschal zu. Verstanden. Es gefiel ihm, mit mir ein strammes Tempo zu gehen. Doch an kleinen Steigungen kam er, trotz nacktem Oberkörper, ins Schwitzen und seine Atemzüge wurden hörbar. Immer wieder kreuzte ich die A 8 auf einer Brücke oder Unterführung, bis ich gegen 13.00 Uhr bei Pobena wieder den Strand erreichte.

Ruhige Sandstrände, geschützte Buchten und wenige Menschen laden hier zum Entspannen ein. Hätte ich einen Tag übrig, würde ich hier mindestens ein paar Stunden verbringen. Doch bald entdeckte ich die ersten Pilger und nahm mir ein wenig Zeit, mich mit ihnen auszutauschen. Ronan und Eloise, zwei schwarzhaarige Südländer, waren ganz aufgeschlossen und gingen ein Stück mit mir. Eloise reklamierte bald und wollte kein so hohes Tempo gehen. Ronan folgte mir noch einige hundert Meter, wartete dann aber auf seine Begleiterin. Zwischendurch begegneten mir auch sonnenhungrige Spanier, die im Badehöschen oder mit knappem Bikini ein lustiges Bild zwischen den Pilgern abgaben. Fast als Promenade anzusehen war der gut gepflegte Weg direkt an der Steilküste. Immer wieder entdecke ich kleine, geschützte Badeplätze, wo sich hin und wieder verliebte Pärchen verkrochen haben.

Jaisa, Dani, Nuria, Anieska und Jargos

Jaisa aus Teneriffa, Dani aus Madrid und Nuria aus Sevilla waren gemeinsam auf Pilgertour und freuten sich über die Begegnung mit mir. Sie wollen in den nächsten drei Wochen nach Santiago und waren guter Dinge. Eine halbe Stunde später traf ich auf ein frisch verheiratetes Polnisches Paar. Anieska und Jargos aus Krakau haben letztes Jahr geheiratet und sind gleich danach unter Anleitung eines Arztes auf Pilgerreise gegangen. Alles hat prima geklappt. Heute sind sie in Bilbao gestartet und Anieska konnte ihren Rucksack nicht mehr auf dem Rücken tragen und hat ihn deshalb vor die Brust gehängt. Damit sie drüber sehen kann, hat sie die zusammengerollte Thermomatte unten drangehängt, eine unmögliche Ladung. Ich glaube auch, dass beide zu sehr beladen waren. Eine Lösung konnte ich jedoch nicht anbieten. Wir schossen gegenseitige Erinnerungsfotos und verabschiedeten uns mit Buon Camino.
Auf einem sehr abwechslungsreichen Weg verließ ich das Baskenland und erreichte die ersten Dörfer von Kantabrien. In Castro Urdiales treffen zwei Welten aufeinander. Alte zerfallene Villen, hermetisch abgeriegelt, aber mit gusseisernen Namensschildern versehen (J. DOMINGO/BAZAN) wechseln sich ab mit modernen Feriendörfern, die in Ufernähe erstellt wurden. Fast zugewachsene, mit hohen Natursteinmauern versehene Friedhöfe zeigen nur vereinzelt die steinernen Grabkreuze, die zum Teil aus dem wuchernden Grünzeug herausragen. Dann führt der Camino als schmaler Graspfad durch eine große Schafweide. Mir fällt auf, dass hier eine besondere Rasse grast. Zierliche Schafe mit wenig Wolle oder frisch geschoren haben einen braunen Kopf und braune Ohren. Am Hals geht die Farbe, zum Teil fließend, zum Teil abrupt, in weiß über. Ebenso braun sind die vier wollfreien und dadurch staksig wirkenden Beine der Tiere. Vermutlich sind sie den Anblick von Pilgern gewohnt, da sie es nicht für nötig hielten, auch nur einmal nach mir hoch zu schauen. Um 20.00 Uhr erreichte ich Islares und fand gleich am Ortsrand ein Hotel, das gut besucht war, zumindest was die Belegung des Parkplatzes anbelangt. Für 20 (!) Euro konnte ich hier ein Zimmer bekommen und war erstaunt, dass es in einem wirklich sauberen Zustand war. Viele Fernfahrer steigen auch hier ab, also

muss es gut sein. Gleich besorgte ich meine notwendige Wäsche, schrieb meine Tagesnotizen an der großen Theke bei einem Glas Wein und musste bis 21 Uhr warten, bis das Restaurant geöffnet wird. Hier gab es zum günstigen Pauschalpreis drei Menüs zur Auswahl inclusive einer Flasche Wein. Doch der war vom feinsten nicht. Ich rief den Kellner und verlangte, nachdem ich gekostet hatte, diesen Fusel zurückzunehmen und mir den Wein zu bringen, den ich auch an der Theke getrunken hatte.
So geschah es und ich konnte gemütlich zu Abend essen. Doch als die Rechnung präsentiert wurde, stutzte ich merklich und lehnte es ab, für eine ganze Flasche 16 Euro zu bezahlen. Zumal ich nur zwei Zehntelgläser getrunken hatte. Dann kam der Chef und bestand auf Bezahlung. Nach einigem Gezerfe internationaler Art schlug ich ihm einen Vergleich vor. Er schenkte mir nochmals ein und war mit der Bezahlung einer halben Flasche einverstanden. Zuerst wollte er mir weißmachen, dass er angefangene Flaschen nicht mehr verwerten könne, obwohl er denselben Wein direkt an der Theke offen ausschenkt. Jetzt war mir klar, dass der Herr Hotelier ein besonderes Geschäftsmodell betreibt. Die Gäste günstig ködern, per attraktivem Zimmerpreis und dann über einen sehr gestrengen Küchenfahrplan optimal abkassieren. Der Chef nahm selbst die Bestellungen auf und steuerte dabei genau, von welchem Menü er noch wie viel zu Verfügung hat. Ich wette, da blieb am Abend rein gar nichts mehr übrig. Gut, ich war versorgt und konnte auch sehr gut schlafen. Immer einmal in der Nacht musste ich noch Antibiotika einnehmen.

56. Tag – Bronzemuscheln auf den Gehwegen von Portugalete zeigen den Weg

57. Tag, 16. Juli 2009

Islares – Santander, 9.00-19.00 Uhr
43 km

Asphalt fressender Tag

Ein kleines Frühstück an der Theke des Restaurants hat genügt, um mich danach wieder auf die Socken zu machen. Eine Stunde früher wollte ich los, um die Strecke nach Santander zu schaffen. Wenn dies gelingt, bin ich fast sicher, dass ich auch mein Ziel in Santiago und evtl. sogar bis Ende des Monats das Kap erreiche. Doch gleich am Morgen durfte ich unter einer Autobahnbrücke, die hoch über mir das Blau des Himmels durchschnitt, hindurch, einem Fluss folgen, der erst nach zweieinhalb Kilometern über eine Straßenbrücke zu überqueren war. Fast dieselbe Entfernung durfte ich wieder zurück. Streckengewinn, maximal ein Kilometer, aber Rucksackschwimmen ging nicht und ein Boot war weit und breit keines zu sehen. Für mich war es immer wieder beeindruckend, wie die neue Autobahn in die Bergregion hineingebaut wurde und sich als langes Band durch die Landschaft zieht. Ob das schön und ökologisch richtig ist, steht auf einem anderen Blatt. Aber darüber möchte ich mir während meiner Pilgerreise nur Gedanken am Rande machen. Die Welt zu verbessern, wird mir auf dieser Reise wohl nicht gelingen. Laredo habe ich um die Mittagszeit erreicht und war zum Teil bei etwa 30 Grad auf heißen Straßen unterwegs. Wasser war lebenswichtig. Die Panoramastraße oberhalb von Laredo bot einen einmaligen Blick auf die ganze Umgebung. Ich konnte ganz gut die Fjordlandschaft erkennen und die Bucht von Santona ausmachen, wo eine Fähre für Verbindung an das andere Ufer sorgen sollte. Zunächst folgte ich dem ausgeschilderten Camino durch die Stadt. Dabei beobachtete ich einen Herrenausstatter, der mit Stielaugen an meinen Air Ätsch hing. So nannte ich meine Walkingschuhe, seit ich die Zunge aufgetrennt und die rote Innenseite, nach außen geklappt, befestigt hatte und so ein einmaliges Schuhdesign geschaffen hatte. Auf der gegenüberliegenden Straßenseite stand dieser Herr, mit einem weißen, auffallend beschrifteten Designerhemd und knielangen Hosen bekleidet.

Seine Waden, als Verbindungselement zu den Schuhen, waren nicht besonders erwähnenswert. Sie steckten halt in schwarzen Schuhen und standen vor der Ladentür herum. Nach ihm hat sich kein Mensch herumgedreht, aber meine Schuhe hatten etwas Besonderes in dieser durchaus vornehmen Gegend, wo neben den Badegästen auch ganz schön aufgetakelte Touristen oder Bewohner der Stadt unterwegs waren. Ein feines Städtchen mit einer weiten geschützten Strandanlage. Wenn ich nicht ein festes Ziel, nämlich Santander im Kopf gehabt hätte, wäre hier eine längere Pause fällig gewesen. Einfach nur mal, ein bisschen Leute gucken.

Antibiotika zeigt unerwünschte Wirkung

Gestern schon ist mir aufgefallen, dass mir beim Verzehr von Obst die Schleimhäute im Mund brennen. Zudem verspürte ich immer einen sehr trockenen Mund. Das waren die Nebenwirkungen von Antibiotika. Selbst ein Weißwein mit zu viel Säure brannte auf der Zunge. An einer Tankstelle mit Kiosk fand ich eine passende Straßenkarte für diese Region und konnte auch meinen Tagesbedarf an Verpflegung auffrischen. Zudem gab mir die Tankwartin ein paar gute Tipps für den weiteren Verlauf des Weges und erneuerte den Hinweis mit der Fähre. Am Strand hat mich dann eine Mitarbeiterin des Roten Kreuzes aufgeklärt und gesagt, dass die Fähre nur in sehr unregelmäßigen Abständen verkehrt und es unter Umständen Stunden dauern könnte, bis die Nächste fährt. Darauf konnte ich mich nicht einlassen und ging, wie sie mir empfahl, zum Busbahnhof. Dort fand ich eine Verbindung, die ich zwar auch hätte zu Fuß gehen können, aber dieser Umweg hätte zu viel Zeit gekostet und mein Ziel wäre nicht zu erreichen gewesen.
Zwei deutsche Pilgerinnen hatten dasselbe Problem, wollten sich aber meiner Empfehlung nicht anschließen und stiegen am Rande von Laredo mitten in einem Gewerbegebiet wieder aus. Der Fahrer zeigte mir in Santona, wo die Pilgerroute verläuft und entließ mich an der passenden Haltestelle. Entlang der Landstraße 141 schlängelte sich der Camino durch diese erste Kantabrische Küstenregion. Zwischendurch bevorzugte ich die bemuschelte Straße, bei star-

kem Verkehr wich ich jedoch auch wieder auf Nebenwege aus. Alle Straßenabschnitte, die auch von Pilgern benutzt werden, oder wo der Camino die Straße kreuzt, sind regelmäßig entsprechend beschildert, sodass die Verkehrsteilnehmer auf alle Fälle mit Pilgern rechnen können. Etwas abseits der Steilküste verläuft der Camino durch die Orte Noja –Galizano – Loredo und dann nach Somo. Auf dieser Stecke konnte ich mich ganz und gar den kleinen Dingen am Rande des Weges widmen. Die Gefahr, mich zu verlaufen, war gleich null. Immer nach Westen und mit möglichst langen Schritten und gutem Schub mit den Stöcken. Bei Arnuero entdeckte ich zum ersten Mal schwarze Rinder auf der Weide. Bald danach konnte ich sogar ein dreifarbiges Ensemble fotografieren. Drei Rinder, eines rein weiß, wie die Charoloistiere, das zweite braun und das dritte schwarz mit einer kleinen, weißen Marmorierung am Bauch vor dem rechten hinteren Bein. Wertvolle Grundstücke mit teuren Villen waren ab und zu neben der Straße zu sehen. Draußen vor den Dörfern gab es auch verschiedene Handels- und Gewerbebetriebe, die durchweg einen gepflegten Eindruck vermittelten. Offensichtlich wird dort gutes Geld verdient.
Lustig fand ich die Hinweis- und Werbeschilder der Regionalverwaltung von Kantabrien. Ein Straßen- und Brückenbauprojekt wird mit auffallenden Tafeln beschrieben und dabei die Kosten bis zum letzten Cent angegeben. So kostet die Erneuerung der Tramo: Galizano – Puente De La Venera genau 1.745.563,49 Euro. Dort, wo ich auf Straßenabschnitten unterwegs und der Asphalt noch sehr frisch war, bekam ich sehr heiße Füße. Es war gut, dass ich hier mit den Treckingsandalen gehen konnte. Sie kühlten leichter ab als meine Air-Ätsch-Walkingschuhe. In Galizano war ich so gut drauf, dass ich bei hohem Tempo den Abzweig des Camino übersehen habe. Erst als das endlos lange Band der Landstraße nach Somo vor mir lag, bekam ich Zweifel und stellte bei einem Vergleich mit der Karte fest, dass ich wohl einen Abzweig verpasst hatte. Der Vorteil war, ich habe ein bis zwei Kilometer verkürzt, war dafür aber über die ganze Zeit dem Verkehr, der Sonne und dem Asphalt ausgesetzt.

Somo – Santander

Um 19.00 Uhr erreichte ich Somo und folgte den Hinweisschildern zur Fähre. Und da waren sie wieder: die Pilgerwegzeichen. Seit einer halben Stunde bauten sich im Westen Wolken auf und schoben sich immer mehr vor die Sonne. Gut dabei ist, dass es nicht mehr so heiß ist, doch Regen konnte man auch nicht mehr ausschließen. Um halb acht kam über eine kanalartige Ausbuchtung des Fjords ein Personenschiff gefahren, bei dem es sich offensichtlich um die Fähre handelte. Aus allen Richtungen kamen jetzt Leute zum Steg gelaufen, die alle in Deckung waren und nur auf das Erscheinen des Schiffes gewartet hatten. An einem kleinen Fährhaus konnte ich das Ticket lösen und war somit sicher, einen Platz zu bekommen. Wenige Menschen kamen um diese Zeit aus Santander nach Somo, dafür war der Andrang hier entsprechend groß und die Fähre war bei der Abfahrt voll besetzt. Nach 20 Minuten konnte ich die ersten Häuser am Hafen von Santander sehen und über der Stadt hat sich zwischenzeitlich ein richtiges Gewitter zusammengezogen.
Blitze zuckten aus schwarzen Wolken und suchten sich den Weg in einen Mast oder eine Antenne. Im Hafen angekommen, vernahm ich auch das dazugehörende Donnergrollen. Vom Hafen waren es nur wenige Meter in die City. Dort entdeckte ich auch gleich das Schild einer Privatpension. Ich wurde in einem Mehrfamilienhaus in den dritten Stock gebeten und dort von einer Mama empfangen. Sie zeigte mir in einer stilvoll eingerichteten Etagenwohnung mein Zimmer und die Sanitäreinrichtungen. Ich schlug zu und zog gleich ein. Dieser gut gepflegte Altbau hatte eine Raumhöhe von etwa 3,50 Meter und einen kleinen, 60 Zentimeter tiefen Erker, der direkt auf die schmale Straße darunter hinausragte. Dies ermöglichte mir einen lustigen Ausblick auf das ganze Drumherum. Allerdings sah ich auf der gegenüberliegenden Straßenseite Häuser in einem jämmerlichen Zustand. Die Fenster, zum Teil mit eingeschlagenen Scheiben, waren notdürftig mit Tüchern verhangen. Zustände dieser Art hätte ich im Umkreis von 500 Metern um die weltbekannte Bank von Santander nicht erwartet. Ansonsten waren die Fassaden in der Innenstadt gut gepflegt. Mein Wasservorrat war völlig aufgebraucht und in der Herberge gab es nichts zu kaufen. Gleich in der

Nachbarschaft fand ich einen kleinen Supermarkt, besorgte dort alles für die Nacht und die morgige Tour, brachte alles auf mein Zimmer und suchte dann, gemütlich durch die Stadt schlendernd, nach einer Futterkrippe.
300 Meter weiter fand ich den passenden Nudellieferanten. In einer Nische konnte ich das ganze Lokal überblicken und gleichzeitig meine Füße etwas hochlegen, damit diese etwas entlastet werden. Der Kellner hat mich sehr gut beraten. Mit einem Salat als Vorspeise, einem feinen Nudelgericht und einem passenden Weißwein war ich bald wieder in Topform. Die Zellen konnten sich nach und nach wieder füllen, sodass ich morgen wieder frisch und munter auf Tour gehen kann. Um halb zwölf zog ich fröhlich durch die lebhafte Stadt in meine Pension zurück. Wecker stellen: Antibiotika um 0.45 Uhr einnehmen. Es gingen mir noch ein paar Danke-Gedanken durch den Kopf, weil ich glücklich war, das Tagesziel geschafft zu haben und schlief ein.

57. Tag – Seefahrer in filigranem Stahl am Hafen von Laredo

58. Tag, 17. Juli 2009

Santander – Santillana – Orena, 10.30-19.30 Uhr
43 km

Den Vormittag widmete ich der Stadt. Die Touristinformation am Hafen, die Bank Santander und die Kathedrale gehören hier zum Pflichtprogramm. Am Hafenbecken springen einige junge Knaben ständig ins Wasser. Ein lebhaftes, originelles Ensemble aus Kupfer, schon ziemlich grün, lädt zum Fotografieren ein. Die Bank Santander, direkt gegenüber dem Hafen, beherrscht die vordere Häuserzeile. Ein gepflegter Bankenpalast mit großem Torbogen wurde vermutlich nach dem zerstörerischen Tornado 1941 in der heutigen Form errichtet. Die ganze Häuserfront präsentiert sich in einem einheitlichen Stil, was vermutlich auf den gemeinsamen Wiederaufbau schließen lässt. Im Gegensatz dazu muss man die Kathedrale regelrecht suchen. Sie ist so stark in die übrige Bebauung einbezogen, dass Sie von der Gebäuderückseite kaum zu erkennen ist. Auch der Haupteingang ist eher zurückhalten gestaltet. Zuerst kam ich zur Kathedralverwaltung, von dort wurde ich direkt in die Kathedrale geschickt, um mir den Pilgerstempel abzuholen. Doch außer ein paar betenden Menschen in den Bänken und einem aufdringlichen Bettler vor der Tür traf ich niemand, der mir hätte einen Stempel verpassen können. Soll wohl nicht sein, dachte ich bei mir und folgte in der Innenstadt den Wegplatten, die mit Muschel, Pfeil und einem Hinweis auf die Region gestaltet waren.
Kurz vor zwölf verließ ich die Stadt bei starkem Gegenwind und leichtem Regen. Ich zog es vor, bei diesem Wetter auf der gut ausgebauten Nationalstraße zu bleiben. Die Wege im Gelände waren von dem heftigen Regen heute Nacht aufgeweicht und rutschig. Immer wieder folgte der Camino der Straße, um an manchen Stellen wieder in das umliegende Gelände abzuzweigen. Heute konnte ich mir ein ganz interessantes Bild über die aktuelle wirtschaftliche Situation in dieser Region machen. Direkt an der Straße traf ich auf Oxford, dem Salones de Banquetes, einem Veranstaltungszentrum vom Feinsten. Offensichtlich bestand hier Bedarf für die Geschäftswelt, um größere Veranstaltungen durchzuführen. Große

Küchen und Einrichtungsmärkte wechselten sich mit Großtankstellen und Autohäusern ab. Draußen auf dem Land entdecke ich neue Ein- und Mehrfamilienhäuser, ein Teil davon jedoch unbewohnt. An der Straße bei Oruna entdecke ich hinter einem Zaun einen sehr alten Muschelstein in blaugelben Farben. Die Beschriftung, soweit ich sie noch entziffern kann, lautet auf der Ostseite: Irun – Oruna 375 Kilometer, auf der gegenüberliegenden Seite konnte ich nur noch Oruna-Santiago entziffern, die Entfernungsangabe war abgeblättert.

Bagitta, die Unverwüstliche

Weit vor mir auf der Straße mache ich einen blauen Punkt aus. Zuerst konnte ich nicht definieren, wer oder was da unterwegs ist. Nach und nach kam ich näher und stellte fest, dass eine Person eine Karre zieht und mächtig gegen den Wind ankämpfen muss. Ich vermutete eine Frau vom Lande, die von der letzten Bushaltestelle auf dem Weg nach Hause ist. Nach etwa einer halben Stunde habe ich Bagitta eingeholt. Eine kampferprobte Frau mittleren Alters, die komplett mit einem großen, blauen Regenumhang bedeckt war. Als Einziges sah ich ihr gepflegtes, rosafarbenes, knitzes Gesicht, das unter einer Schildmütze hervorlugte. Ihr Umhang wurde vom Gegenwind wie ein Segel aufgeblasen, und sie musste mit ihrem Haselnussstecken kräftig gegen den Wind anschieben und mit der anderen Hand ihren zweirädrigen Karren ziehen, der voll beladen und wasserdicht abgedeckt war. In wenigen Minuten erzählte sie mir, dass sie als Spanierin in Paris wohnt und arbeitet und jetzt nach Santiago unterwegs ist. Da sie keinen Rucksack tragen kann, müsse sie eben einen Wagen ziehen. Damit kann sie die ganze Strecke nur auf der Straße gehen. Arme, glückliche Bagitta. Sie war jedoch so fröhlich, dass ich gar nicht auf die Idee kam, ihr Hilfe anzubieten.

Niwer und Niwde aus der Eifel

Eine Bar am Straßenrand kam gerade recht, um zwischendurch ein kleines Bier zu trinken. Ich lege meinen Rucksack ab und setze mich auf den Barhocker, um nebenbei die Beine etwas zu entlasten. Das erste Glas war schnell weggezischt. Ein Zweites war zum Genießen. Da hörte ich aus der anderen Ecke deutsch-ähnliches Gemurmel.

Ich ging auf die beiden Brocken zu und erfuhr, dass sie aus der Eifel hierher nach Santander gekommen sind, um den Weg nach Santiago zu pilgern. Sie erzählten mir, dass gestern nur sechs Kilometer möglich waren, weil einer der beiden so starke Blasen bekam, dass an Weiterpilgern nicht mehr zu denken war. Typische Einsteigerprobleme. Ich dachte jedoch beim Anblick der beiden, dass alleine mit Alkohol auch nicht der nötige Vortrieb zustande kommt, um wirklich in Santiago anzukommen. Im Verlauf des Gespräches merkte ich, dass beide schon ganz schön getankt hatten und sie sich nur noch über die Fahrpläne der Busse und des Regionalzuges unterhielten. Das nennt man dann Pilgern light. Ich startete durch, um wenigstens Santillana del Mar zu erreichen. Es hörte auf zu regnen und ich konnte im Hemd weiterziehen. Der Wind war gerade so erträglich und er fegte aufkommende Schweißtropfen sofort weg. Weite flache Hügel mit endlosen Wiesen, die nur durch Naturhecken unterbrochen wurden, zeigen ein völlig verändertes Landschaftsbild. Immer noch hingen Wolkenmassen am Horizont, aber irgendwie spürte ich nicht mehr die Gefahr, dass es nochmals regnen könnte. Eine übergroße bronzene Jakobusfigur mit Pilgerstab, Tasche und Muschel steht am Weg. Darunter eine Gedenktafel mit der Jahreszahl 1214 – 2006. Den Inhalt kann ich leider nicht deuten. Kurz vor 18.00 Uhr erreiche ich Santillana. Das Wetter wurde sehr schön und ich entschloss mich zu einem Stadtrundgang. Massenhaft Touristen und dazwischen eine deutsche Familie. Mit einem lustigen Hallihallo haben wir uns bekannt gemacht und ein wenig miteinander gequatscht. Sie, recht aufgeschlossen, fand es lustig, hier einen schwäbischen Pilger mit lustigen Schuhen, Stützstrümpfen einer wilden Frisur und so einem Bart vorzufinden. Und das alles zu Fuß. Nein das wollte sie nicht glauben!

Er, im Hintergrund etwas dosiert, grinste höchstens, etwas Höflichkeit zum Ausdruck bringend, während die beiden Buben ganz interessiert meiner kurzen Erzählung zuhörten. Der Einbahnstraße folgend, machte ich mich durch die Heerscharen von Touristen durch die hübsche kleine Stadt. Sie war herrlich mit Blumen dekoriert, doch im Zentrum überwog Kitsch und Glitter. Der Rummel wurde mir bald zu viel, sodass ich erst gar nicht versuchte, hier eine Unterkunft zu suchen. Ich war froh, wieder aus dem Trubel heraus zu sein und suchte mein Heil in der Ferne. Weit wollte ich zwar nicht mehr gehen, aber meine Idee, dass außerhalb der Stadt bestimmt auch noch Unterkünfte zu finden sind, war zunächst eine Fehleinschätzung. Das bedeutete weiter: und weiter. Gegen 20.00 Uhr erreichte ich Orena, wo ich glücklicherweise ein Hotel vorfand, bei dem gerade Familienbesuch anwesend war und man sich im privaten Bereich aufhielt. Ansonsten war kein Betrieb in dem Laden. Die junge Chefin meinte es gut mit mir, richtete ein Zimmer her, wo ich einziehen und übernachten konnte. Ich war einziger Gast und zu essen gab es nichts. Die einzige Möglichkeit, noch etwas zwischen die Zähne zu bekommen, war ein Restaurant zirka einen Kilometer weiter an der Straße. Aus dem einen wurden fast zwei und ich bedauerte, dort hinten abgestiegen zu sein, wenn ich den Rückweg hätte vorwärts gehen können, wäre ich schon wieder im nächstgrößeren Städtchen angekommen und hätte viele Schritte eingespart. Nun gut, das Essen war gut und ich habe letztendlich den Verdauungsspaziergang um halb elf auch noch geschafft. Todmüde sank ich ins Bett.

59. Tag, 18. Juli 2009

Orena – La Franca (Llanes), 9.00-20.00 Uhr
56 km

Am hellen Morgen scheint die Sonne schräg von Nordosten in mein Zimmer. Obwohl alles mucksmäuschenstill war, kam ich zu mir und blinzelte gegen die hellen Sonnenstrahlen. Ich richtete mich auf und konnte durch das Fenster in den Himmel schauen. Blau, blau, blau, soweit das Auge reicht. Der Wind müsste wohl auch aufgehört haben zu blasen. Ich öffnete ganz leise das Fenster, um ja die unendliche Ruhe nicht zu unterbrechen, würzige Duftnoten von gemähtem Gras stiegen mir in die Nase. Die Armbanduhr zeigte 7.00 Uhr und für 8.00 Uhr war das Frühstück bestellt, frühestens. Ich schlüpfte schnell nochmal unter meine scheußliche Decke, die man von einfachen südländischen Hotels kennt und die aus einem weißen Laken bestehen und darauf liegt eine Art unanständige Wolldecke, mit der ich immer nicht in Berührung kommen wollte. Gestern Abend habe ich schon überlegt, ob ich wohl den Schlafsack benutzen sollte. Beim genauen Hinsehen war das Ambiente sauber und gepflegt und ich ließ ihn im Sack. Zum Frühstück bekam ich einen tiefschwarzen Kaffee, in den ich die beiden Muffins einbrockte und vornehm auslöffelte. Ein halbes Brot bestrich ich mit den kleinen Butterstückchen, die ich gerade noch auf meinen Teller gefunden habe, und verteilte die Marmelade drüber. Nicht fürstlich aber gerade noch ausreichend, um eine ganz besondere Tagesetappe anzugehen. Rein rechnerisch habe ich mir heute, unabhängig von den Etappen im Reiseführer, vorgenommen, bis nach Llanes durchzumarschieren. Damit würde ich Asturien, die dritte spanische Region, erreichen und einen kleinen Puffer für den Rest meiner Reise gewinnen. Aber 53 Kilometer wollen erst einmal gegangen sein!
Wasser tankte ich so viel wie möglich in meinen Rucksack und packte diesen so, dass möglichst keine Sonne auf die Wasserblase durchdringen kann und das Wasser schön kühl blieb. Ich war heute so gut gelaunt, pfiff mein kleines Pilgerlied vor mich hin und hätte am liebsten angefangen, ein Pilgergedicht zu schreiben.

Weil das aber im Gehen nicht funktioniert, habe ich nur mit dem Kopf daran gearbeitet und einige Verse zunächst in einem hinteren Gehirnsegment abgespeichert. Der Weg führt zum Ziel, wenn man ihn geht. Das musste ich mir immer wieder vergegenwärtigen, insbesondere, wenn es Gründe gab, einfach mal die Umgebung, die Pflanzen, die Fernsicht und die Natur zu genießen. Knapp zwei Monate bin ich jetzt von zuhause weg und ganz weit in Spanien an der Atlantikküste angekommen. Viele Berge, ja Gebirgsabschnitte in den Pyrenäen habe ich hinter mir und bin nur noch einige hundert Kilometer von meinem Ziel entfernt. Eine Infektion am Fuß habe ich glücklich überstanden und kann wieder mit vollem Einsatz diese herrliche Region genießen und so viele nette Begegnungen mit Menschen aus der ganzen Welt erleben. Heute, am Samstag, dem 18. Juli wollte ich dafür einfach dankbar sein und zur Feier des Tages einen Tagesrekord versuchen. Das Gelände wird flacher, die Zeichen am Weg sind gut und die Sonne grüßt mich vom Himmel. Schon im nächsten Dorf merke ich, dass das Wochenende zur Pflege von Freundschaften und zum notwendigen Ausgleich einer harten Arbeitswoche genutzt wird. Die Männer kegeln im Freien auf einem eigens dafür hergerichteten Sandplatz. Neun schlanke Kegel werden an bestimmten Markierungen aufgestellt und von einer blauen Anlaufstelle wird dann mit einer schweren Kugel versucht, so viele Kegel wie möglich umzuschießen.
Die Frauen und andere Dorfbewohner stehen oder sitzen am Rand des Spielfeldes und schauen interessiert zu. Lange Straßenabschnitte, die zum größten Teil pilgergerecht mit einem breiten Gehstreifen versehen sind, wechseln sich ab mit interessanten Wanderpfaden, die immer wieder einen Einblick in das teilweise sehr ärmliche Hinterland ermöglichen. Die Höhe der Hügel in dieser Gegend sind gerade einmal 100 Meter über dem Meer. Ich erlebe eine ganz andere, schon fast mediterrane Pflanzenwelt und entdecke heute die ersten Zitronenbäume. Die Wege, abseits der Straße, sind mit auffallenden, gelben Pfeilen gekennzeichnet, sodass ein ›Fehltritt‹ so gut wie ausgeschlossen ist. Außerdem ist die Landschaft sehr übersichtlich. Ein Klein- oder Hobbybauer bewirtschaftet gerade sein Gütle. Auf einem Grundstück mit aneinandergereihten Hüt-

ten und notdürftig mit Planen eingedeckten Baracken hat er einen Hühnergarten angelegt, wo die Tiere sehr naturnah im Gras nach Würmern scharren können. Zwei Gänse sind in einem angrenzenden Separee untergebracht, wo auch eine Planschwanne aufgestellt ist. Neben dem Tiergarten befindet sich ein großer Gemüsegarten, wo ich allerdings feststellen muss, dass die Tomaten mit einem »blauen Teufelszeug« gespritzt sind.

Cóbreces

Diese kleine Stadt ist schon von Weitem erkennbar. Auf einem Hügel erkenne ich zuerst zwei, dann drei auffallend gepflegte Türme. Je näher ich komme, um so deutlicher wird, dass es sich um zwei verschiedene Gotteshäuser handelt. Die zwei rotweißen Türme gehören zu der Kirche San Pedro, die an allen Ecken, Türmen und auffälligen Gesimsen minarettähnliche Türmchen hat. Alleine von der Südseite zähle ich siebzehn dieser Türmchen. Noch eine seltsame Beobachtung ist, dass sich direkt neben der Kirche, in einem Pfarrgarten, weiße Kühe mit braunen Marmorflecken gerade um eine Tränke herum versammelt haben.
Direkt vor der Kirche, auf einem freien Platz, steht ein Pilgerdenkmal. Es zeigt einen Stahlpilger, der gerade aus einer überdimensionalen Stahlplatte herausmarschiert und im Begriff ist, Richtung Santiago weiterzumarschieren.

Patre Abraham und die Pfadfinder

Auf dem Weg zum nächsten Dorf sehe ich schon von Weitem eine große Schar Wanderer die Straße entlang gehen und wunderte mich über die große Anzahl. Eine solche Menge Pilger in einer Gruppe habe ich auf der ganzen Reise noch nicht erlebt. Im Dorf Comillas habe ich die Gruppe eingeholt. Ehe ich sie erreicht habe, blieben sie alle stehen und haben sich nach mir umgedreht. Etwa 20 Jugendliche waren mit zwei Leiterinnen unterwegs zu einem Feriencamp. Sie kamen aus Madrid und waren sehr neugierig, einem echten Pilger begegnet zu sein. Einige von ihnen haben in der Schule den Deutschkurs belegt und so wurden nacheinander die ersten Fragen in reinstem Schuldeutsch gestellt: »Wie heißt du? Und woher kommst du?«

»Wie alt bist du?« Aus der Menge rief ein Junge: »Patre Abraham!«, und ich verstand Vater Abraham. Mein Gesicht war durch die Sonne stark gebräunt und von einem grau melierten Bart und langen graublonden Haaren umsäumt. Mit Rucksack, Muscheln am Pilgerstab und einem gütigen Lächeln hatte ich vielleicht eine biblische Ausstrahlung und so lag die Idee, mich als Padre Abraham zu bezeichnen, bei einer christlichen Jugendgruppe ganz nahe. Zwei Mädchen übersetzten für die übrigen, fast synchron, meine Pilgergeschichte. Wir blockierten mit unserer Versammlung den ganzen Verkehr in diesem Dorf und manche Autos mussten uns zur Seite hupen. Es war wohl ein Glück, dass die Gruppe in diesem Dorf zu einer Freizeiteinrichtung abbiegen musste, sonst wäre ich vermutlich nicht so schnell von dieser Meute losgekommen, die immer wieder neue Fragen stellte. Raquel und Martha haben begonnen, mit mir Einzelfotos zu schießen mit dem Ergebnis, dass ich mit der ganzen Schar, vorwiegend mit den Mädchen, ein komplettes Fotoshooting durchstehen musste. Die meisten Jungs saßen eher gelangweilt auf einer Gartenmauer.

Nach gut einer halben Stunde konnte ich mich loseisen, um mich nach einer sehr lustigen Begegnung wieder meinem Camino zu widmen. Abseits der Hauptstraße führte der Pilgerweg durch wunderbar blühende Wiesen und wilde Büsche und Sträucher. Aufgefallen ist mir eine blau blühende Winde, die ich bisher nur mit weißen Blüten kannte. Um die Mittagszeit habe ich San Vicente de la Baquera erreicht. Mein Weg führte mich direkt am voll belagerten Sandstrand vorbei. In Ufernähe fand ich eine kleine Bar, wo es Kleinigkeiten zu Essen gab. In Anbetracht der noch gut 30 vor mir liegenden Kilometer nahm ich von allen essbaren Kreationen, die an der Theke ausgestellt waren, ein Stück. Das meiste waren Häppchen am Zahnstocher und eine regionale Mischung aus Auflauf mit Drumrum. Alles schmeckte vorzüglich und mit einem kleinen Becher Bier tat ich auch meinen vom Wasser nicht gerade verwöhnten Innereien etwas Gutes. Schön wieder im Takt am Straßenrand traf ich an einer Bank auf zwei ganz glücklich verliebte deutsche Radler, die von Bilbao nach Santiago mit den Mountain-Bikes unterwegs waren. Ein kurzes Hallo, woher, wohin und schon radelten die beiden vergnügt weiter und ich hinterher. Der Weg wechselte, vorwiegend in einem leicht welligen Gelände, immer wieder zwischen Straße und Fuß- oder Feldwegen in Ufernähe ab. Mit den Einlagen in meinen Air Ätsch und beiden Kompressionsstrümpfen an den Beinen konnte ich beschwerdefrei bis Llanes in Asturien laufen. Gedanklich musste ich mich jetzt umstellen, denn hier zeigt, auf hübschen Kacheln, der Muschelkopf in die richtige Richtung. Meistens findet man dabei noch einen gelben Pfeil, der ebenfalls die Richtung angibt. In einem einfachen Gasthof fand ich ein Zimmer, besorgte gleich die Wäsche und war sehr froh, an diesem Tag mit einer großen Herausforderung und vielen Begegnungen erfolgreich am Ziel angekommen zu sein.

59. Tag – Lebhafte Pfadfinder aus Madrid – alle wollten mit Vater Abraham aufs Foto

59. Tag – Kühe und Kirche mitten in Cobreces

60. Tag, 19. Juli 2009

La Franca – Ribadessella, 8.20-17.30 Uhr
48 km (total 2.342 km)

Heute, an einem herrlichen Sonntagmorgen habe ich mir vorgenommen, Ribadessella zu erreichen. In der kleinen Stadt war ein fleißiger Bäcker unterwegs und hat an vielen Haustüren einen Plastikbeutel mit Backwaren angehängt. Meist waren es die üblichen Weißbrotstangen, zwischendurch waren auch andere Backwaren beigepackt. Viel Mühe haben die Wegwarte gemacht, damit sich kein Pilger verläuft. In den letzten Tagen und Wochen habe ich auch gelernt, dort wo ein Kreuz den Weg kennzeichnet, keinesfalls entlang zu gehen. Ein Kreuz bedeutet immer Stopp. Auf dem ersten Feldweg erreichte ich ein junges französisches Paar. Die beiden kommen aus der Bretagne, sind schon früh aufgestanden und pilgern auf einer Teiletappe auf dem Küstenweg. Wir haben ein wenig miteinander kommuniziert und merkten, dass der Weg zu einem schmalen Wiesenpfad wurde und unvermittelt hinter einem völlig zugewucherten, alten Haus endete.

Sturzflug

Vor uns war ein alter, rostiger Zaun, der kaum zu bezwingen war. Rechts fanden wir ein paar Spuren durch Gebüsch und hohem Gras, die darauf schließen ließen, dass hier schon mehrere Pfadfinder unterwegs waren. Der Franzose folgte diesen Spuren, ich folgte ihm und wir beide standen nach wenigen Metern vor einer etwa zwei Meter hohen Böschung, die mehrere Rutsch- und Schleifspuren erkennen ließ. Mein Vorgänger rutschte, rollte und hüpfte die Böschung hinunter und kam dann auf der unteren Wiese zu stehen. Ich überlegte zuerst, wie ich unbeschadet diesen Höhenunterschied am geschicktesten überwinden könnte und kam auf die Idee, mich an teilweise herabhängenden Ästen eines Baumes abzusichern und herabzuhangeln.

Ich warf meine Stöcke voraus auf die untere Wiese, packte die herabhängenden Äste und Luftwurzeln, ging einen Schritt nach vorne, um vorsichtig über die Kante hinabzugleiten. In diesem Moment rutschte ich etwas ab. Mein Pilgerstab, den ich am Rucksack befestigt hatte, verfing sich im Gras und hebelte mich dabei mit Schwung von den Füßen. Die Äste brachen zum Teil und die anderen rutschten mir durch die Hand, sodass ich kopfüber auf der unteren Wiese mit dem Gesicht voraus im Gras landete. Einen kurzen Moment probierte ich meine Knochen, drehte mich liegend zur Seite und stand langsam aber gefasst wieder auf. Der Pilgerstab war 50 Zentimeter kürzer, das abgebrochene Teil schleuderte mehrere Meter in die Wiese. Ich habe das Teil aufgenommen, mich für die bisherige Hilfe bedankt und ihm unter dem Baum einen schattigen Platz als Ruhestätte hergerichtet. Ruhe in Frieden. Den Rest des Pilgerstabes musste ich am Rucksack neu befestigen und ich war froh, dass meine Muscheln diese Eskapade heil überstanden hatten. Der Inhalt meiner Bauchtasche war über die Wiese verstreut, ich konnte jedoch alles wieder einsammeln. Der Franzose grinste innerlich, die Französin stand hilflos oben. Nach einigen Augenblicken latschte er einfach weiter, ohne sich um seine Begleiterin zu kümmern. Ich bot ihr an, mich als Leiter an den Hang zu stellen, damit sie mir über die Schultern und die gefalteten Hände absteigen könne. Das wollte sie jedoch nicht und ging zurück, sich einen anderen Weg suchend.

Ich hatte meine Schuldigkeit getan und pilgerte alleine weiter. Später sah ich die beiden hinter mir wieder vereint beisammen. Der Küstenweg war faszinierend. An einem ruhigen Sonntag begegneten mir hin und wieder Sonntagsausflügler. Pilger habe ich auf diesem Abschnitt keine mehr angetroffen. So gewann ich zügig an Strecke. In einem der eher armen Dörfer musste ich meine Kamera für einen Schnappschuss ziehen. Im Obergeschoss eines älteren Hauses stand bei offener Tür eine eben solche Frau barfuß im Morgenmantel auf das Brüstungsgeländer gestützt und beobachtete die Menschen auf der Straße. Um 17.00 Uhr erreichte ich die Stadt Ribadessella und fragte der Reihe nach in den Hotels nach einem Zimmer. Alle wollten mindestens fünfzig oder mehr Euro. Heute hatte ich etwas Zeit und konnte mir noch eine günstigere Herberge

suchen. Beim Gang durch die gepflegte Stadt stieß ich auf das Hotel Cavadonga. Er bot mir ein Zimmer für vierzig. Ich akzeptierte, er gab mir den Schlüssel und führte mich auf einer breiten Treppe nach oben. Hier öffnete er einen Raum, der zwar mit einem Bett möbliert war, sonst aber eher einer Abstellkammer gleichkam. Ich war schon ein wenig zögerlich, doch dazubleiben, als ich feststellte, dass keinerlei Sanitäreinrichtung vorhanden war und das ganz Zimmer kein Fenster hatte. Über dem Kleiderschrank war lediglich eine Öffnung zum Luftaustausch, die jedoch in das davor liegende Treppenhaus führte.
Das Bad und die Toilette um die Ecke waren sauber und ich blieb, bezahlte den Zimmerpreis und besorgte gleich meine Wäsche. Es war sehr heiß heute und mancher Schweißtropfen hat sich in meinen Hemden festgesetzt. Heute war ich zeitig dran, legte mich zu einem kleinen Nickerchen auf das Bett und bin für eine Stunde tief eingeschlafen. Ich hätte weiterschlafen können, wollte jedoch für die nächsten, wichtigen Tage, keine Schwäche riskieren und ein Arzt auf der Strecke hat mir empfohlen, bei unter 70 Kilogramm Gewicht für Stabilität zu sorgen, also musste ich etwas essen. Beim Gang durch die Stadt warf ich einen kurzen Blick in die Kirche und entdeckte ganz in der Nähe einen bunten Italiener. Die Wände der Pizzeria waren in einem Orangeton gestrichen, die modernen Tische rot lackiert und dabei standen moderne Stühle hellgrün lackiert. Eine witzige Idee, die mir gefiel. Um 20 Uhr öffnete der Italiener und ich war heute sein erster Gast. Mit einem grünen Salat eröffnete ich, bestellte dann eine Variante von Teigwaren, perfekt zusammengestellt und mit Pilzen, Artischocken und Käse veredelt. Ein vino blanco von Real Castello verzauberte diesen Abend und ich machte mir einen kleinen Spaß daraus, Leute zu gucken. Das Essen war zu Ende, der Wein noch nicht. Mittlerweile sah ich die perfekt zubereiteten Pizzen, die hier serviert wurden und es gelüstete mich danach. Eine Quattro Stagioni wurde mir, in Muschelform gebacken, serviert. Großartig, wie diese Pizza auf einem feinen Boden zubereitet war, schon optisch ein Augenschmaus und danach war ich bettreif. Egal, wo ich heute schlafe, ich tat's, tief und zufrieden.

61. Tag, 20. Juli 2009

Ribadessella –Villaviciosa, 8.30-19.00 Uhr
41 km

In meiner Kammer bin ich ohne Tageslicht und Sonnenschein morgens gut ausgeschlafen aufgewacht. Im Hotel war außer der Putzfrau niemand. Ich frischte mich im Bad ein wenig auf und ging gleich hinüber zum Hafen. Die Sonne schien, der Himmel wolkenlos blau und nur ein paar Straßenkehrer mit Karren belebten die Szene. Nur eine Bar war offen, wo ich mir einen Kaffee servieren ließ. Nebenan war eine Bäckerei mit dem Notwendigsten für Pilger im Angebot. Hier konnte ich mich für den Montag wieder fit machen. Zwei Liter stilles Wasser für den Rucksack, ein Liter Vielfruchtsaft und ein Liter Wasser in den Bauchgurt, dazu Obst, Käse, Brot und Erdnüsse. Startklar überschritt ich zuerst die über 300 Meter lange Brücke über den Sella, wo ich einen der berühmten Getreidespeicher fotografierte. Andere Berichterstatter berichten von einem Taubenhaus. Die Bauweise ist gleich, Speicher oder Horreos haben in der Regel Lüftungsschlitze, wo die Luft schön durchzirkulieren kann. Dieser Speicher ist an den Seitenwänden völlig geschlossen. An diesem herrlichen Strand haben sich die alten Pilger einen schönen Weg ausgesucht, ehe es wenig später wieder über einen kräftigen Anstieg, über zum Teil alte Pflaster, in die Hügel hinauf geht, wo ich eine wunderbare Aussicht genießen kann. Hier finde ich einen Monolithen mit zwei blaugelben Muschelkacheln. Die eine zeigt nach rechts mit dem Muschelkopf die Fahrtrichtung für den Camino an, die andere nach links die Richtung zur Albergue.
Auffallend am Camino sind die vielen hübsch hergerichteten Rabatten mit Blumen und Ziergehölz. Mancher Horreo wird mit viel Blumendekoration zum Kunstwerk. Alte Mauern am Rande des Weges geben der Landschaft einen Bilderbuchcharakter. In einer sanften Mulde stehen zwei einzelne Häuser unweit voneinander, das eine in Rotorange bemalt, das neue daneben mit rotem Ziegeldach und einem ganz intensiven Blau gestrichen, drum herum die Natur in allen Grünnuancen, wie sie nur die Natur selbst zaubern kann. Immer wieder stelle ich fest, wie groß doch der Unterschied

ist, ob ich mit dem Fahrrad, dem Auto oder zu Fuß unterwegs bin. Die natürliche Langsamkeit beim Gehen, auch wenn ich zum Teil flott vorwärts marschiere, eröffnet mir eine wunderbare neue Welt, in der ich jetzt schon seit Wochen zuhause bin. Die unglaubliche Pflanzenwelt, die ich auf diesem Camino erlebe, ist alleine schon eine Reise wert. Hinzu kommen unzählige Begegnungen mit Menschen, die ich nur auf solch einer Reise treffen kann. Und ab und zu erlebe ich, wie sich Menschen auf dem Camino quälen, weil sie miteinander Zoff haben. Das Liebespärchen, von dem ich schon erzählt habe, ist wieder in Sichtweite, sie kann nicht mehr, er will weiter. Ich ziehe wortkarg mit aufmunterndem Blick vorbei. Am Uferweg ganz in der Nähe einer Badebucht gelingt mir ein toller Schnappschuss. Unbemerkt schieße ich ein Bild von einem Paar, das ganz unbefangen des Wegs daher kam.
Sie, richtig gut überfüttert, mit einem Minibikini bekleidet, dessen Höschen fast zwischen den massigen Oberschenkeln und dem wuchtigen Bauch verschlüpft. Das rote Oberteil ist nur ein kleines Nichts an den quellenden Brüsten. Sie schaut nach rechts, streckt den linken Arm Richtung Mann oder Partner als wolle Sie sagen: »Gib Handele, Schätzele!« Er, mit einer gelben Hose bekleidet ist mit zirka 100 Kilogramm Lebendgewicht eher als normal zu betrachten und hat an einer großen Kühltasche zu schleppen. Auf das ›Patschhandele‹ reagiert er gleichgültig und beide gehen wortlos an mir vorbei. Um die Mittagszeit erreiche ich den Strandabschnitt in La Isla. Ein belegtes Brot und ein Glas Bier für neue Energie war gerade richtig, ohne mich zu belasten, und die Füße haben 45 Minuten frische Luft bekommen. Nach einer halben Stunde Pause zieht das schwarzbraune Liebespaar von heute Morgen mit etwa drei bis fünf Meter Sicherheitsabstand an mir vorbei, nimmt jedoch nicht die Kurve hinein ins Dorf, sondern folgt der stark befahrenen Straße. Nach der Mittagspause hatte ich nach kurzer Zeit wieder gute Power und einen gleichmäßigen Takt aufgebaut, folgte zunächst der Beschreibung aus meinem Führer, bis es doch etwas zu komplizierte wurde, Beschreibung und Muschelzeichen unter einen Hut zu bringen. Ich folgte der Muschel und wurde prompt über einen Wiesenpfad, durch leichtes Gebüsch, in ein dichtes Unterholz geführt, wo ich mir die ersten Laufmaschen, oder besser

gesagt, Lauflöcher in meinen Stützstrümpfen eingehandelt habe. Gestrüpp und Dornen, die ich nicht gleichzeitig zur Seite schieben konnte, waren die Ursache.
Nach wenigen Minuten fand ich einen Holzstapel vor, wo ich meinen Rucksack bequem absetzen konnte. Ich säuberte zuerst die Kratzer und Stiche an den Beinen und sprühte die Haut vollständig mit einem Desinfektionsmittel ein. Ich durfte keinen Ausfall mehr riskieren, um meinen Zeitrahmen nicht aufs Spiel zu setzen. Der Weg führte mich zurück auf die Straße und wen treffe ich? Auf der anderen Seite an der Leitplanke stützte sich der männliche Teil des Liebespaares von Langweile und Gleichgültigkeit geplagt mit beiden Händen auf die Leitplanke. Seine gar nicht verliebt wirkende andere Hälfte kauerte einige Meter entfernt auf dem Asphaltseitenstreifen. Um sie herum, Rucksack, Trinkflasche und Isomatte wahllos verstreut. Da hat irgendwo der Blitz eingeschlagen, denn beide sahen mich wohl auf dem Jakobspfad daherkommen, nahmen jedoch keine Notiz von mir. Ich war zwischenzeitlich eine große Pilgerschleife gelaufen, während die beiden einige hundert Meter auf der Straße zurückgelegt hatten. Auf der heißen Straße legte ich nochmals richtig zu, um so schnell wie möglich wieder vom Verkehr wegzukommen. Links am Straßenrand stand ein doppelt großer Horreo, der ringsum mit blühenden Stauden und verschiedenen Kakteen bepflanzt war. Ein wirkliches Prachtstück, das hier von einem Liebhaber gepflegt wird. Direkt davor zweigt der Pilgerweg auf einem Feldweg ab und es wurde wieder ruhiger. Weit vorne entdecke ich zwei wandelnde Wäschespinnen. In gleichmäßigem Takt schwangen Kleidungsstücke, die rund um den Rucksack befestigt waren, von links nach rechts und zurück, ganz abhängig vom Gleichmarsch, den die beiden Pilger gingen.
Bald holte ich Rotia und Redna ein und ging ein Stück des Weges mit ihnen. Sie hatten ein ähnliches Tempo wie ich und waren auch später nicht so leicht abzuschütteln. Und wieder landete ein dicker, brauner Brummkäfer vor meinen Füßen, der mit scharfen gebogenen Zangen ausgestattet war. Auf einem kleinen Grundstück waren Zimmerleute damit beschäftigt, einen neuen Horreo aufzuschlagen. Die Steinsäulen mit den Mäuseplatten waren bereits aufgestellt und die Zimmerleute sägten die letzten Kerben an den Bal-

ken ein, damit die Konstruktion aufgesetzt und verzahnt werden kann. Kurz vor Sebrayo traf ich auf Atina aus Rieden in Österreich. Spindeldürr saß sie neben ihrem übergroß wirkenden Rucksack auf einer hölzernen Sitzgruppe und blickte durch eine übergroße Designersonnenbrille zu mir herunter auf den etwas tiefer liegenden Weg. Nach einem kurzen Zielaustausch und einem Erinnerungsfoto zog ich weiter und unterquerte kurz danach eine Autobahnbrücke der neuen A 8. Mächtig ragen die Pfeiler in den Himmel und ich habe das Gefühl, dass ganz weit oben schön gleichmäßige Bretter darüber gelegt wurden. Kein Gedanke daran, dass da oben über ein mächtig gespanntes Stahlbetonband sogar Vierzigtonner-Lkws donnern würden. Eindrucksvoll schien mir auch das Schattenspiel an den Pfeilern, das durch die schräge Sonneneinstrahlung wie ein modernes Gemälde wirkte.

Lebhafter Betrieb war auf dem Hof einer Pilgerherberge. Etwa zwölf junge Leute waren hier einquartiert und tummelten sich in der Sonne. Vier deutsche Abiturienten waren auch darunter, und da ich mein Tagesziel absehen konnte, setzte ich mich eine Weile zu ihnen an den großen Tisch. Sie lauschten zuerst meiner kurz gefassten Reiseschilderung und wollten dann am liebsten mit mir weiterziehen, so sehr muss ich einige davon fasziniert haben. Dass ich nicht mit in der Herberge übernachte, fanden sie schade. Sie hatten jedoch volles Verständnis, als ich erklärte, spätestens in neun Tagen in Santiago ankommen zu wollen und dafür jeden Tag etwa 45 Kilometer zu gehen sind.

Sidre

In einer Sidreria mit Hotelzimmern fand ich ein sehr günstiges Zimmer für 18 Euro und war mitten in der Stadt. Hier musste ich mich heute dem Sidre widmen. Draußen vor der Stadt sind mir schon die Streuobstwiesen aufgefallen, die meistens sehr kleine Äpfel trugen. Daraus wird der für diese Region typische Apfelmost gekeltert. Er wird mit einer besonderen Technik ausgeschenkt und getrunken. Im Supermarkt habe ich mir ein Baguette, Jogurt und Nüsse gekauft und ein kleines Vesper zurecht gemacht mit den Resten, die ich tagsüber dabei hatte und jetzt weg mussten. Danach besuchte ich die Sidreria und pirschte mich an den Most heran. Dann hatte ich doch noch etwas Hunger, und da ich nicht auf meine Linie achten, sondern für Energiezufuhr sorgen musste, ließ ich mir von der Bedienung etwas empfehlen. Es war so ähnlich wie ein Hacksteak in heller Sahnesoße und dazu große Pommes. Gut gelaunt sah ich den Sidreschlürfern noch eine Weile zu und verschwand dann in meinem Zimmer. Morgen will ich nach Aviles.

61. Tag – Ein prächtiger Hirschkäfer landet vor mir auf dem Weg

62. Tag, 21. Juli 2009

Villaviciosa – Aviles, 9.00-20.30 Uhr
50 km

Nach meinem ersten Sidreabend bin ich heute gut ausgeschlafen aufgewacht und löffelte vier kleine Fruchtjogurts als Frühstück. Den Schinkenaufschnitt vom Supermarkt habe ich schön gleichmäßig auf dem Brot verteilt und als Tagesverpflegung portionsweise eingepackt. Punkt Neun war ich reisefertig. Erst wollte ich noch zum Oficina de Turismo, dort wird jedoch erst um 10.30 Uhr geöffnet und diese eineinhalb Stunden konnte ich nicht warten. Auf dem gut beschilderten Weg verließ ich die Stadt und fand im Netzwerk verschiedener Pilgerpfade, durch aufmerksames Lesen des Handbuches, immer die richtige Richtung. Der Camino entfernte sich vom Meer und verlangte wieder einmal Steigerqualitäten. Mein erstes Zwischenziel, den Colunga Poago, erreichte ich nach etwa zwölf Kilometern Marsch auf einer Höhe von 430 Metern kurz vor zwölf. Von dort hatte ich eine herrliche Aussicht auf die Küste und die Stadt Gijon, die noch etwa 20 Kilometer entfernt an der Küste liegt. Der kernige Aufstieg hat so manchen Pilger straucheln lassen, und alle, die schon viel früher als ich gestartet sind, saßen irgendwo im Schatten, zum Teil mit bandagierten Knien, zum Teil einfach müde und fertig. Der Abstieg auf der Westseite, Richtung Gijon, war sehr abwechslungsreich, nicht ganz so steil, verlangte jedoch guten Stockeinsatz oder eine ausgeprägte Oberschenkelmuskulatur, um bei jedem Schritt Körper und Rucksack mit einer Miniknieebeuge leicht abzufedern. Der Reichtum an Traumwetter (25-33 Grad), die Mittelgebirgslandschaft und der sehr abwechslungsreiche Camino machten diese Doppeletappe zu einem herrlichen Pilgererlebnis.
Am Nachmittag erreichte ich einen Vorort von Gijon und traf bei einem kleinen Stadtpark auf einen Supermarkt. Dort besorgte ich etwas Obst und frisches Wasser, dazu zwei kleine Dosen Bier. Im Schatten hoher Bäume pausierte ich kurz im Park und sah nacheinander die Leute von heute hier eintrudeln. Manche waren noch ganz gut drauf, die meisten kamen auf der Achse daher und brachen bratfertig auf den Sitzbänken zusammen. Alle wollten nicht

mehr weitergehen und hatten nur noch wenige Meter zur öffentlichen Pilgerherberge. Auf meinem Tagesplan standen noch 25 warme Kilometer bis Avilés und die wollte ich schaffen, um wieder einen kleinen Puffer für mein Restprogramm zu haben. Ab dem Stadtrand von Gijon gab es keine Wegbeschilderung mehr. Keinerlei Hinweise über den Pilgerweg waren zu erkennen. Der Reiseführer empfiehlt, um Fehlwege zu vermeiden, den Linienbus zur Herberge zu nehmen. Nun ich wollte nicht in die Herberge, aber vielleicht führt mich der Bus auch in die Stadt. Zufällig kam ich an einer Haltestelle vorbei. Dort saß eine Frau, die auf einen Bus wartete. Sie erklärte mir, wie ich zu Fuß in die Stadt kommen würde und ich pilgerte weiter. An der nächsten Kreuzung kam ich schon wieder ins Straucheln, kehrte um und setzte mich zu der Frau auf die Bank. Die Sonne brannte gnadenlos. Mit 15 Minuten Verspätung kam der Bus. Als Vorletzter stieg ich ein und bat, mich in die City zu bringen. Zustimmung. Doch ich wollte mit einem 20-Euro–Schein bezahlen und streckte diesen der Fahrerin hin. Sie winkte ab und zeigte klipp und klar, dass sie nicht bereit ist, mir aus ihrer Schale 18 Euro 90 herauszuzählen. Ich zeigte ihr, dass ich keinerlei Kleingeld hatte. Das interessierte sie überhaupt nicht und deutete mir, den Bus wieder zu verlassen.

Das tat ich einfach nicht und es begann eine fürchterliche Fuchtelei, die sie aber nicht beeindruckte. Geld lag genug in ihrer Schale, sie hätte nur etwas davon herauszählen müssen und ein Trinkgeld wäre zudem herausgesprungen. Hinter mir stand Immobilienmakler Luis Saiz Méndez. Er hatte eine Mehrfachkarte, drückte der sturen Busfahrerin einszehn in die Hand, schnappte dafür das Ticket und steckte es mir wortlos in mein Brusttäschchen. Am hinteren Teil des Busses waren noch zwei Plätze frei, wo wir beide uns ein wenig austauschen konnten. Als Dank überreichte ich dem Busengel einen schönen, wertvollen Sticker, den ich vom Hotel Karlos überreicht bekam, und der ein Andenken an den Krankenaufenthalt sein sollte. Mein Sponsor stieg bald aus und die Fahrerin hat doch tatsächlich an einer Haltestelle mich darauf aufmerksam gemachte, dass dort, jenseits der Kreuzung, der Camino weiterführt und ich hier aussteigen solle. Vielleicht hat sie während der Fahrt doch überlegt, dass sie ein stures Weib

war. Es war sehr heiß in der Stadt und ich war über eine Schatten spendende Häuserzeile sehr froh. Die Stadt habe ich nur flüchtig wahrgenommen und weiter zog ich über Tabaza, dem einzigen nennenswerten Flecken nach Avilés. Trinkwasser und dazwischen immer wieder einige Erdnusskerne waren die einzige Abwechslung unterwegs. Der Hügel zwischen Paoga und Trabaza hat nochmals ein wenig Puste für den Aufstieg abverlangt, dann aber ging es mit raumgreifenden Schritten hinein nach Avilés. In der Stadtmitte angekommen entdecke ich im Innenhof eines großen Häuserareals viele aufgebaute Partyzelte.
Hier war ein Fest zugange, wo der Sidre eine besondere Rolle spielt.

... und nochmals Sidre

Ausführliche Plakate mit Informationen über die Apfelsorten des Sidre sind an manchen Stellen aufgestellt. Ich nahm einen ersten Schluck, ging durch die geschmückte Innenstadt auf Hotelsuche, um später wieder nach hier zurückzukommen. Auf dem Weg in die City begegnet mir ein Trachtenumzug mit Dudelsäcken, Pfeifen und Klarinetten. In einer kleinen Seitenstraße des Marktplatzes fand ich das Stadthotel Don Pedro. Für 55 Euro konnte ich ein Pilgerzimmer buchen und auch sofort beziehen. Von der langen Tour war ich ziemlich durchgeweicht. Die Wäsche ist zwischenzeitlich zur Routine geworden. Zehn Minuten einweichen unter Zusatz des Gel Express Genie, dann gut durchwaschen, auswringen, im klaren Wasser spülen, auswringen, aufhängen. Den Rest muss die Luft besorgen. Meine Hosen und das rote T-Shirt waren am nächsten Morgen immer trocken. Bei den Socken und Unterhosen musste ich manchmal mit dem Fön etwas nachhelfen, oder unterwegs die Teile am Rucksack aufhängen. Dort waren sie bei der üblichen Hitze im Nu trocken. Obwohl ich müde hier ankam, hat mich das Straßenfest doch seltsam munter werden lassen. Vor allem die Sidrekultur hat mich interessiert und so brach ich gleich wieder auf hinunter zu den Partyzelten. Am Sidreausschank studierte ich zuerst die aufgestellten Plakate und versuchte die Info- und Werbeblätter zu verstehen.

Dabei stellte ich fest, dass mir die spanische Sprache deutlich besser liegt als Französisch. Ich konnte mir den Inhalt ganz gut zusammenreimen. 22 Apfelsorten ergeben im Idealfall einen perfekten Most. Dieser wird in Flaschen oder Fässern gelagert und zur Verkostung schluckweise mit ausgestrecktem Arm aus einer Flasche über dem Kopf seitlich in einen Becher geschüttet, der mit der anderen Hand ausgestreckt nach unten gehalten wird. Die Kunst ist, den Becher zu treffen und einen doppelten Schluck einzufüllen, mehr nicht. Durch die große Fallhöhe nimmt der Sidre viel Luft mit in den Becher, dass eine für kurze Zeit schäumende Mischung entsteht, die sofort getrunken wird. Was nicht sofort getrunken wird, landet mit Streuschwung aus dem Becher auf dem Pflaster, unter dem Tisch, im Ablauf oder bei Verkostungen in Bars an der Thekenvorderwand. Diese ist regelmäßig gefliest und schließt unten mit einer Ablaufrinne ab, wo der restliche Sidre verschwindet. Der leere Becher wird dem Sidrekellner oder, häufig zu sehen, der Kellnerin zurückgegeben, sie gießt frischen Saft ein und stellt den Becher dem nächsten Gast an den Platz. Bei einer Gruppe oder Familie kreisen ein bis drei Becher in der Runde, die so lange schluckweise gefüllt weitergereicht werden, bis die Flasche für 2,30 Euro leer ist. Dann, nach einer kurzen Pause, kommt die Kellnerin automatisch mit der nächsten Flasche. Mit etwas Übung gelingt es diesen Servierkräften, während sie mit dir sprechen, ständig diesen Füllvorgang fortzusetzen, ohne sich darauf überhaupt konzentrieren zu müssen. Mir war es eine große Herausforderung, dieses Geschick zu erlernen und nutzte in Aviles jede Gelegenheit, das Einschenken zu lernen. Zwischenzeitlich gibt es für die Aufbereitung des Sidre batteriebetriebene Pumpen auf den Tischen. Dort werden die Flaschen kopfüber in eine Halterung eingespannt und der Sidre unter Beimischung von Luft in ein Glas gepumpt. Das Verkostungsprinzip ist dasselbe. Man pumpt nur, was man sofort trinken will. Abgestandener Sidre ist schlimmer als abgestandener Most. Doch ehrlicherweise muss ich zugeben, dass ich zu einem kleinen Toast zum Schluss doch noch einen 2007er Weißwein, Aura von Rueda, getrunken habe. Es war immer noch angenehm warm, als ich diese heimelige Partylandschaft verließ und zum Hotel zurückkehrte.

63. Tag, 22. Juli 2009

Aviles – Soto de Luina, 10.00-19.00 Uhr
42 km

Ein Tag ohne Sonne

Mit einer Tasse Kaffee, einem Croissant und einem Glas Orangensaft begann der neue Tag. Die Innenstadt hatte ihre ganz eigenen Reize und auch der Jakobsweg führte durch interessante schmale Straßen und Gassen. Auffallend war der wertvolle Belag in manchen Straßen. Farblich abgestimmte und nach Mustern gelegte Keramikfliesen gaben dem städtischen Ambiente eine hochwertige Note. Bunte Häuser und schräg durch die Straßen gespannte Fähnchen zeugen von festlicher Freude und Lebenslust. Die wenigen Muscheln am Weg haben doch ausgereicht, um mich sicher aus der Stadt zu führen. Ein Stopp am Supermarkt war notwendig, weil die Tagesvorräte aufgebraucht waren: Gesalzene Erdnüsse, Stilles Wasser, Jogurt und Käse. Da man die Jogurtbecher nur im Viererpack kaufen kann, habe ich gleich zwei gegessen und die restlichen druckgeschützt eingepackt. Während dieses zweiten Frühstücks begann es auch schon zu regnen und ich hatte in Anbetracht der geschlossenen Wolkendecke ein recht maues Gefühl und stellte mich darauf ein, heute eine feuchte Tour vor mir zu haben. Der Landschaft um mich herum tat der Regen besonders gut. Alles war trocken und manche Gräser welkten still vor sich hin. Anorak drüber, Kapuze auf und los ging es. Schon begann der Aufstieg nach San Cristóbal. Ein herrlicher Ausblick über Aviles und die Küstenregion waren der Lohn für die Anstrengung.
Ich erlebte einen rutschigen, regnerischen Tag, der die ganze Region in eine gewisse Lethargie versinken ließ. Selbst die getigerte Katze in der Wiese nebenan hatte sich faul auf die Hinterpfoten gesetzt und verfolgte mich lustlos. Daneben stand ein baufälliger Horreo, der bei schlechtem Wetter noch ärmlicher aussah als wenn die Sonne scheint. Die erste Begegnung mit Pilgern geschah um die Mittagszeit. Ein Paar saß auf einer Bank dicht an der Hauswand unter einer Veranda und machte Pause. Deutsche, war meine ers-

te Einschätzung und ich grüßte, stellte mich vor und erfuhr von den Beiden, dass sie aus Düsseldorf stammen und auf der Etappe Irun–Santiago unterwegs sind. Er erzählte mir, dass er regelmäßig an einem Pilgerstammtisch in Düsseldorf teilnimmt, wo ein regelmäßiger Erfahrungsaustausch stattfindet und übergab mir seine Pilgervisitenkarte. Dass ich seit 62 Tagen unterwegs bin und etwas 2.500 Kilometer zurückgelegt habe, wollten die beiden nun doch nicht glauben. Über rutschige, klitschige Wege folgte ich den Muscheln, überlegte aber immer wieder, ob ich nicht lieber der Straße folgen sollte. Doch mit zunehmendem Tagesverlauf gewöhnte ich mich an die Nässe, wechselte einmal die Hose und die Socken und zog meine langen, wasserdichten Überhosen an und latschte einfach weiter. Die Luft war frisch gewaschen und nach und nach verschwand der ganze Duft der Kräuter und Gräser. Manche Wege wurden zu kleinen Bächen und ich erinnerte mich an die ersten Tage im Schwarzwald, als mir auf dem Westweg ganze Ströme entgegenliefen. Großartige Holzskulpturen tauchten gespenstisch im Regen auf und verschwanden hinter mir wieder.
Um 16 Uhr ließ der Regen nach und ich zog wenig später meine wasserdichte Jacke aus, damit die Kleidung darunter etwas ausdampfen konnte. Eine atmungsaktive Ausstattung, bei der die Körperfeuchtigkeit von innen nach außen geführt wird, von außen aber keine Feuchtigkeit eindringt, habe ich bis heute nicht gefunden. Der erzeugte Schweiß bei aktiven Touren staut sich unter der Jacke und macht alles, was darunter getragen wird, klamm. Selbst die Drucksachen in meiner Bauchtasche waren feucht und verklebt, unterwegs konnte ich aber gar nichts dagegen tun. Gegen 19 Uhr erreichte ich das Hotel Casa Vieja del Sastre und wurde trotz meines klatschnassen Allgemeinzustandes freundlich aufgenommen. Als Halbpension wurde serviert: Crema de langostinos con curruscos, dazu Magret de pato con reducción de PX, Café, Pan, eine Flasche Albarino Da Casa und noch ein Copa de vino. Total 36,30 Euro. Im Zimmer war genug Platz, um meine ganzen Utensilien zum Trocknen auszulegen und aufzuhängen. Irgendwie war am Ende auch so ein Tag ganz schön.

64. Tag, 23. Juli 2009

Soto de Luina – Luarca, 10.00-19.30 Uhr
40 km

Imposante Brücken

Sechs Uhr – Regen prasselt gegen das Fenster. Sieben Uhr – Wolkenbruch spült alles weg. Acht Uhr Nieselregen. 8.30 Uhr Frühstück und die Sonne kommt langsam hervor. Gut gelaunt starte ich kurz vor zehn. Gleich zu Beginn hatte ich einen knackigen Aufstieg mit knapp 200 Höhenmeter zu bewältigen, aber was war das schon. Irgendwie hatte ich das Gefühl, dass mir der Takt heute fehlt. Kaum war ich eine Stunde unterwegs, hat der Himmel erneut seine Schleusen geöffnet. Über den Sandalen, mit denen ich gestartet bin, trug ich meine wasserdichten Hosen. Diese zog ich über den Absatz, damit zumindest der hintere Teil des Fußes trocken blieb. Doch wenig später musste ich die Reifen wechseln und meine Schuhe mit der roten Zunge anziehen und diese als Regenschutz richtig schließen. So marschierte ich nun weiter auf dem Camino und sah bald vor mir die riesige Autobahnbaustelle. Ich war fasziniert von den mächtigen Konstruktionen, die sehr filigran in dieser bergigen Region die Täler überspannten. Hinzu kommt, dass zwischen den hohen Säulen der neuen Autobahn immer wieder alte Brücken und Viadukte aus der Vergangenheit zu erkennen sind. Brückenkonstruktionen mit ihren typischen Licht- und Schattenspielen fordern mich immer wieder heraus, aus allen nur denkbaren Perspektiven Bilder zu schießen. Während die neuen Pfeiler und die darauf verlaufenden Fahrbahnen ihr klares modernes Stahlbetongesicht zeigen, sind die alten Brücken fast märchenhaft mit Sträuchern, Efeu und anderen Kletterpflanzen überwuchert. Entlang der N 632 stehen in manchen Orten sehr geschmackvoll gestaltete Villen und Herrschaftshäuser neuerer Bauart. Traditionelle Elemente mit Sprossenfenstern und blaugestrichenen Dachgesimsen wechseln sich ab mit modern gestalteten, bauhausähnlichen Komplexen, deren Ecken mit teuren Fliesen verblendet sind. Aufwändige, handgefertigte Kacheln mit Muschelelementen sind an neuen Hausfassaden als Solidaritätskennzeichen für die Pilger eingelassen.

Am anderen Ortsende das Gegenteil, alte Horreos werden meist in einem gepflegten Zustand als Wäschetrockenplatz verwendet und in einem kultivierten Zustand erhalten. Entlang der Landstraße treffe ich in den abseitigen Wäldern auf katastrophale Straßen mit baufälligen Brückenteilen, wo zum Teil ganze Brüstungselemente abgebrochen und in die Schlucht darunter gestürzt sind. Eine Bahnlinie führt mehr in Tunnels verlegt, durch diese Region. An einer Talkehre in der Nähe eines maroden Bauernhauses geben sich bei wieder schönem Wetter etwa zehn Katzen aller Art ein Stelldichein, putzen ihr Fell und lassen sich von der Sonne verwöhnen. Jetzt habe ich meinen Regenschutz auch abgelegt und hoffe, diesen heute nicht mehr überziehen zu müssen. Weit und breit sind keine Pilger zu sehen und ich werde den Verdacht nicht los, dass manche Fußpilger der Versuchung, bei schlechtem Wetter mit dem Bus zu fahren, nicht widerstehen können. In der Nähe einer Bucht zwischen Cadavedo und Canero haben Jugendliche ein kleines Zeltdorf aufgebaut und sind mit verschiedenen Spielen auf den angrenzenden Wiesen beschäftigt. Am Wegrand fällt mir ein Haselnussbaum auf, so wie ich ihn bisher nicht kenne. Ein Stamm wie bei einem Apfelbaum ist knapp ein Meter fünfzig hoch, weiß bemalt und die Krone ragt nach allen Seiten sehr schön gleichmäßig.

Noch einmal muss ich die hoch über mir verlaufende Autobahn unterqueren und kann noch einmal die grandiosen Ausmaße mit der Kamera festhalten. Am Ortsende von Almuna treffe ich Magda und Andrzej. Die beiden jungen Polen sind auf der Rückreise per Autostopp und haben in einer Bushaltestelle ihre vegetarische Küche aufgebaut. Ich wurde freundlich eingeladen, von allem mitzuessen. Gut gemeint und so eine Einladung sollte man schon aus völkerfreundschaftlichen Gründen nicht abschlagen. Jedoch, ich musste noch einige Kilometer gehen und nach Zwischenstopps fällt das Durchstarten immer wieder schwer. Ich aß mit den beiden eine Solidaritätskarotte, davon hatten sie ein ganzes Kilo kaufen müssen, und wünschte den beiden einen guten Heimweg, nahm deren Wünsche für eine erfolgreiche Reise entgegen und weiter ging ich mit Buon Camino. Um 19.00 Uhr erreichte ich die oben liegenden Häuser und Siedlungen von Luarca. Da ich diese Stadt überhaupt nicht kannte, war ich zuerst etwas irritiert, weil ich keinen richtigen Ortskern ausmachen konnte. Keine Hotels und keine Hinweise mehr zur Wegführung machten mich ein wenig orientierungslos. Doch schließlich traf ich auf eine Straße, die ganz plötzlich einen Knick nach unten machte. Ich folgte dieser und erkannte zuerst noch einige ältere Plattenbauten, die an einer seltsamen Geländekante standen. Bis dorthin ging ich an der Straßenseite und bog auf einen Fußweg nach links ab. Plötzlich öffnete sich ein traumhafter Ausblick hinunter auf den Hafen und auf einen Teil der Stadt. Die größte Überraschung aber kam, als ich die steilen Treppen und Gassen hinunter in die eng bebaute Hafenstadt stieg. Ein unbekanntes Idyll, mit viel Leben, Sonne und einem kleinen verträumten Hafen hat sich mir aufgetan. Auch dies wäre ein Plätzchen, wo ich hätte, eine Pilgerpause einlegen können, doch: Der Weg führt zum Ziel, wenn man ihn geht!

Die Hotels waren unverschämt teuer und Pilgerbonus war nirgends zu kriegen. So ging ich einfach weiter und genoss dabei die lustigen Marktstände, die gerade abgebaut wurden. Dann fand ich doch ein Dreisternehotel mit einem halbwegs akzeptablen Preis von 45 Euro. Alle anderen kosteten von 60 aufwärts. Ich bezog ein geräumiges Doppelzimmer, richtete meine Klamotten zurecht, wusch, was nötig war und trocknete, was noch nass war. Beim Rundgang am Hafen entdeckte ich eine kleine Pizzeria, bei der ein mächtiger Umtrieb war. Dort kehrte ich später ein, suchte mir ein naseweises Plätzchen aus und verwöhnte Körper, Seele und Geist. Die Beine abwechselnd auf einen Hocker gelegt, saß ich fast zwei Stunden, beobachtete den Betrieb und die Leute auf der Straße. Den großen Bedarf an Nährstoffen deckte ich mit einer Gemüse-Platte und einem Salat mit Tomaten. Dass ich eine Gemüseplatte bestellt hatte, wusste ich erst, als sie mir serviert wurde und ich unter Käsehaube das feine Gemüse vorfand. Mit dem fein angerichteten Tomatensalat hatte ich den ersten Korb Pane verdrückt, bekam aber gleich noch einen Zweiten. Nachdem ich den Hauswein, Vino do Val, gekostet hatte und das zweite Glas auch nur ein Tropfen auf den heißen Stein war, brachte mir die Bedienung den Rest der Flasche, machte einen guten Preis und ließ diese stehen. Geschirr und Flasche wurden am Schluss abgeräumt und mit 18,20 Euro war ich höchst zufrieden bedient worden.

Gleich neben der Tür saß eine sehr arme oder knickerige fünfköpfige deutsche Familie. Sie bestellten lediglich einen Teller Pommes und belegten zu fünft über eine Stunde den Tisch. Kellner und Personal machten sich darüber sehr lustig und schimpften, als die ganze Mannschaft den Gang zur Toilette antrat. Ich fand auch, dass das Verhalten ungebührlich war und auf eine eher fragwürdige Weise ein schöner Hafenabend gelebt wurde. Im Hotel schrieb ich noch ein paar Notizen und schlief selig bei offenem Fenster und dem ewigen Geschrei der Möwen.

64. Tag – gepflegte Villa am Straßenrand

65. Tag, 24. Juli 2009

Luarca (9.00) – Ribadeo (20.00)
49 km

Luarca – die versteckte Perle.

Die Möwen haben mich in der Frühe geweckt. Während der Nacht habe ich so tief und gut geschlafen, dass mich das Kreischen nicht gestört hat. Munter meldete ich mich an der Rezeption und fragte nach dem Frühstück. Dieses könne ich im Restaurant nebenan bekommen, erklärte mir freundlich die Dame von gestern Abend. Das Hotel und das benachbarte Restaurant gehören zusammen. Dort traf ich den Chef des Ganzen, der mich herzlich willkommen hieß und freundlich bediente. Jetzt wurde mir klar, warum das Hotel den Namen Baltico trug. Bei dem Besitzer handelt es sich um einen Balten, der seinen Dialekt nicht verleugnete und einige Worte in Deutsch mit mir wechseln konnte. Er interessierte sich sehr für meine Pilgerfahrt und hörte dem bisher Erlebten sehr aufmerksam zu. Für die spannende und unterhaltsame Geschichte bedankte er sich auf seine Weise und lud mich zum Frühstück ein. Hätte ich mir nicht schon rechtzeitig vorgenommen heute nach Ribadeo zu pilgern, wäre ich wohl an diesem traumhaften Hafennest noch eine Weile hängen geblieben. Die beiden Teile von Luarca sind mit sieben Brücken miteinander verbunden, die über den in der Mitte verlaufenden Fluss führen. Dieser mündet, durch den Hafen hinaus, in den Atlantik. Rundum von Bergen geschützt liegt die Altstadt fast den ganzen Tag windgeschützt in der Sonne. Heute hatte ich einen wunderschönen Tag erwischt. In der Stadt deckte ich noch meinen Tagesbedarf, vor allem an Trinkwasser, Obst und Erdnüssen mit Babybel. Der Aufstieg aus der Stadt hinaus hat schon die ersten Schweißtropfen hervorgebracht.

Adiós Asturien

Heute werde ich zum letzten Mal den Küstenweg genießen, der mir keine allzu großen Höhenunterschiede mehr bescheren wird. So konnte ich mich auf die herrliche Landschaft und einen gleichmäßig schnellen Takt konzentrieren und fest an meinen Zielort glauben. Pilger waren eher selten zu sehen und ich genoss die Ruhe. Bis auf wenige Zentren, durch die ich gepilgert bin, ist es mir sehr gut gelungen, den ›Camino Karlo‹ als ›Route der Ruhe‹ zu genießen und trotzdem nie das Gefühl zu haben, verlassen und verloren zu sein. Auf seine Art vermittelte mir der Camino das Gefühl, behütet und bewahrt unterwegs zu sein und mit stiller Zuversicht auch das gesteckte Ziel erreichen zu können. Obwohl der Wind kaum spürbar war, erzeugten starke Wellen eine mächtige Gischt an den Felsen des steilen Ufers. Entlang der N 634, die bis Santiago de Compostela führt erreiche ich den nächsten Ort und muss beim Erscheinen des Ortsschildes zweimal hinsehen. Santiago war darauf geschrieben, ein Name, der sich schon so als Zielort im Gehirn eingebrannt hat, dass ein Zucken durch den Kopf geht, und ich plötzlich hellwach aus meinem monotonen Vorwärtsdrang aufschreckte. Ein Foto vom Schild und weiter geht die Reise. Renovierte Horreos, auffallend gut erhaltene Gotteshäuser und blühende Landschaftsabschnitte begleiteten mich auf diesen beiden letzten Küstenetappen. Die Straße hieß häufig Camino de Santiago, was auch für die Autofahrer immer wieder durch entsprechende Schilder, zum Ausdruck gebracht wurde. Da vorne gingen zwei lädierte ganz junge spanische Frauen, die in Luarca aufgebrochen sind und sich bereits verlaufen hatten. Ich konnte ihnen die Muschel erklären und damit etwas Orientierungshilfe geben. Mit Blasen an den Füßen gingen sie mit Badeschlappen, die nur um die große Zehe befestigt waren. So werden die nächsten Blasen vorprogrammiert. Mein Hilfsangebot, ihnen Pflaster zu geben, haben die beiden nicht angenommen. Na dann, Buon Camino. Am Rande des Weges entdeckte ich einen Pilgerfreund, der selbst schon die meisten Etappen gegangen ist und sich nun am Pfad niedergelassen hat. Um sein Haus herum hat er ein kleines Museum aufgebaut. Zu sehen sind eine ganze Reihe alter Feldwerkzeuge und -geräte, ein kleiner Minihorreo und typische Pilgerutensilien, wie Muscheln und Pilgerstäbe.

Zwischen einem riesigen Maisfeld führte ein schmales Asphaltband weiter gen Westen. Weit vor mir entdeckte ich drei Pilger, die ich nach wenigen Minuten eingeholt hatte. Drei sehr nette junge Leute, Marina, Sara und Peter, kommen aus der Tschechei und sind seit einigen Tagen auf dem Weg nach Santiago de Compostela. Sie sprachen Englisch und Deutsch und wir gingen ein paar Minuten zusammen und erzählten uns gegenseitig kleine Geschichten von der Tour. Obwohl immer wieder die Straße als Pilgerweg herhalten musste, gab es doch auch Wegabschnitte, die in großer Abgeschiedenheit und Ruhe durch kleine Wälder und alte Hohlwege führten. Mannshohe Farnwälder säumten den Weg. Die Autobahn war in dieser Region bereits fertig gestellt und bündelte den Fernverkehr. Dafür war die Landstraße sehr ruhig und es gab keine Belästigungen zwischen Pilgern und LKW-Fahrern. Hin und wieder treffe ich auch hier auf armselige kleine Bauernhöfe, die zum Teil regelrecht dem Zerfall preisgegeben sind. Nur noch das Wohn- und Stallgebäude wird halbwegs in Schuss gehalten. Fast fünfzig Kilometer habe ich heute unter den Füßen gehabt und bin am Abend an der großen Brücke angekommen, die über den gleichnamigen Fluss führt. Davor befindet sich ein großer Kreisverkehr, über den alle Straßen von und zur Brücke verteilt oder gebündelt werden. Weil mein Wanderführer nicht eindeutig formuliert war, suchte ich zunächst nach einer weiteren Brücke, die hinüber in die Stadt führt, und ging Richtung Barres weiter. Da mir dieser Weg nicht besonders schmeckte, habe ich eine Frau auf dem Fahrrad angehalten und nach dem richtigen Weg gefragt. Entweder Autobahnbrücke oder außen herum und das bedeutete mindestens 15 Kilometer extra. Das war jedoch in meiner Tageplanung nicht unterzukriegen. Bis zum Kreisverkehr musste ich zurück und studierte dann die Beschilderung für die Brücke. Eindeutig ist die Benutzung für Radler, Pferde, Mopeds, Traktoren und Fußgänger verboten, also identisch mit der Benutzung unserer Autobahnen. Ich nahm meinen Rucksack ab und setzte mich mit dem Jakobsstab in der Hand an den Straßenrand. Irgendjemand wird mich schon rüberbringen und wartete 20 lange Minuten geduldig.
Rikardo, ein Fernfahrer, war mit dem kleinen Pkw seiner Freundin unterwegs, hielt an und nahm mich mit. Er fährt jede Woche

Spanien-Deutschland und kannte auch meine heimatliche Autobahnabfahrt sehr genau, weil er hier, in einem großen Verteilerlager, alle paar Wochen Gemüse abliefert. Im Tripple, Deutsch, Englisch und spanisch konnten wir ein wenig miteinander plaudern. Auf der anderen Seite angekommen, schlug er mir vor, mich an einer sehr schönen Haltestelle abzusetzen. Ich war einverstanden und ließ mich überraschen. Vor den großen Kastanien eines hübschen Gartenrestaurants, direkt am steilen Ufer des Flusses, setzte er mich ab und bedeutete, dass ich etwa noch einen Kilometer zur Stadtmitte zu gehen hätte, aber hier schon mal tanken könne. Ein großes, frisches Bier mit zwei Schalen Knabberzeug für 2 Euro waren genau richtig, um dann etwas erholt in der Stadt auf Herbergssuche zu gehen. Jetzt war ich in Galizien, der letzten Region meiner Reise angekommen. In den letzten neun Tagen habe ich fast immer zwischen 40 und 50 Kilometer Tagespensum geschafft. Seit vorgestern habe ich die Kompressionsstrümpfe nicht mehr getragen und bin absolut beschwerdefrei. Der Rucksack hat vermutlich an meine eigene Körperhaltung etwas beeinflusst und ich spürte bei langen Wegen hin und wieder meine Hüfte. Ich wechselte dann die Sandalen gegen die Air Ätsch, mit denen ich Einlagen tragen konnte, zog meine Tragegurte fester an oder ließ den Rucksack auch manchmal weiter nach untern hängen. Dadurch veränderte ich die Statik und die Reizungen an der Hüfte verschwanden nach zwanzig Minuten. In der letzten Woche meiner Reise will ich mir täglich zwei Mal 15 Minuten Zeit nehmen, um Gymnastik zu machen und damit manche Körperpartien etwas zu lockern. Schließlich möchte ich auch wieder fit zuhause ankommen.

65. Tag – Pilgerquelle

66. Tag, 25. Juli 2009

Ribadeo – Mondonedo, 11.00-19.30 Uhr
39 km

Galizien – Spannung pur

Warum gibt es hier keine Massagesalons? Diese Frage habe ich mir schon manchmal gestellt, als ich meinen Füßen und Beinen am Abend eine besondere Pflege gönnte. Dabei erinnerte ich mich an die vielen Massageangebote, die ich in vielen Jahren meiner berufsbedingten Reisen nach Bangkok erlebte. An jeder Hausecke konnte man sich die Beine massieren lassen, wenn man wollte für fünf Euro eine ganze Stunde. Ich bin sicher, dass mancher Pilger einen solchen Service nutzen würde. Selbstpflege ist doch immer mit extremer Verrenkung verbunden. Ich bin gespannt, ob es wenigstens in Santiago ein solches Angebot gibt, wo täglich hunderte Pilger ankommen und manche Beschwerden mitbringen. Heute, am Samstag, den 25. Juli 2009 konnte ich schon sehr präzise planen, in welchen Etappen und an welchem Tage ich Santiago erreichen werde. Immer vorausgesetzt, dass keine ernsthaften Zwischenfälle mich aus der Spur hauen, müsste ich am kommenden Mittwoch 29.7. in Santiago ankommen. In Ribadeo habe ich mir etwas mehr Zeit genommen, um die schöne Stadt etwas besser kennen zu lernen. Das hat sich auch sehr gelohnt. Hübsche Winkel und sehr aufwändig gestaltete Gebäude, die zum Teil Rokokokoelemente verbargen, waren einmalig auf der bisherigen Reise.

In Galizien zeigen die Strahlen zum Ziel.

Die Region Galizien hat sich im Gegensatz zu einigen anderen darauf festgelegt, die Jakobsmuschel so anzuordnen, dass die Strahlen zum Ziel zeigen. Unterschiedliche, zum Teil aus christlichen Traditionen stammende Überlegungen sind Grundlage für diese Entscheidung, die jedoch nicht eindeutig ist, und deshalb von mir

nicht weiter kommentiert wird. Oft wird zur Muschel noch ein gelber, eindeutiger Pfeil angemalt um keine Unsicherheiten aufkommen zu lassen.
War ich die letzten Tage auf eher ebenem Gelände unterwegs, so durfte ich mich langsam noch einmal auf eine Mittelgebirgstour einstellen. Zum Eingewöhnen war ich heute mit etwa 950 Höhenmetern schon ganz gut dabei. Beim Aufstieg auf die ersten Hügel konnte ich zum letzten Mal, die mir so vertraute, Küstenlandschaft überblicken. Jetzt aber galt meine volle Konzentration dem Weg nach Mondonedo. Dazwischen gab es kaum Übernachtungsmöglichkeiten und die Entfernung mit 39 Kilometern war gut zu übersehen. Jetzt waren auch wieder mehr Pilger unterwegs, was darauf schließen lässt, dass in Ribadeo manche in den Camino einsteigen und nach Santiago pilgern. Meine erste Begegnung galt jedoch einem Wochenendmaurer. In einem kleinen Dorf außerhalb von Ribadeo war ein junger Mann damit beschäftigt, neben seinem neuen Wohnhaus eine Stützmauer zu erstellen. Dazu verwendete er zwanziger Hohlblocks mit einem relativ kleinen Hohlraum. Ich schaute etwas kritisch zu, weil die Mauer an manchen Stellen deutlich über zwei Meter hoch war. Zuerst hatte ich den Eindruck, dass der Bauherr Metallstäbe zur statischen Absicherung einsteckt, sah aber dann, dass er nur den eingefüllten Beton damit verdichtet. Ich sprach ihn darauf an und er meinte, das würde auch ohne Armierung halten. Ich stellte mich vor und diskutierte mit den beiden jungen Leuten über ihr Objekt. Ein Senior, der eher unbeteiligt auf einem Stein neben der Baustelle saß, fragte mich, wo ich in Deutschland herkomme und erzählte mir dann in schwäbisch-badisch unterlegtem Deutsch, dass er 25 Jahre beim Benz war, zuerst in Mannheim, dann in Untertürkheim und noch kurze Zeit in Sindelfingen. Ich sprach mit dem Alten über meine Anmerkung zur Stützmauer und er bestätigte mir, dass auch er vorgeschlagen hat, Armierungen einzurammen, aber vergebens.
Ich möchte ja allzu gerne wissen, wie lang diese Mauer gehalten hat. Vielleicht werde ich einmal eine Städtereise unternehmen und dann die Orte besuchen, die mir auf meiner Reise die bedeutendsten Eindrücke hinterlassen haben. Dann würde ich auch an dieser Baustelle vorbeifahren und in meinem nächsten Buch darüber be-

richten. Vorbei an einigen Weingärten konnte ich bei sehr warmem Wetter noch einmal Atlantikbrise genießen, aber auch schon mediterrane Eindrücke sammeln. Unterwegs begegneten mir zwei fesche, junge Frauen aus Österreich, die von Santiago kommend, eine Teiletappe Richtung Heimat in Angriff genommen hatten. Die beiden hatten gerade einen herzhaften Aufstieg hinter sich und erklärten mir, wo der Camino auf der gegenüberliegenden Talseite weiterführt. Huch, das sah ja ganz schön anstrengend aus und so war es dann auch. Etwas später traf ich auf zwei Paare aus Madrid, die gerne ein wenig mit mir plauderten, weil der Weg doch manchen Einsatz abverlangte und die vier, auch schon ganz schweißglänzend, eine kleine Verschnaufpause einlegen konnten.
Zur üblichen Kaffeezeit, die bei mir im täglichen Ablauf keine Bedeutung hatte, treffe ich erneut auf eine Gruppe Radler, die mich beim ersten Aufstieg heute Vormittag überholt haben und die, zum Teil das Rad schiebend, neben mir gingen. Sie saßen auf einer Terrasse und waren sehr lustig. Sie schauten sehr ungläubig, als sie mich kommen sahen und fragten, wie ich nun auch schon da sein könnte. Durch Wald und Feld, vermutlich denselben Weg zu Fuß, aber eben doch mit Speed, erklärte ich. Wir saßen eine Weile zusammen und ich erfuhr, dass die Gruppe aus Salamanca/Malaga kommt und auf dem Weg nach Santiago eine 300-Kilometer-Pilgertour geplant hat.
Am Nachmittag treffe ich auf eine riesige Großbaustelle, die vermutlich auch für eine Autobahn eingerichtet wurde. Die Umleitung für Pilger war mit Schildern ›Camino Norte‹ gut und deutlich bezeichnet. Die Baustelle lag jedoch friedlich und ruhig in der Sonne und alle Maschinen waren fein säuberlich in Reih und Glied geparkt.
Ich fasste den Entschluss, durch die Baustelle zu gehen und mir die Riesenmonster einmal aus der Nähe anzuschauen. Erdbewegungsmaschinen, die ganze Lkw-Ladungen mit einer Schaufel abhobelten, beeindrucken schon sehr, wenn man die Schaufeln direkt vor sich stehen sieht. Muldenkipper mit Reifen so groß wie ich, fassen den Inhalt von acht Lkws. Hier wird eine Schneise in die Landschaft gebrochen, der ganze Hügel zum Opfer fallen, fürwahr nicht sehr umweltfreundlich. Alles ist staubtrocken und ich

kann mein Baustellenstudium völlig ungestört fortsetzen. Ganze Monster aus Stahlgerüsten sind aufgebaut um eine Brücke, deren Stützen bereits stehen, mit den Fahrbahnen zu ergänzen. Gleich daneben fährt ein Bauer mit seinem uralten Allrad und einem einachsigen Anhänger, auf dem der Bub des Bauern steht, hinaus auf seine Wiese, um Heu zu laden. Um 18.00 Uhr legt eine Kuhherde, die gerade von der Wiese geholt wurde vor mir Tretmienen aus. Ich musste bis zum Hof hinterher gehen, überholen war auf dem Weg, der beidseitig mit dichtem Gestrüpp zugewuchert war, nicht drin. Aber soviel Zeit hatte ich. Das Dorf, wo der Bauer mit seinen Kühen zuhause ist, hinterlässt einen sehr baufälligen Eindruck und strahlt doch einen gewissen Charme aus. Die kleine Kirche krönt ein alter, verwitterter Glockenturm. Die einzige Glocke zwischen den wuchtigen Säulen beginnt in dem Moment zu läuten, als ich vorbeiging. Abendläuten. Mich trennen nur noch wenige Kilometer von Mondonedo.
Die Stadt zieht sich hin und von ferne sehe ich auch schon ein Hotelschild. Da ich noch ganz gut zugange bin, gehe ich zunächst in die Stadtmitte, um einen Blick in die Kathedrale zu werfen. Eine Verwandtschaft zur Kathedrale in Santiago ist nach meiner Meinung nicht zu verkennen. Um die Kathedrale ist ein schönes Ambiente errichtet, das an verschiedenen Stellen zum Verweilen einlädt. Bars und Cafés wechseln sich ab. Pilger und Touristen bevölkern den Großen Platz. Die Pilgerherberge soll hier ganz in Ordnung sein. Ich ziehe es jedoch vor, nach einem Hotel zu suchen. Etwas abseits der Innenstadt steht ein Hotelrestaurant. Jetzt habe ich bereits die Stadt gesehen und kann mich um die verschwitzte Wäsche kümmern, wenn ich hier eine Bleibe bekommen würde. Ich betrete den Gastraum und frage nach dem Zimmer. Er, ein freundlicher, wohlbeleibter Wirt, fragt dagegen: »cena – cena?«, und macht mit der rechten Hand eine ›willst-du-Futter-haben-Bewegung‹. Ich bestätige seine Frage mit: »Why not?« Er kassiert meinen Reisepass – Usus in Spanien – kommt sogleich mit dem Schlüssel und zeigt mir mein Zimmer. Ich verabrede mich für später zum Essen. Das Zimmer ist sehr geräumig und ich kann meinen Rucksack komplett auspacken. Gleich erledige ich meine tägliche Wäsche, heute nur T-Shirt und Unterhose, Socken waren heute nicht nötig, dusche und

telefoniere mit Zuhause. Alles hat seine Ordnung und ich kann in Ruhe zum Abendessen gehen. Zuerst bekomme ich ein Bier und Knabbernüsse dazu, dann schlägt mir der Chef ein Abendmenü vor. Das hört sich gut an, ich stimme zu und er verschwindet in der Küche.

Die Frau übernahm den Dienst an der Theke und ich hatte den Eindruck, dass sie mir nicht dieselbe Sympathie entgegenbringt, wie er. Warum auch? Zusammen mit dem vino blanco kredenzte mir der Chef (-koch) einen Teller Brote, die mit Olivenöl und einer Gewürzmischung beträufelt waren. Als Hauptspeise bekam ich einen großen Teller mit feinem gemischtem Salat und einem wunderbar gegarten Steak. Das war wirklich ein Super Treffer und ich konnte danach direkt schlafen gehen. Das mit der Nicht-Sympathie hatte dann doch noch Folgen. Als die Veranstaltung (mein Essen) zu Ende ging, positionierte sich die Grande Dame des Hauses an der Kasse. Sie schaute zu mir und hackte irgendwelche Zahlen in die alte Kiste. Dann druckte sie einen Beleg aus und legte diesen neben das Gerät. Als der fleißige Alte wieder aus der Küche kam, deutete sie mit einem undefinierbaren Gemurmel auf den Beleg, den sie selbst erzeugt hatte. Er schaute drauf und versuchte gleichgültig eine Miene mit dem Ausdruck seines Einverständnisses aufzusetzen und grinste bestätigend zu ihr hinüber. Als er dann zu mir kam und die Rechnung präsentierte, war ein Ergebnis jenseits der 60 Euro vermerkt, inklusive Übernachtung. Das wäre in Anbetracht der guten Küche in Ordnung gewesen, ich zog jedoch meine Pilgerstirn etwas in Falten und er reagierte sofort mit dem verdeckten Handzeichen 50. Ich nickte zustimmend und legte ihm 53 Euro auf den Tresen. Er, seine Frau im Blick, nutzte einen Moment ihrer Abwesenheit, ließ die Kasse klingeln, und warf schwungvoll die Münzen in die Kasse und ließ den 50er in seine Hosentasche gleiten. Trinkgeld gerettet. Ich zog mich lächelnd auf mein Zimmer zurück und dachte, überall ein bisschen Welt.

66. Tag – Teilansicht der Kathedrale in Mondonedo

67. Tag, 26. Juli 2009

Mondonedo – Vilalba, 9.00-18.00 Uhr
40 km

Frühstück gab es keines. Mein Weg führte mich zurück in die Stadt. Am Platz vor der Kathedrale öffneten gerade die ersten Bars. Zufällig geriet ich an eine Person, die ein wenig Deutsch sprach und mir ein ordentliches Frühstück mit gutem Kaffee servierte. Die Stadt belebte sich nur sehr langsam. Einige Pilger stapften durch die Gegend und wussten nicht so richtig, wie der Weg weitergeht. Ich habe heute Vilalba zum Ziel, weiß jedoch noch nicht, wie die Strecke im Detail verläuft, weil eine größere Baustelle für Umwege sorgt. Bei 17 Grad mache ich mich nach dem Frühstück auf den Weg. Zuerst heißt es steigen. Zwischenziel ist der Pass auf 545 Meter. Auf dem Weg dahin erlebe ich ein paar traumhafte Eindrücke. Unterhalb der Gipfel der umliegenden Berge schweben Wolken oder Nebelschwaden, sich langsam auflösend, während oben in der Sonne, wie aus dem Nebel gewachsen, weiße Windräder mit morgendlicher Unlust ihre Schaufeln nur vereinzelt im großen Kreis bewegen. Die schiefergedeckte Stadt Mondonedo mit dem weithin sichtbaren Turm der Kathedrale verschwindet langsam hinter mir. Am Wegrand finde ich reife, zuckersüße Brombeeren. Wer weiß, ob hier der Fuchs auch seinen Bandwurm gezüchtet hat. Also Vorsicht! Ausgewaschene Pfade, die bei Regen auch als Bachlauf dienen, führen recht steil hinauf zum letzten Pass, den ich auf dem Weg nach Santiago zu bewältigen habe. In einem kleinen, fast toten Dorf, stochert eine uralte Oma mit dem Haselnussstecken ein wenig zwischen den Steinen herum, um den fünf Hennen um sie herum ein wenig Hilfe beim scherren nach Würmern zu helfen. Sie nimmt kaum Notiz von mir. Als sie sieht, dass ich die Kamera auf sie richte, nimmt sie Haltung an und wirft mir ein knitzes Lächeln unter ihrem breitkrempigen weißen Sonntagshägellookhut entgegen.

Mit der linken Hand hält sie den Stock fest. Ihr Gesicht ist abgeklärt, von einem leichten Oberlippenbart geprägt und die schmalen Lippen verschließen den Mund, als ob sie eh nichts zu sagen hätten. Vermutlich lebt sie lange schon alleine, ist auf wenige Euro angewiesen und trägt ihre Kleider, sauber und geordnet zwar, aber doch alt, solange es geht. Unterhalb des Passes haben es sich zwei deutsche Frauen gemütlich gemacht. In Mondonedo sind wir uns schon über den Weg gelaufen, haben aber nur im Trubel der Altstadt nur ein paar wenige Worte gewechselt. Die beiden sind heute Früh schon zwei Stunden vor mir gestartet und wollen sich auch noch mehrere Tage Zeit nehmen, um nach Santiago zu kommen. Gute Reise und Buon Camino.

Um die Mittagszeit erreiche ich die Pilgerherberge in Gontán. Dort haben die ersten Pilger bereits wieder Quartier bezogen. Von Mondonedo bis hierher sind es kaum 20 Kilometer. Hier jetzt schon die Beine hochlegen, wo ich gerade warm gelaufen bin, kommt natürlich nicht infrage. Ich bin schon gespannt, was mich auf dem Weg über die Hügel sonst noch erwartet. In einem schattigen Waldweg treffe ich auf eine Holzbrücke, die über den kleinen Fluss Arnela führt und lasse mich hier zu einer kurzen Pause nieder. Der Rest des Weges ist gut abzusehen und eine weitere Etappe zu starten ist heute nicht möglich. Die Chance, noch eine Unterkunft nach Vilalba zu finden, ist fast ausgeschlossen. Nun treffe ich wieder auf die große Autobahnbaustelle, die mich gestern schon fasziniert hat. Direkt an der neuen Trasse steht ein typischer steinerner Horreo in einem teilweise abgetragenen Zustand. Die Wände sind mit hölzernen Manschetten gesichert. Vermutlich steht dieser Horreo unter Denkmalschutz und muss abgetragen und an anderer Stelle wieder aufgebaut werden. Und wieder einmal schlendere ich durch ein totenstilles, verlassenes Kaff, vermutlich Castromaior. Hier bewegt sich nichts. Weder streunende Katzen, noch bellende Hunde sind an diesem ruhigen Sonntagnachmittag zu sehen oder zu hören. Doch halt, was war denn das?

Sonntagnachmittag

In einem Hof, an der Hauswand im Halbschatten sitzen, zwei Frauen. Beide strecken ihre Beine ganz leger von sich und haben die Kittelschürze ganz beiseitegeschoben, sodass mir direkt eine bunte

Hotpant in die Augen sticht. Beide Frauen haben sich hinter den Doppelseiten der Zeitung versteckt. Stopp: Dieser Anblick ist ein Foto wert. Ich gehe einige Schritte zurück, zücke meine Kamera und schieße unauffällig aus der Hüfte, doch schon ist die Zeitung gefallen und der Gag war nur noch die Hälfte wert. Im selben Moment kommt auch schon der Hofhund um die Ecke und ich versuche im Gehen nochmals abzudrücken, erwische aber auch nur einen Teil der sonntäglichen Idylle. So ist es mir oft passiert, dass ich den Schnappschuss, wie er mir in Wirklichkeit begegnet ist, nicht auf meinen Chip bannen konnte. In der Erinnerung bleiben jedoch die oft überraschenden und eindrucksvollen Bilder erhalten und ich kann darüber viel erzählen. Gleich nach dem Dorf werde ich umgeleitet. Ein braunes Brett mit roter Pinselschrift und Pfeil nach rechts wurde von den Bauarbeitern an einen eingeschlagenen Pfosten genagelt. ›Camino Santiago‹ führt auf einer Sandpiste durch eine Unterführung. Auf der anderen Seite mündet der Camino in ein Waldstück und nach einer Stunde durch schattiges Gefilde treffe ich auf den Granitmonolithen mit der Entfernungsangabe P.K. 130,021 km bis Santiago. Am liebsten wäre ich jetzt durchmarschiert, um so schnell wie möglich bei der Kathedrale in Santiago anzukommen. Doch die Region hat es verdient, mit offenen Augen wahrgenommen zu werden. Besondere Baudenkmäler haben hier viele Jahrhunderte überlebt und geben heute noch Einblick in die Zeit der Kelten. Jedes Grab ziert ein steinernes Monument, ähnlich einer Kirchturmspitze und alle zusammen ergeben ein seltsames Ensemble, einer kleinen Trutzburg gleichend.
Auf einer langen, geraden Straße, treffe ich um 18.00 Uhr in Vilalba ein und habe die knapp 40 Kilometer gut geschafft. Im Hotel Vila Do Alba finde ich eine Unterkunft für 39 Euro. In dem überschaubaren Städtchen entdecke ich ein gutes italienisches Restaurant. Mit einem Ensalada Hortelana, einer Lasagne, einem Pan, einem Café Normal und einer Botella Vina Costeira –Bibeiro aus Ribadavia, lasse ich den Abend ausklingen und freue mich schon ganz gespannt auf Morgen, den Tag einer großen Reise.

67. Tag – noch 150 km bis Santiago – ich möchte am liebsten gleich durchstarten

67. Tag – Umleitung wegen Neubaustrecke Autobahn

67. Tag – Ein keltischer Friedhof der besonderen Art

68. Tag, 27. Juli 2009

Vilalba – Sobrado, 9.00-22.00 Uhr
61 km

Zwischen zwei Möglichkeiten kann ich heute auswählen. Entweder ich gehe zwei Etappen bis Miraz, das wären 36 Kilometer, oder ich packe die dritte Etappe noch drauf und es würden nochmals 25 Kilometer dazukommen, um in Sobrado dos Monxes anzukommen. Das Nötigste habe ich noch beim Vorbeigehen eingekauft, meine Kompressionsstrümpfe übergezogen und bin mit den Air Ätsch mit den Einlagen gestartet. Weil es leicht genieselt hat, musste ich den Anorak überziehen. Gleich am Ortsende traf ich auf eine lebhafte fünfköpfige Mannschaft aus Italien. Der Boss der Truppe war irgendwie zornig und es entbrannten lebhafte Diskussionen, die nicht auf Harmonie schließen ließen. Nach einem kleinen Hallo schossen wir gegenseitig einige Erinnerungsfotos und ich stieg, zwischen den fünf Personen hindurch, auf das Gaspedal. Eine der jungen Frauen hat etwa 200 Meter mit mir mitgehalten und hat unter schwerem Atem etwas über die Gruppenzusammensetzung erzählt, was ich zustimmend zur Kenntnis nahm. Sie hatte jedoch kein gutes Gefühl, dass die Gruppe gemeinsam durchhalten würde. Leistungen und Meinungen driften schon während der letzten Tage zu weit auseinander. Um halb zehn passierte ich den Monolithen mit den Kilometer-Angaben 120,038. Über mir schwang ein langes, doppeltes Straßenband der Autobahn von einzelnen Pfeilern gestützt, mit leichter Anpassung an die Senke über das Tal. Wenig später führte der Camino über einen Teilabschnitt der Autobahn, wo ich folgende Entfernungen ablesen kann. Ribadeo, hinter mir, 72 Kilometer; Oviedo 173 Kilometer und ganz weit zurück San Sebastian 555 km. Wieder begegneten mir die kunstvollen keltischen Friedhöfe und um fünf nach elf erreiche ich den Monolithen mit der Angabe (111.111 km). Neun km in eineinhalb Stunden war nicht gerade schnell, also musste ich noch einen Zahn zulegen, um das gesteckte Ziel zu erreichen.

Gegen 13.00 Uhr legte ich in Baamonde eine kleine Pause ein und traf in der kleinen Dorfkneipe auf ein paar Einheimische, die mei-

ne Tagestour anzweifelten. Dass ich von Vilalba zu Fuß hierher gekommen bin und Sobrado heute noch erreichen möchte, hielten die drei Trinkbrüder für völlig ausgeschlossen. Das stachelte mich an und ich packte schnell wieder auf und verabschiedete mich mit einem höflichen Buon Camino. Ein lustiges Dreiergespann war auf dem Camino unterwegs. Zwei Frauen und ein Mann schleppten in jeder Hand noch jeweils eine Plastiktüte mit sich. Damit kann man wirklich nicht vorwärtskommen. Und die drei spürten nur meinen Fahrtwind, als ich an ihnen vorbeipilgerte. Von vorn noch ein Bild und weiter geht es. Um 14.30 war 99,800 erreicht. Und jetzt zog der Pilgerweg wieder an und verlangte etwas Kraft für einen leichten Aufstieg. An alten steinernen Grundstücksbegrenzungen vorbei erreichte ich am Waldrand eine Schafweide. Weit verstreut waren die Lämmer unterwegs. Nur eines lag, fast regungslos, direkt neben dem Zaun an einem Baum. Ich ging näher ran und merkte gleich, dass die Beine völlig durcheinander gestreckt waren und sich das Tier nicht zu Helfen wusste. Gleich erkannte ich, dass das Lamm sich mit einem Fuß in den Maschen des Zaunes verfangen hatte. Ich hob es an und sorgte für Zugentlastung. Es sträubte sich gegen meine Hilfe und versuchte sich hoch zu rappeln. Schließlich konnte ich die Maschen vom Fuß lösen und es in eine Position rücken, von der es langsam aufstehen konnte. Unsicher, nach der langen Gefangenschaft, versuchte es erste wacklige Schritte. Immer schneller werdend konnte ich es durch die Bäume davonlaufen sehen. Gleich darauf kam der Bauer vom Hof herübergelaufen und fragte mich nach meinem Tun. Er erkannte, dass ich mich zwischen den Zäunen mit etwas beschäftigte.
Zwischen den Bäumen zeigte ich zu dem leicht hinkenden Lamm und er bedankte sich und verfolgte mit seinem Hund das Unglückstier. Lavafelsen bildeten phasenweise den Weg. Bei Trockenheit kann man gut darauf gehen, bei Nässe werden sie jedoch sehr glitschig. Ich hatte Glück, denn es hat aufgehört zu regnen. Über die Hochflächen zwischen 400 und 600 Meter über dem Meeresspiegel strich ein laues Lüftchen, braune Rinder bevölkerten große Weideflächen und in der Ferne im Westen verlief der Horizont in vielen Blauschattierungen mit den Wolken am Himmel. Eukalyptusbäume werfen tonnenweise ihre Rinde zu Boden und ersticken damit

alles unter sich. Die Anpflanzung dieser Baumart ist in Spanien sehr umstritten. Gegen 20 Uhr erreiche ich die Provincia de A Coruna, die ich lediglich am südlichen Zipfel durchwandere. Um 20.30 taucht vor mir das erste Schild von Sobrado auf, lediglich ein Hinweis darauf, dass hier der Bezirk beginnt, gleich danach passiere ich den Granitstein mit Kilometer 70,190. Das war nun doch ein gewaltiger Marsch. Bei wunderschöner Abendsonne gehe ich durch eine golden schimmernde Talaue, an einem kleinen Fluss entlang und erreiche kurz vor 22 Uhr mit 61 Kilometern unter den Sohlen die Stadtmitte von Sobrado dos Monxes. Halleluja, geschafft.

Ohne fest daran zu glauben, wäre ich nicht angekommen.

In einer kleinen Bar werde ich mit köstlichen Varios, Brot und Kaffee und einem guten Vina Costeira fürstlich verwöhnt. Gleich um die Ecke fand ich eine kleine Pension, wo ich spät noch mein T-Shirt waschen musste. Morgen kann ich ausschlafen.

68. Tag – Pilgertreff auf dem Camino

69. Tag, 28. Juli 2009

Sobrado – Arzua, 11.00-17.00 Uhr
22 km

Der Auslauf zum Camino France

Heute konnte ich es ganz ruhig angehen lassen. Meine Reise nach Santiago und weiter zum Ende der Welt steht. Nur 22 Kilometer habe ich heute nach Arzua zu gehen, kann dort nochmals die Beine ausstrecken, um dann am 29. Juli, genau 70 Tage nach meinem Start am 21. Mai, in Santiago feierlich einzukehren. Heute liegen wenige Dörfer auf der Strecke und ich treffe gleich zu Beginn meiner heutigen Pilgerreise auf den Stein 60,893 Kilometer. In einem kleinen Hof waren Rapsstauden zum Trocknen auf Planen ausgelegt, um später mit dem Flegel gedroschen zu werden. Nebenan in einer kleinen Remise hat sich vermutlich ein Pilger verkrochen, denn vor dem Schiebetor lagen die typischen Pilgerutensilien in der Sonne. Ein Paar Schuhe, zwei Paar blaue, vermutlich handgestrickte Socken und zwei Paar Einlagen. In einem eingezäunten Garten stand ein richtiger Esel. Ohne angebunden zu sein, bewegte er sich nur auf einer kreisrunden Fläche von einsfünfzig Durchmesser. Seine Hufe waren lange nicht gepflegt und standen vorne schon in die Höhe. Er stand mit völligen Knickfüßen da und hatte keine Lust ,sich zu bewegen. Vermutlich tut jeder Schritt weh. Auch das Fell war ungepflegt und die ganze Gestalt war zum Weinen. Im Hof saß eine alte Frau und spielte mit einer grauen Katze, die auch keine Lebensfreude vermittelte.

Nur wenige Schritte weiter erstrahlte von einer kleinen Anhöhe eine gar prächtige Villa mit perfekt gepflegtem Rasen und einem kunstvoll geschmiedeten Zaun, der um das große Grundstück herum angebracht war. Gegensätzlicher können Eindrücke an einer Straße nicht sein. Auf der anderen Straßenseite mühte sich ein alter Bauer in seinem Gemüsegarten, zwischen dem hochaufgeschossenen Gras etwas Verwertbares herauszuklamüsern. Ansonsten tote Hose. Mitten im Dorf Corredoiras sitzen zwei Mädchen an einem roten Bistrotisch. Ajtak und Alo aus Tschenstochau mit glühendem

Sonnenbrand auf der weißen Haut sind auf den letzten Etappen nach Santiago unterwegs. Ich mache Pause, die beiden brechen auf. Sie sprechen beide Deutsch und erzählen beim Packen ein bisschen über ihre Erlebnisse auf dem Camino. Sie gehen langsam weiter und nach einem Bier und etwas Hamham breche ich wieder in die brütende Hitze auf. Der Schatten hat schon gut getan, zumal die letzten Kilometer meist über Felder und Wiesen führen und nur selten Schatten spendende Bäume am Wegesrand stehen. Nach einer guten halben Stunde habe ich die beiden eingeholt, trete etwas auf die Bremse und plaudere mit ihnen. Nach einer halben Stunde nahm ich wieder meinen Takt auf und ließ die beiden hinter mir. Unweit der Straße, die streckenweise mit dem Jakobsweg identisch ist, entdecke ich eine bewohnte Ruine. Nur wenige Ziegel bedecken einen Teil des Gebäudes, doch Hühner scharren im kleinen Hof und der Stromanschluss scheint auch noch zu funktionieren. Dass die Hütten bewohnt sind, zeigt die aufgehängte frische Wäsche an den Leinen. Pures Elend. Weiter zieh ich auf der Ruta ›Val de Iso‹. Diese gilt auch als Verbindungsroute Variante eins zwischen Arzua, am Camino France und dem Camino Norte. Die Bezeichnungen für den Küstenweg sind nicht ganz eindeutig geregelt.
Um 18.30 erreiche ich Arzua und schlendere gemächlich durch die Stadt. Pilger hängen hier an jeder Ecke und beratschlagen, wo sie sich einnisten wollen. Beide großen Herbergen sind ›Completto Full‹, wie ein Schild an der Tür zur ersten Herberge verkündet. Bei der Touristinformation bekam ich sogleich einen Tipp für ein Pilgerhotel, ganz in der Nähe und den Hinweis, wo ich einen Italiener finde. Bei der Kirche in Arzua befindet sich ein kleines Pilgerbüro, wo ich einen besonders schönen Stempel bekomme. Mit der Büroleiterin unterhalte ich mich eine ganze Weile und sie hat viele Informationen für mich bereit. Erstaunt ist Sie über meine Reise und die umfangreiche Stempelsammlung. Noch nie hat sie während ihrer langjährigen Dienstzeit im Büro so viele Stempel auf einmal gesehen. Nun ja, 2.800 Kilometer bis Arzua, werden auch nicht jeden Tag gegangen. Wir tauschen noch eine Weile unsere Erfahrungen aus, schießen einige Erinnerungsfotos und verabschieden uns. Sie in den Feierabend, und ich gehe schräg gegenüber in die empfohlene Pizzeria, wo ich an diesem Abend ein herrliches Nudelgericht

serviert bekomme. Bei angenehmer Temperatur konnte ich draußen sitzen und alle Pilger beobachten, die mit großen Tüten vom Supermarkt in die umliegenden beiden Herbergen unterwegs waren. Ich war erstaunt, wie viel junge Leute hier unterwegs waren. Mit manchen konnte ich ein paar Sätze reden und dabei erfahren, wo sie herkommen.

Zwei Italienerinnen haben eine ganze Weile mit mir gesprochen und wollten auch über meine Reise berichtet haben. Beim Weitergehen gab mir die eine einen Klaps auf die Schulter und sagte: »Ja wirklich, nur Knochen!« Auf diesen letzten hundert Kilometern sind viele Jugendliche unterwegs aus Spanien, Frankreich, Deutschland und Österreich. Bis heute waren in Arzua über 130.000 Pilger in diesem Jahr registriert. Die Mehrzahl pilgert über Teile des Camino France und etwa zehn Prozent kommen über die Nord- oder Küstenroute. Unzählige Leute habe ich an diesem Abend auf meinen Chip gebannt, damit ich einen Querschnitt über die Pilger vorzeigen kann. Alle Leute waren locker und friedlich gestimmt. So konnte ich nach des Tages Arbeit zufrieden und froh mein Hotel aufsuchen, weil ich morgen Früh in aller so genannten Herrgottsfrühe aufbrechen will, um auch einmal die Frühaufsteher zu erleben.

70. Tag, 29. Juli 2009

Arzua – Santiago de Compostela, 6.30-15.00 Uhr
40 km

Frühstück war in meinem Hotel nicht vorgesehen. Gestern Abend habe ich vorsorglich noch etwas Wegzehrung eingekauft und genügend Wasser in meinen Beutel gefüllt. Es war noch richtig dunkel, als ich mich an der Hotelrezeption verabschiedete. Von draußen habe ich schon im Zimmer Stimmen vernommen, ein Zeichen dafür, dass bereits Pilger unterwegs sind. Das Städtchen Arzua war doch schon belebt, als ich auf den Pilgerweg einbog. Für mich war es überhaupt keine Frage, heute in Santiago anzukommen. Andere Etappenpilger haben noch eine Zwischenstation eingelegt. So pilgerte ich in der großen Schar mein bisheriges Tempo und habe bei jedem Überholmanöver die Leute gezählt, die meist in Gruppen unterwegs waren. Nach zwei Stunden auf dem Camino war ich schon auf 58 Pilger gekommen. Dann wurde es jedoch für die nächsten beiden Stunden erheblich ruhiger. Die wellige Landschaft lag auf einer Höhe zwischen 300 und 400 Meter. Bei Santa Irene gab es einen etwas anstrengenden Abstieg, um später nochmals den Monte do Gozo zu erklimmen. Im Vergleich zu den Westweg-, Pyrenäen- und Küstenetappen waren diese Herausforderungen eher als Auslaufangebot zu verstehen. Und natürlich wollte ich nicht kaputt in Santiago ankommen, sondern glücklich und fröhlich in dieser Pilgerhochburg einmarschieren. Um 8.15 Uhr kam die Sonne im Osten langsam zwischen den Wolken hervor. Ich war aber schon seit dem frühen Morgen in meinem Standardoutfit mit T-Shirt und knielanger, leichter Hose unterwegs. Mit ein wenig Tempo konnte ich die notwendige Temperatur erzeugen, die das Frösteln vermeiden ließ.

Anin und Llebasi, zwei junge deutsche Frauen, waren auch schon unterwegs und freuten sich über den lustigen Landsmann, der sie schon vor acht Uhr morgens eingefangen hat. Sie sind schon seit fünf Uhr unterwegs und wollen erst am nächsten Tag in Santiago einziehen. Auch eine ganze Reihe Radpilger waren unterwegs, um natürlich am selben Tag die Reise in Santiago zu beenden oder dann zum Kap weiterzufahren. Erstaunt war ich über die Weinberge, die ich vor Santiago antraf und guten Behang feststellen konnte. Immer wieder treffe ich auf Entfernungsangaben, die in den unterschiedlichsten Farben und Ausführungen an Straßen, Hütten und Steinen angebracht oder gemalt waren. Kurz vor Mittag erreiche ich den großen Monolithen vor Santiago mit einer besonders aufwändigen Steinmetzarbeit. Die Jakobsmuschel am Seil mit einer Trinkflasche verbunden und darüber ein geschwungener Schriftzug ›Santiago‹ verraten die Nähe zur Stadt. Bäume am Wegesrand sind mit Pilgerutensilien dekoriert, oft mit abgelatschten Schuhen oder auch zerschlissenen Kleidungsstücken. Nicht immer hinterlassen die Pilgermassen die Orte ihres Aufenthalts in dem Zustand, wie sie ihn angetroffen haben und das erklärt auch, warum sich die wenigen Einheimischen eher wegdrehen, wenn Pilger im Anmarsch sind, als dass sie ihnen einen freudigen Willkommensgruß entbieten. 135.000 Pilger sind in den ersten sieben Monaten im Pilgerbüro unterhalb der Kathedrale erfasst worden.

Ankunft in Santiago

Vorbei am großen Sendegebäude des rtve unterhalb des Monte do Gozo führt der Camino hinunter in die sanfte Senke von Santiago de Compostela. Auf einem Plateau über der Stadt bietet ein Kiosk noch etwas Erfrischung an. Dort stärken sich manche Pilger, ehe sie dann den letzten Abstieg hinunter nach Santiago angreifen. Dort traf ich auf ein Fernsehteam des SWR, meines Heimatsenders. Das Team erwartet einige Abiturienten verschiedener Glaubensrichtungen und Konfessionen aus Freiburg, die im Rahmen eines Integrationsprojektes gemeinsam einige Etappen des Jakobsweges gegangen sind, um danach ihre Erfahrungen dem Team des SWR zu schildern. Unterwegs habe ich schon Kontakt mit einem Gruppenmitglied gehabt, der fleißig und engagiert den Weg ein Stück weit alleine ging, um sich später mir seinen Klassenkameraden wieder zu treffen. Über die lange Rua de Berlin erreiche ich die Innenstadt, wo zwischen älteren Häusern mit teilweise ganzen Steinfassaden und kleinen Gotteshäusern auch moderne Kunst als kubische Figuren anzutreffen sind. Noch ehe ich die Westfassade der Kathedrale erreiche, steht vor mir eine übergroße Bühne mit aufgebauten Beschallungsgeräten, hinter denen einige Bandmitglieder moderne Musik probten. Dies ist eine Einrichtung, die schon in 2009 auf das Heilige Compostelanische Jahr in 2010 hinweist. Und gleich daneben öffnet sich mir die grandiose Kathedrale mit den Gebeinen des im Jahre 44 nach Christus als Märtyrer gestorbenen Jünger Jesu, des heiligen Jakobus. Wo die Gebeine in Wirklichkeit zur Ruhe gebettet wurden, lässt sich wohl bis heute nicht genau nachvollziehen. Santiago de Compostela hat es auf jeden Fall verstanden, mit dem Pilgerziel in der Kathedrale massenweise Menschen zu mobilisieren. Heute hat Santiago gegenüber den übrigen christlichen Pilgerzielorten Jerusalem und Rom eine mit Abstand größere Bedeutung, was die Anzahl der Pilger anbelangt. Der Tourismus hat auf die Stadt auch schon ein großes Augenmerk gerichtet. Es wäre jedoch sehr schade, wenn ganze Busflotten die Stadt so überschwemmen würden, wie ich es in Lourdes erlebt habe.

Stempelkontrolle und Aushändigung der Urkunde

Nach einer stillen Andacht in der Kathedrale begebe ich mich in das Pilgerbüro, das nur wenige Minuten entfernt, am Anfang einer Altstadtstraße in einem großen Steinbau untergebracht ist. Der Leiter des Pilgerbüros hat meine übergroße Stempelsammlung, die ich während der ganzen Reise zusammengetragen habe, mächtig bestaunt und erklärt, dass er noch keinen Pilger mit einer so großen Sammlung hat ankommen sehen. Mit großem Respekt hat man mich erst recht behandelt, als die Prüfung ergab, dass ich über den Küstenweg und die Nordroute gekommen bin und bis heute lediglich 70 Tage unterwegs war. Durch das Lob der Pilgerbetreuer entstand in mir ein innerer Dank und der Respekt vor der Schöpfung, die ich auf dieser Reise in ihrer feinen Struktur und großen Vielfalt erleben, riechen, schmecken, hören und fühlen durfte. Weg zu sein vom grauen, tristen Büroalltag, von den hohen Geschwindigkeiten auf den Straßen und an den Arbeitsplätzen, erzeugte in mir ein völlig neues Lebensgefühl. Die vielen Millionen Schritte, die mich hierher gebracht haben, die oft kernigen Pilgeretappen in den Bergen oder die unerbittlich brennende Sonne haben nur gute Spuren an und in mir hinterlassen. Der Lernprozess, ein Ziel zu definieren, daran zu glauben und es zu erreichen, hat täglich neue, positive Kräfte freigesetzt und auch in vermeintlich schwierigen oder ausweglosen Situationen nie einen Zweifel in mir entstehen lassen, vom Ziel abzurücken. Ich freue mich auf ein gutes Abendessen, erwische ganz in der Nähe der Kathedrale eine einfache und günstige Pilgerunterkunft und kann jetzt die Stadt, die Leute und die besondere Stimmung dieses Abends in vollen Zügen genießen. Unbändig ist in mir die Freude, so gut hier angekommen zu sein, Energie zu tanken, um dann morgen noch eine weitere große Herausforderung anzunehmen, die 93 Kilometer zum Kap Finisterre in einer Tour durchzugehen. Zum Wohl sein – Guten Appetit – Gute Nacht

70. Tag – Santiago der erste Pilgerstein von Santiago jetzt nur noch hinab ins Tal

70. Tag – 15.00 Uhr Angekommen!

70. Tag – Übergabe der Compostela durch den Büroleiter

70. Tag – Muschel und Wappen meiner Heimatstadt sind mit mir an der Kathedrale angekommen

71. Tag, 30. Juli 2009

Santiago de Compostela, 15.00 Uhr
72. Tag Freitag 31. Juli
Kap Finisterre, 13.00 Uhr
93 km

Um 12 Uhr begann nach einem sehr eindrucksvollen Glockengeläut die Pilgermesse in der Kathedrale. Diese war nahezu voll. Viele Besucher mussten stehen oder lehnten sich an eine der zahlreichen Steinsäulen. Manche Pilger saßen auf Ihren Rucksäcken und auf Absätzen an den Wänden. Auch viele Lightpilger (ohne Rucksack) und viele Touristen waren anwesend. Eine eigenartige Stimmung herrschte in dem riesigen Hauptschiff der Kathedrale. Mit Beginn der Messe wurde plötzlich alles ganz feierlich. Als evangelischer Teilnehmer konnte ich fast nichts verstehen, aber ich hatte den Eindruck, das war auch nicht so wichtig. Eine glückselige Stimmung überdeckte den gesamten Ablauf und ich glaube, dass viele der Pilger froh und dankbar waren, nach längeren oder kürzeren Etappen gesund und munter hier angekommen zu sein. Mir jedenfalls ging es so. Besonders gefühlvolle Momente kamen auf, als die Priester, Patres oder Mönche in vielen Sprachen die Pilger segneten. Bei den musikalischen und spirituellen Beiträgen in der Kathedrale waren wirklich alle Anwesenden sehr aufmerksam und man hatte nie das Gefühl, hier wird eben mal die tägliche Messe gefeiert. Stimmung und Gefühl waren in Hochspannung und manche Pilger und vielleicht auch andere Besucher ließen ihren Tränen freien Lauf. Mich persönlich hat der erste Gefühlsausbruch vor der Kathedrale in Le Puy, nach einem Drittel meiner Reise, viel mehr bewegt. Nach der Messe gab es bei herrlichem Wetter noch das eine oder andere Hola /Hallo mit Pilgern, die man irgendwo in den letzten Tagen getroffen hat.

So langsam wurde es nun Zeit, mich auf meine letzte Etappe vorzubereiten.
Schon ehe ich von Zuhause startete, hatte ich mir vorgenommen, bei Gelegenheit auf ›der Tour‹ entweder einen Hundert-Kilometer-

Abschnitt am Stück zu versuchen, oder einen Vierundzwanzig-Stunden-Marsch einzuplanen. Mein Ziel war es, auch einmal auszutesten, was ich leisten kann, wenn es aus bestimmten Umständen heraus darauf ankommt, einfach weiter zu gehen.
Unterwegs blieb mir der Versuch aus unterschiedlichen Gründen verwehrt, sei es, dass das Wetter nicht mitgespielt hat, oder ich auch konditionell bereits nach 50 bis 60 Kilometern an Grenzen gestoßen bin und ich einfach genug hatte. Auf einer Pilgerreise, wie dieser ist man lange mit sich allein. Das Zusammenspiel von Kopf und Bauch lässt sich viel leichter fühlen als im hektischen Alltagsbetrieb. Schon immer war ich bemüht, auf die Signale meines Körpers zu hören. Unterwegs habe ich sehr viel für mich beobachtet und dazugelernt. Die letzten 22 Tage, nach meiner Infektionspause, verliefen fast nach Plan und ich fühlte mich recht fit. Beschlusslage seit dem letzten Juliwochenende war: Bis zum Dienstag, dem 28 Juli eine gute Ausgangsposition zu schaffen um ›Gut in Schuss‹, am 29. Juli in S d C anzukommen. Hier konnte ich tief Luft holen, die Energiespeicher füllen, Stimmungen und Spiritus, den geistigen Hauch einer solchen Umgebung zu fühlen, zu ergründen, oder einfach nur wirken lassen, um dann, stark und zufrieden, die anstehende, letzte Reise ›An das Ende der Welt‹ in Angriff zu nehmen. Zielankunft noch Ende Juli. So startete ich zwei Stunden nach der Messe, um 15.00 Uhr direkt am Platz vor der Kathedrale, um bis zum nächsten Mittag, die 93 Kilometer zum Kap Fenisterre zu bewältigen.
Ich weiß, mir und meinem Chef da oben habe ich damit schon eine ganze Menge zugemutet. Vor lauter Freude über einen deutlich leichteren Rucksack – die Hälfte meiner Utensilien konnte ich in der Herberge deponieren, da ich auf der Rückreise nochmals hier übernachten werde – zog ich los, ohne im notwendigen Maße auf meine Verpflegung zu achten. Kurz vor 16 Uhr passierte ich den 88-Kilometer-Muschelstein, eine gute Zeit. Ein letzter Blick hinüber auf die Silhouette der Stadt und ich war auf gut gepflegten Pfaden wieder mit mir alleine, genoss die Ruhe und die Natur. Merkwürdig berührte mich der Bruch zwischen Weltstadt, halb zerfallenen Gehöften und wunderbar gepflegten Dörfern. Um etwa 20.00 Uhr erreichte ich Negreira und ›kuck mal an‹, wer steht da vorne und

freut sich auf mich? Das spanisches Liebes- und Verehrungspärchen. Sie sind gleich nach der Messe los, waren schon recht am Boden und suchten nun in Negreira nach einer Herberge. Mit einem letzten Smalltalk, mit Austausch der E-Mail-Adressen und einer Einladung nach Spanien in das elterliche Anwesen des Mannes, möglichst bald, verabschiedeten wir uns. Und weiter ging es, vorbei am Stein 67,721 Kilometer. 34 Kilometer waren bereits geschafft in fünf Stunden. Durch Wiesen, Wald und Feld westwärts, traf ich den letzten Bauern beim Einsammeln von Futter mit dem Ladewagen, um 22.00 Uhr. Fünfzehn Minuten später ging die Sonne hinter Bäumen und Wolken unter und eine weitere Stunde später, gegen 23 Uhr, traf ich auf einen Muschelstein. Souvenirjäger hatten jedoch die Metallplakette mit der Kilometer-Angabe entfernt. Was soll's? Jetzt wurde es sehr ruhig um mich und die ganze Konzentration war notwendig, um die Muschelsteine zu finden. Um halb zwölf erreichte ich, begleitet von einem Dreiviertel-Mond, das Dorf Vilaserio und fand zum Glück noch eine offene Bar. Zunächst ein Glas WW und ein wenig spenglische Konversation und für das zweite Bein noch ein Gläschen und dann ging es ab in die Nacht. Stein 52.105 Kilometer erreichte ich um 0.05 Uhr – ein Dokumentationsfoto mit Stadt-Möckmühl-Uhr – und der Mond verabschiedete sich hinter den Bäumen. Nun begann es, mich, leicht zu frösteln! Um viertel vor eins reichte meine selbst erzeugte Wärme nicht mehr aus und ich musste meine Vliesjacke überziehen. Kurz darauf zogen die ersten Nebelschwaden zwischen den Bäumen über die Hochebene und weitere 15 Minuten später umgab mich ein dichter Nebel bei 5 bis 7 Grad. Der Anorak musste her und die Stirnlampe dazu.

Jetzt hatte ich unterhalb des Monte Aro etwa die Hälfte der Strecke hinter mir. Zirka 48 Kilometer in brutto zehn Stunden mit 500 Höhenmetern. Der Monte Aro ist der höchste Punkt auf dieser Etappe und jetzt konnte es nur noch zügig bergab gehen. Wenn da nicht der Nebel und die kalte, undurchsichtige Nacht gewesen wären. Mit meiner Lampe war ich dauernd am funzeln, mal links, mal rechts, immer nach Muschelsteinen suchend, die völlig planlos am Wegesrand aufgestellt waren. Und es kam, wie es kam. Mein Hirte aus Psalm 23 hat mich in die kalte Nacht laufen lassen und hat mir, zumindest mit einem kleinen Fingerzeig, deutlich gemacht:

›Mein Sohn, heute bist du wohl ein bisschen zu weit gegangen!‹ Gleichzeitig nahm ich jedoch für mich Vers 4 desselben Psalms von David in Anspruch: ›Und ob ich schon wandelte im Finstern Tal, fürchte ich kein Unglück; denn Du bist bei mir, dein Stecken und Stab trösten mich.‹ Und davon hatte ich drei (Stecken). Das war übrigens der erste Psalm, den mir meine Großmutter, Jahrgang 1888, so lange vorgebetet hat, bis ich ihn auswendig konnte – mein Leben lang! Und in einem kleinen Weiler verlor ich die Route. Auf der nächsten Querstraße angekommen, ging ich, zunächst, rechts weiter. Nach einigen Minuten kamen mir Zweifel. Ich zückte meinen Kompass, drehte um und folgte der Straße in die andere Richtung. Bei der nächsten Möglichkeit bog ich rechts ab, gen Westen. Totenstille, kein Licht, kein Haus, also weiter ›go west‹. Ein Dorf, Hunde, kein Mensch, mitten in der Nacht, weiter, nur weiter. In der Gegend um Lago habe ich mich völlig verirrt und spielte bereits mit dem Gedanken, mich irgendwo schlafen zu legen, weil ich keine Orientierung mehr hatte. Überall standen die leeren Horreos (Getreidespeicher auf Mäuse-Abwehr-Stützen), doch dort gab es auch überall Hunde, die mich nie und nimmer in Ruhe gelassen hätten. Der Kompass half zwar, die Richtung zu bestimmen, nur Straßen und Wege passten nicht dazu. Ich ging also mehrheitlich gen Westen weiter, bog nach rechts, Richtung Norden, nächster Bogen links Richtung Westen und das noch zwei- bis dreimal. Immer wieder passierte ich schemenhafte Gebäudeteile, von im Nebel versteckten Höfen und immer wieder das Gebell von Wachhunden an Ketten oder hinter Zäunen. Schnell vorbei und weiter.

Aber dann!

Vor mir Umrisse eines großen Anwesens. Hier konnte ich vielleicht einen Hinweis über meinen Standort finden. Kaum ausgedacht, stürmte ein wild bellender Hund von der Größe eines Kalbes auf mich zu und stoppte vor mir mit Vollbremsung. Respekt vor mir und meinen Stöcken, oder? Seine zwei Artgenossen stürmten etwas weniger schnell, aber genau so zielstrebig hinter ihm her, auf mich zu. Nun hatte ich ein wüst bellendes Trio mit schnaubenden, aufgerissenen Mäulern und wilden Fratzen vor mir. Der Erste umkreiste mich wie auch seine beiden Genossen in wilder Wut. Ganz vorsichtig orientierte ich mich und stellte fest, dass der von mir beschrittene Weg als Sackgasse in diesem Anwesen endete. Ein Stock vorne, einen hinten haltend, trat ich, rückwärtsgehend, den Rückzug an, immer den Blick auf die grölenden, jaulenden, bellenden Fratzen der Hunde gerichtet. Einen Moment dachte ich sogar daran, ein Foto zu riskieren, jedoch nein. Die Wachhunde, nachts von der Kette gelöst, folgten mir bis wenige Meter über die Grenze des Anwesens und zogen sich dann, einer nach dem andern, zurück, mir jedoch immer wieder ein lautes Servus mit zwei bis drei Bellungen nachzuschicken. Und ich konnte umkehren. Rechts gen Süd, links gen Osten, zurück. Immer noch dichter Nebel. Inzwischen, knapp 4.00 Uhr, vernahm ich ein Geräusch aus der Ferne, kein Auto, kein Schlepper. Zwei matte Lampen kamen näher und tauchten schließlich vor mir auf. Mit meiner Stirnlampe signalisierte ich ›Stopp‹! Denkste, der Fahrer fuhr mit seinem 25-km/h-Gefährt schnurstracks an mir vorbei, bog bei der nächsten Biegung rechts ab und ich blinkte ihm, Hilfe wünschend, hinterher. Er blinkte mir höflich mit seiner roten Nebellampe zurück und zeigte, dass er sehr wohl meine Blinkerei zur Kenntnis genommen hat. Aber anhalten, nee! Ich konnte es ihm auch nicht verdenken. Was macht auch ein so verrückter Pilger, mitten in der Nacht, in dieser Gegend? Jetzt bog er nach zirka 300 Metern rechts weg und kam mit dem Fahrzeug zum Stillstand, den Motor auf Standgas. Ich vermutete – Heimat – ohne etwas zu sehen und rannte mit angespannten Rucksackgurten hinterher. Keuchend erreichte ich seinen Hof, ehe er sich im Schuppen verkriechen konnte. Mehr oder weniger widerwillig befasste er sich mit mir und meiner kleinen Karte. Doch helfen konnte er mir nicht. Reden machte keinen Sinn. Meine Gestik war aber sehr ausgeprägt, bis es ihm schließlich zu dumm wurde. Er dachte wohl, den kriegst du nicht los. Ich dachte, so eine Gelegenheit bekommst du nicht wieder, also dran bleiben. Er wollte nur schlafen und Familia.

Er schnappte meinen Rucksack steckte diesen in sein 25–Kilometer–Rollstuhl-Auto und deutete mir, ›einsteigen‹. Rückwärts aus dem Hof und los. Dreimal, viermal um die Ecke, einen etwas breiteren Weg, den ich gekommen war, überquert, bums, fuhr er direkt auf einen Muschelstein zu, öffnete mir noch, während das Auto zum Stehen kam, die Tür auf meiner Seite und deutete mir, ›raus‹. Ich schnappte meinen Rucksack aus der hinteren Klappe und weg war er. Gott sei Dank, ich hatte meinen Pilgerweg wieder. Ich versuchte noch ein paar Dokumentationsbilder zu machen, aber der Nebel gab mir keine Chance. Kurz vor halb fünf stand ich nun bei Kilometer 35.153. Das waren 17 Kilometer in viereinhalb Stunden. Gut, ich war wieder auf dem Weg und habe nun wirklich nichts mehr riskiert, meine Wegzeichen zu verlieren. Bis kurz vor sieben, als ein wenig Morgenröte hinter mir aufzog, verbrachte ich zwei höchst anstrengende Stunden. Der Nebel verzog sich und ich habe die kritische Höhe verlassen und näherte mich langsam der Küste. Die Müdigkeit übermannte mich, doch glücklicherweise mündete der Pilgerpfad nun auf eine Straße, die Richtung Cee zur Küste führte. Zwischen halb sieben und halb acht war ich so müde, dass ich vermutlich beim Hinfallen eingeschlafen wäre, hätte es mich von den Beinen genommen. Jetzt, um 8.00 Uhr, erreichte ich endlich ein Dorf und traf auf eine geöffnete Bar. Zwei Tassen Kaffe, zwei Duplos und was es sonst noch zu knabbern gab und es ging mir schon viel besser.

Meine Füße wollten raus aus den Schuhen und haben leise nach frischer Luft gefragt. Seit 17 Stunden waren Sie nun gefangen und mussten schwer arbeiten. Auf dem Barhocker sitzend, ließ ich sie ein Weilchen baumeln, was sie mir sehr dankten. Anhand meiner Unterlagen schilderte ich dem Beizer meine Reisestory und vor allem die letzte Nacht. Dafür gab es dann noch ein Glas Champus gratis. Nach einer halben Stunde fühlte ich mich wieder frisch und munter, wechselte die Kompressionsstrümpfe gegen Socken aus und machte mich wieder auf den Weg.

Vorbei an Horreos schönen Villen und zerfallenen Steinhäusern erreichte ich kurz nach neun Uhr die Kilometer-Marke 16,553. Nun rückte das Ziel 0,00 Kilometer in greifbare Nähe. In der Küstenstadt Cee war gerade eine Reisegruppe in einem Touristenhotel mit dem Frühstück beschäftigt. Ich gesellte mich dazu und bestellte neben einem Kännchen Kaffee gleich zwei kräftige Toast. Zunächst erkundigte sich der Kellner nach der Richtigkeit meines Auftrages und gab diesen dann an die Küche weiter. Beim Servieren konnte ich ihm in Deutsch meine Tourenerlebnisse schildern und er hatte sehr wohl Verständnis, dass in Anbetracht einer etwas außergewöhnlichen Nacht auch der Hunger gross sein darf. Ich genoss das umfangreiche Frühstück und konnte dann frisch gestärkt die restlichen Kilometer nach Finisterre angehen, wo ich kurz vor zwölf ankam. Ein erster Kontakt im Pilgerbüro hat gezeigt, dass allerhand los war. Ich suchte mir ein Hotelzimmer, zog ein und verwöhnte meine fleißigen Pilgerbeine mit einem schönen Bad und einer Maske. Alles in Allem haben sie mich in den letzten 72 Tagen 3000 Kilometer durch halb Europa getragen. Den Klingenfüßen sei Dank. Am Nachmittag gab es ein interessantes Treffen im Pilgerbüro, verbunden mit der Aushändigung der Pilgerurkunde für die Stadt Möckmühl, ein einmaliger Vorgang im Pilgerbüro und für mich.

Damit ist mein Vorhaben abgeschlossen, den Jagsttalradweg und mit ihm die Perle des Jagsttales, der Stadt Möckmühl, mit meinem wunderschönen Ortsteil Ruchsen an das europäische Jakobswegenetz anzubinden und einzuweihen. Am Abend des 31. Juli machte ich mich mit einigen anderen Pilgern auf den, über gut zwei Kilometer langen Weg, zum letzten Zipfel Europas – das Ende der alten Welt – zum Kap Finisterre, um dort, am Kilometerstein 0,000 die Reise ausklingen zu lassen, um hier auf einem der äußersten Felsen in die unendliche Weite des Meeres nach Westen zu blicken, den Rucksack zum letzten Mal abzustellen und einfach nur glücklich und dankbar zu sein! Meine alten Stützstrümpfe haben ausgedient und verschmolzen in einem kleinen Freudenfeuer. Ein Pilger aus Hergatz/Lindau hatte sein kleines Horn dabei und spielte einige Lieder. Nach einem gemeinsamen Grillfest hieß es, Abschied nehmen, sich umzudrehen und erstmals wieder in eine andere Himmelsrichtung zu gehen. Nach Osten – zurück in die reale, alte Welt.

Das ewige Teelicht

Während meiner ganzen Reise brannte daheim bei meinem Schwager ein Teelicht. An den beiden Krankheitstagen, zwei. Danke Siegfried.

Heute steht eine große Laterne mit allen ausgebrannten Teelichtern im Pilgermuseum. Neben den Lichtern haben mich viele Freunde und Bekannte mit guten Gedanken und ihrer Fürbitte begleitet. Dafür bedanke ich mich herzlich. Als Pilger und Botschafter der Stadt Möckmühl habe ich diese Reise mit großer Anteilnahme vieler Freunde und Mitbürger erleben dürfen.

Mein großer Dank gilt stellvertretend für alle Katrin Poetzsch und unserem Bürgermeister Ulrich Stammer, doch ein ganz besonderer Dank gebührt meiner Frau.

Neben dem Gesamtkunstwerk meiner großen Patchwork-Familie, einem anstrengenden und letztlich erfüllten Berufsleben, betrachte ich diese Pilgerfahrt als größtes Erlebnis in meinem bisherigen, sehr abwechslungsreichen Leben. Altes Fett, Asche und Gifte sind durch einen lange andauernden, intensiven Stoffwechsel ausgeschwemmt worden.

Körper und Geist sind auf natürliche Art und Weise zu einer neuen Harmonie zusammengewachsen und haben einen Jungbrunnen erfahren. Beide hören aufeinander.

Ein neues, verändertes Leben, nimmt seinen Anfang.

72. Tag – Kap Finisterre , Spain, 3000 km Moeckmuehl – Finisterre 21.05.-31.07.2009

Ankunft

Das kleine Pilgerlied

Karlo Klingenfuß

O Concello de Fisterra acredita que
Walter Karlo Klingenfuss
chegou a estas terras da Costa da Morte
e fin do Camiño Xacobeo
Fisterra 31·xullo·2009 O Alcalde

CAPITULUM hujus Almae Apostolicae et Metropolitanae Ecclesiae Compostellanae sigilli Altaris Beati Jacobi Apostoli custos, ut omnibus Fidelibus et Peregrinis ex toto terrarum Orbe, devotionis affectu vel voti causa, ad limina Apostoli Nostri Hispaniarum Patroni ac Tutelaris **SANCTI JACOBI** *convenientibus, authenticas visitationis litteras expediat, omnibus et singulis praesentes inspecturis, notum facit:* Dnum Wilhelm Klingenfuss *hoc sacratissimum Templum pietatis causa devote visitasse. In quorum fidem praesentes litteras, sigillo ejusdem Sanctae Ecclesiae munitas, ei confero.*

Datum Compostellae die 29 *mensis* Julii *anno Dni* 2009.